U0458765

看得见的正义
影视中的法治文化

王金霞　著

山西出版传媒集团　山西人民出版社

图书在版编目（CIP）数据

看得见的正义：影视中的法治文化 / 王金霞著. —
太原：山西人民出版社，2024.4
ISBN 978-7-203-13298-1

Ⅰ.①看… Ⅱ.①王… Ⅲ.①电影工作—法律—研究
—中国②电视工作—法律—研究—中国 Ⅳ.
①D922.164

中国国家版本馆CIP数据核字(2024)第057527号

看得见的正义：影视中的法治文化

著　　者：王金霞
责任编辑：郭向南
复　　审：高　雷
终　　审：梁晋华
装帧设计：孙健予

出　版　者：山西出版传媒集团·山西人民出版社
地　　址：太原市建设南路21号
邮　　编：030012
发行营销：0351-4922220　4955996　4956039　4922127（传真）
天猫官网：https://sxrmcbs.tmall.com　电话：0351-4922159
E－mail：sxskcb@163.com　发行部
　　　　　sxskcb@126.com　总编室
网　　址：www.sxskcb.com

经　销　者：山西出版传媒集团·山西人民出版社
承　印　厂：山西出版传媒集团·山西人民印刷有限责任公司

开　　本：890mm×1240mm　1/32
印　　张：10.5
字　　数：260千字
版　　次：2024年4月　第1版
印　　次：2024年4月　第1次印刷
书　　号：ISBN 978-7-203-13298-1
定　　价：78.00元

自序

按照美的尺度推进法治

在法律领域，真和善是经常被提到的，如"法律是善良和公正的艺术"，法律判断要"以事实为依据，以法律为准绳"等。法律思维需要求真，立法本身则需要扬善，法治常常被定义为良法和善治。然而，美在法律领域则似乎很少出场，尽管也有学者主张法美学，然这毕竟只存在于法学教授的高头讲章里，而很少活在法律人的思维和意识中。

马克思曾在《1844年经济学哲学手稿》中指出："动物只是按照它所属的那个种的尺度和需要来建造，而人却懂得按照任何一个种的尺度来进行生产，并且懂得怎样处处都把内在的尺度运用到对象上去；因此，人也按照美的规律来建造。"短短一句话足以说明人和动物的根本区别。人的尺度是一种多样性的尺度，可以是每一个种的尺度，美的规律也可以理解为美的尺度。具体而言，美的尺度可以理解为一种主体尺度、价值尺度，而和客体尺度、真理尺度相区分。同时，美的尺度也成为一个较高的标准，可以突破原有的那个种的尺度的限制。既然人是按照美的尺度来建造这个世界，法治的事业同样可以按照美的尺度来推进。

法与美看似是矛盾的

法律是一个世俗的职业，处理的也是看似鸡毛蒜皮、斤斤计较的事情。法本身是缺少神圣性和美感的，很多法律人从事法律这个行当，也只是把它当作谋生的饭碗，跟其他职业并没有什么差别。

法律也常常把人当成"坏人"来设计，大多是从常人、一般人、经济人等角度进行分析，如美国大法官霍姆斯就是从坏人的角度来认识法律。坏人对任何公理和演绎都毫不在乎，而只是想知道法院实际上将要做些什么。法律给予人们的普遍性要求也多是一些底线要求，何以需要按照更高的尺度即美的尺度来推进法治？法律常常是现实和骨感的，美则常常显得理想和超然，何以这两者之间具有联系？法律讲究严谨、理性，如古罗马法学家西塞罗主张的"真正的法律是和本性（nature）相合的正确理性"，美则常常以一种感性、形象的形式显现，如黑格尔所说"美是绝对理念的感性显现"。法律具有严格的形式、专业的语言、严密的适用方式，美则具有多样化的形式、宽松的表达方式。法律常常和国家强制力如国家的暴力机器相关，美则更多具有个体性，而表现出自由、灵动、飘逸和洒脱。法律属于社会科学，美学则属于人文科学。似乎法的尺度和美的尺度是矛盾的。

发现法的内在之美

然而，如果我们不仅仅把法律当作一种职业，而是当作一种需要积极主动推进的事业来做时，我们就需要美这个尺度，即把法治事业按照价值理性去生成和创造，同时也发现法律的内在美。

 看得见的正义：影视中的法治文化

我们常常说，调解是一门艺术，审判是一门艺术，司法是一门艺术，法律是一门善良和公正的艺术等。当我们这样说的时候，调解、审判等法律的实践过程都需要按照美的尺度来推进。处理一个案件，如果真的能"案结事了，胜败皆服""法律效果和社会效果统一"，善和公正拿捏得恰到好处，我们就是投入内在的热情去开展法治实践，从办好一个案件中感受一种内在的愉悦，一种责任感、意义感和崇高感，甚至是一种超越的无限感，并沉醉于这项事业之中，而这正是美带给我们的东西。

　　也就是说，我们需要在"专家没有灵魂，纵欲者没有心肝"的情况下，为法律人的事业注入价值理性，注入理想的维度，注入自由探索的热情，注入直观想象的能力，注入灵性创造的成分，注入美的尺度。

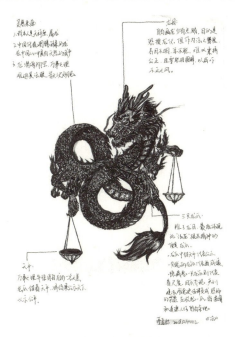

图1　法龙，李嘉怡绘

同时，法律自身也具有内在之美，我们需要带着美的眼睛去发现法律之美。法律具有形式之美，那些严谨的表达、貌似枯燥的法条之中同样流淌着美的血液。法律具有价值之美，法律公正的实现过程一定具有美的背景，本身即是美的展现。法律也蕴含了一种和谐之美，不同主体的和合谐同是纠纷解决的重要目标。法治是一种生活方式，这种生活方式即体现着美的尺度。

"以美启真"与"以美储善"

真、善、美不是彼此独立的，它们之间具有内在的融贯性，我们可以从一种关系态的角度来把握。当代著名哲学家李泽厚先生曾提出"以美启真""以美储善"的命题，这里并不一定遵循其原意，但是可以借助这两个命题来进行法律建构。

"以美启真"是认知对偶然性的开放，认知可以是一个开放的过程，向感性、偶然性开放，也即向美开放。其中，"启"可以作开启、启迪等解，美是对真的打开，美给真以启迪。

中国古代法官的理想形象如包公等常常用大公无私、铁面无情来形容，然而，"天-命-性-情-道"应具有内在的通达逻辑。公理虽然放在前面，但私情对于建构一个最佳的法律判断也是极为必要的。即在很多法律场合，即使法官也要善于运用自己的自然流露，要有人类同理心的普遍情感，要有自己的"偏私"和价值判断。

"以美储善"可以解释为美对真、善的涵养。"养天地正气，法古今完人"，法律的天地正气需要美的涵养，美的涵养也体现在法的实践过程之中。美的熏陶也是对真、善的陶冶和涵养，美落实为具体的实践过程才

看得见的正义：影视中的法治文化

能美得彻底。这也就是中国哲学中常讲的，美的东西并不是玄而又玄的，而是在人伦日用之中，道不远人，"美"同样不远人。最美好的东西一定可以用最简单的方式来把握。法律人内心有盛开的莲花，但它的养分则是来源于深深的淤泥。因此，美一定是存在于求真和扬善的过程中，存在于具体的实践中。求真具有善的维度，求真是扬善和尚美的根基。扬善是求真的提升，扬善是求真和尚美的桥梁。尚美是人类的最高理念，尚美促进求真和扬善，也是求真和扬善的最高实现。法治是求真和扬善的事业，同样是尚美的事业，法治同样可以按照美的尺度来推进。

目录

看得见的正义：影视中的法治文化

引言

法律与影视的互动

　　法律与电影、电视剧之间的关联，一直为诸多法律人所津津乐道。法律影视作为一种经久不衰的影视类型，也为社会大众广泛欢迎。法律本身严谨、理性，甚至枯燥乏味，影视则以艺术的形式展现法律的实践过程，通常是生动活泼的，让观影者的情感得到宣泄，两者具有很强的互补性。时至今日，对法律与影视的相关讨论已经蔚为大观，然而，对于怎样去研究两者之间的关联则似乎缺少方法论层面的反思，因而容易局限于某一种视角或感性层面的讨论，而忽视法律与影视互动的多重视角和思考方法，也不利于类型化之后的精细化讨论。为此，下文试图从法律与影视互动的四种类型展开方法论层面的讨论。

一、影视作为对象——从法律看影视

　　以法律为方法去看待影视作品，首先是用现行法律体系去检视影视作品的相关方面是否存在法律知识错误。法律作为尺度，作为法律人的前理解，与具体的影视对象产生关系，影视则作为对象或素材，成为法律分析的样本。这是法律影视研究最为普遍的视角之一，也是法律影视研究的重要起点。

（一）影视作品中的"法律硬伤"

法律人看影视常常以发现相关作品中的"法律硬伤"（不符合我国法律体系的相关规定或实际情况）为己任，概括而言，影视作品中常存在如下类型的"法律硬伤"。

与现行法律的基本体系、原则严重不符的根本性错误。此类错误主要源于"法系误读"，具体表现为直接照搬英美法系庭审过程。一是错误呈现法庭秩序。如《全民目击》（2012）中庭审时公诉人、辩护人多次离开座位，一边走一边询问；公诉人对被告人进行具有明显诱导性的发问等。事实上，我国各级人民法院进行庭审，公诉人和辩护人都应遵守法庭秩序，讯问被告人、询问证人均不能离开座位随意走动，起立也须经过审判长允许。二是错误传递控辩技能。如《全民目击》（2012）中检察官和律师皆以语言技巧取胜，证据被严重忽略，这与我国"以事实为根据，以法律为准绳"的原则不符。因此一位资深法官曾评价："编剧或许不了解诉讼程序，或者对中国式庭审有太多一厢情愿的想象，又或是穿越到英美法系的法庭，最后，庭审戏就做成了一锅四不像的杂烩。"

与现行法律的具体条文、规定不符的专业性错误。其一，主体责任认定错误。如《交通警察》（2007）中初中生聪聪因交通肇事撞死了市长的孙女，而发生交通事故时刚好是聪聪14周岁的生日，剧情也围绕聪聪是否达到刑事责任年龄这一法律问题展开。但根据我国《刑法》规定，无论聪聪是否达到14周岁均无需对交通肇事承担刑事责任，因而戏剧冲突的核心竟然是根本不存在的法律条文。其二，罪名认定错误。如《全民目击》（2012）中检察官助理指出"商业诈骗罪"和"金融欺诈

看得见的正义：影视中的法治文化

罪"两项罪名，我国《刑法》中并未规定这两项罪名，相关罪名只有集资诈骗罪、票据诈骗罪、金融凭证诈骗罪、合同诈骗罪等。其三，刑罚适用错误。例如，《永不瞑目》（1998）中提到欧阳兰兰因怀孕而不会被立即执行死刑，而是要等孩子生下来之后才会执行死刑。但这并不符合我国《刑法》关于"审判的时候怀孕的妇女，不适用死刑"的规定，该规定的正确含义是不能判处死刑，因而也就不存在何时执行死刑的问题。

与我国司法实践和法治实际状况严重不符的常识性错误。一些影视作品的主创人员对我国司法实际的认识和理解存在着偏差，导致作品中出现诸多常识性错误。一方面，错误呈现法律职业者的工作内容。例如，《毒战》（2013）中公安民警在公共场所对毒贩实施强制抓捕，并进行枪战，体现出了很强的戏剧张力。但是，在我国这样的场面几乎不会出现。我国追缉案犯要避免引起群众的恐慌，影响群众正常的工作生活秩序等，因而现实中鲜少出现公共场合抓捕场面，尤其是针对持枪的高危犯罪分子，更禁止在公共场所实施抓捕以免伤及无辜。另外，现实中的缉毒队队长也不可能担任卧底。刑事诉讼法中的内线侦查，属于秘密侦查，通常由不露面的警务人员来负责，以便更好地隐匿警察身份，但缉毒队队长显然无法掩饰身份充当"卧底"。又如，在电视剧《底线》（2022）中随处可见的是，办案法官抬腿就到当事人家中做工作，立案庭庭长每天在立案大厅维持秩序，律师在法官宣判之后以上诉来威胁法官，院长在场时庭长直接向最高法院领导提意见等，在现实的司法实践中，这些是根本不可能发生的。另一方面，为改编西方影视作品而忽视现实基础。例如，以《十二怒汉》（1957）为蓝本的电影《十二公民》（2012）被设计成某大学法学院"英美法"补考，学生家长作为陪审团。这种基于我国现实中完全不可能发生的事情所搭建的舞台，完全架空和抽离现实基础，使得整个剧作难以成立。①

影视中的"法律硬伤"常常以艺术是艺术、法律是法律的理由进行辩解，这从法律的角度来看难以成立，因为法律就是法律，规则就是规则，不符合法律就是不符合，确是硬伤。但这也说明了法律硬伤式的解读只能是法律与影视互动的初步展开，要深入理解这种互动关系则必须用法律深入艺术本身。

（二）打开"法眼"，发现故事的法律性

同样是以法律为尺度，法律人理解每一个影视作品都带着法律的眼睛（"法眼"），不过更加深入的研究不仅仅是发现影视呈现中的法律硬伤，而是在影视中发现整个法律体系，把影视作为法律分析的重要素材，甚至是把影视作为学习法律的一种重要途径。如《肖申克的救赎》（1994）、《上帝之城》（2002）、《女魔头》（2003）、《绝命毒师》、《风骚律师》等影视作品牵涉到犯罪与刑罚的直接联系；《魔鬼代言人》（1997）、《美国犯罪故事》（2016）等关涉律师职业伦理和律师文化培育的核心争议；《世纪审判》（2015）、《纽伦堡审判》（1961）、《东京审判》（2006）等电影牵涉到法理学中自然法和法律实证主义的永恒争论；电影《民事诉讼》（1999）、《永不妥协》（2000）牵涉到惩罚性赔偿、大规模集体环境诉讼等法律问题……

打开"法眼"还意味着把法律规范背后的法理融入对特定故事的解读，用法律影评的方式展现每个故事牵涉的法律与政治、经济、社会、宗教、文化之关系的复杂性和深刻性，抑或从法律影视的发展过程中

---

①参见阴昭晖、王金霞：《我国法治影视作品合法化呈现的问题与对策探究》（暂未发表），感谢海剑先生提供的部分事例。

揭示我国法治的发展史。如《秋菊打官司》（1992）牵涉到我国行政诉讼法颁布的背景，《马背上的法庭》（2006）体现我国司法改革中法律从业者职业化之后的内在困境，《盲井》（2003）、《盲山》（2007）等电影则直接反映了中国司法的社会生态背景；影视中对未来社会的畅想远较现实更为超前和富有想象力，《黑客帝国》、《机械姬》（2014）、《西部世界》等描绘的未来社会场景或虚拟背景带给人们震撼和思考，也是讨论人工智能与法律关系的重要素材……

此外，打开"法眼"也是用法律蕴含的法律思维、法治思维来看待每一个故事。如果并不严格区分法律思维和法治思维，法律思维和法治思维都蕴含着规范思维、权利思维、程序思维、说理思维、权衡思维、价值思维等思维方式，发现故事的法律性，即发现每一个故事的发展过程所蕴含的法律思维方式。这意味着有些故事表面上和法律并没有关系，但是法律思维和法治思维却蕴含在故事的深层逻辑之中。如《星球大战》肯定不是法律电影，但是可以从宪法的角度进行解读；火爆全球的电视剧《权力的游戏》描绘的完全是一个虚拟的世界，法律完全不是其主题，但是这部剧却可以带来很多的法史和法理的思考；黑帮本身是最不讲法的，然而黑帮电影本身也蕴含着一定的规则文化和法律文化；有些电影只是客观记录了时代的整体变迁，如《三峡好人》（2006），但却蕴含着重大的法律变迁和法律隐喻，甚至是充满了对法律问题的反思；《暴雨将至》（1994）全片很少提及"法"字，却为法律的必要性和前提提供了重要的证成……

影视中的法律体系发现、影视的法理解读、影视中的法律思维和法治思维都具有一定的扩张性，是戴着法律的有色眼镜去看待这个世界，在为世界涂抹上法律色彩的同时，也是理解影视作品的重要路径。具有法律性的艺术性，是这些影视作品之所以具有艺术价值的一个重要理由。然而，艺术同样具有"体用不二"的方面，艺术只有通过艺术自身的方式才能更好地理解，具有法律性的艺术性也不能解释艺术的全貌或有些影视作品的主旨，很多作品中，法律也只是一个侧面，前述视角的解读也不能过于高估。

（三）影视法治作为文化法治的组成部分

法治文化与文化法治是两个完全不同的概念。法治文化是建立在社会生活实践尤其是市场经济的基础上，以民主型法治及其运行为核心，以保障公民权利和社会公平正义为目的，以限制公权力为手段，区别于人治文化的一种现代文明进程，为人们所普遍接受和选择的理性生活方式，本质上属于文化范畴。[①]文化法治则是特定文化事业（如文艺演出、艺术创作、新闻出版、广播影视、文物保护等）的法治化，本质上属于法治的范畴。影视法治是文化法治的核心构成之一。用法律的方式促进影视的发展，为影视发展提供"固根本、稳预期、利长远"的法律制度框架，为影视走出国门提供国际上的普遍标准，为充分发挥影视人主动性和创造性提供制度空间等，都是影视法治的核心要义，也是影视法治文化建设的一个重要落脚点，而这一点常常容易被忽视或遗忘。

法治影视作品内容的合法化呈现（前述法律硬伤式的解读）不仅仅要求影视内容本身符合法律法规的规定，也需要营造整体的法治环境。从法律看影视一定会具有这样的"反身性"，使得影视创作、发行、放映的全过程，以及产业支持与保障、法律责任承担等环节都能提升文化法治的地位。

---

①李德顺：《法治文化论》，黑龙江教育出版社2019年版，第320页。

二、影视作为方法——从影视看法律

以法律为素材、对象，以电影为中心去理解、反映、建构，其至超越法律，电影的技术、表现手法、内在理念等作为电影人的前理解，这是突破法律人局限的重要方法，更能体现法律与影视互动的深层方面。

（一）专注于影视本身

回归艺术本身，用艺术去理解艺术，在法律与影视的互动中则体现为以影视作为方法，从影视艺术看法律。法律影视作品首先是影视而非法律，很多法律影视作品都容易陷入法律性过强而对艺术性有所损伤的情况，陷入法律的复杂知识体系而难以自拔。如最高人民法院每年都有法治微电影的比赛，从中我们可以发现，很多好的法治微电影首先是一件好的艺术作品，在法律上很有争议的问题或许会是一个好的学术选题，却并不一定是好的法治微电影的主题。

现今很多有关法律与影视的研究中，影视牵涉的相关话题只是一个由头，如《大卫·戈尔的一生》牵涉的是废除死刑的话题，但电影本身对死刑存废有什么思考常常被研究者遗忘，他们只是借由电影引出死刑存废的话题后，罗列一些历史上思想家对相关问题的思考以及其本人对这个问题的看法。[①]这种研究容易舍本逐末，对影视本身也并没有很大的益处，因为很多影视作品蕴含着深刻的思考。影视作品本身就是如此精彩，丝毫不需要借助任何外来的资源进行思考。影视作品建构了思考特定问题的完整情境和社会背景，还能提供诸多可以引发思考的生动细

---

①周成：《已阅：光影中的法律与正义》，中国法制出版社2020年版，第233—242页。

节，并且还进行了艺术的提升，让特定问题可以更加激烈的形式进行展现，很大程度上有利于对问题本身的思考。因此，专注于影视本身也成为理解影视，解读法律和影视互动的基本方法。

（二）影视中的法律实践

与现实的法律实践相比，影视中的法律实践具有自己的特点。首先，影视中的法律实践同样具有一定的真实性。这种真实性至少可以从如下的方面进行理解，如在贾樟柯的电影《三峡好人》（2006）中用一分多钟从侧面讲述了一个法律故事——奉节机械工厂的一位员工在外（云阳机械厂）务工时被机器压断了一只手，员工向奉节的厂长索要相关赔偿。员工指责厂长把工厂私自出售给厦门老板，导致工厂破产，员工要外出打工，工厂负有不可推卸的责任。厂长则指出这件事跟工厂没有直接联系，不怕员工上告。厂长和员工们吵得一塌糊涂。厂长的主张并不是没有道理，不过员工愤怒的恐怕是他私自出售国有资产的行为，断手的员工只是闹事的由头。法律总归要一码归一码，现实中则是混在一起的。这个故事是如此写实地反映了现实的法律争端的运行模式和解决方式，甚至是吵架时所使用的语言和肢体动作。现实像一个混乱的"丛林"，客观记录就有了基于记录的真实。电影中还可以有基于设计的真实，如在改编自小说《万家诉讼》的《秋菊打官司》（1992）中，那个倔强的秋菊就是很多现实人物形象的缩影或者是马克斯·韦伯所谓的纯粹类型，倔强的秋菊经历了可以穷尽的司法过程，并且触及了司法的边界，现实中的人或许在某一个阶段就放弃了。

影视中的法律实践还具有戏谑性。艺术来源于生活又高于生活，高于生活的方面在影视艺术中的体现是创作者的创造性与现实某一个方面的结合，如周星驰的《审死官》（1992）、《九品芝麻官》（1994）等作品中对法律实践和正义的调侃，《目无王法》（1981）中所描绘的古代司法的黑暗，卡夫卡的《审判》中所描绘的法律实践过程的荒诞，这些和现实有很大的不同，但又是具有很真实的一面，其戏谑性背后也隐藏着对现实某一方面的彻底展示。

（三）影视超越法律的边界

美国大法官波斯纳曾写过《超越法律》，波斯纳书中所涉及的主题可能和法律与影视互动的主题不太一致，但是在超越法律，从影视看法律这方面，二者则有异曲同工之妙。[①]波斯纳注重法经济学、法社会学、实用主义法学等的超越，从影视看法律则注重人类学、艺术学等的超越。法律职业共同体试图建构法律帝国，划定了法律的重要边界，影视作品则在很多方面突破了法律的边界。前述电影中的法律实践不仅具有真实性，还具有戏谑性本就是影视超越法律的重要表现。影视超越法律还表现在如下的方面：

影视中的法律实践处于整体的社会结构之中，法律人所建构的法律帝国也有可能是"王婆卖瓜，自卖自夸"，在社会中法律尽管重要，也没有那么重要，法治所提供的正义、安全和秩序需求处于较低的层次（第二层次），而像社交的需要（友谊、爱情和隶属关系的需要）、尊重的需要（成就、名声、地位和晋升机会等）、自我实现的需要（真善美至高人生境界获得的需要）等都是更为上层的需要。作为一种公共生活方式，对一般人来说，法治并不能提供意义、幸福、财富等，只是为

---

① 波斯纳：《超载法律》，苏力译，北京大学出版社2016年版。

每个人追求自己最喜欢的生活方式提供前提和保障，参与生活实践的权利和责任还需要还给现实生活的实际承担者。这一点，影视中体现得更为清醒。即使是在和法律紧密相关的领域行走的人们，如《猫鼠游戏》（2002）中的警察和小偷，监狱影视中的狱警和犯人等，其关系都需要基于实践耦合进行动态调整。法律的作用经常触及自己的边界，就像韩国电视剧《少年法庭》（2022）中所强调的理念，教养一个孩子需要一个村庄的努力，法律给问题少年的刑事处罚并不足以使得这个少年回归社会，青少年法律问题是一个社会整体的问题，法律有难以承受之重。

可见，影视中蕴含着超越法律的诸多可能性，也提供超越法律的原因和超越法律之后的我们该如何生活的深刻反思。

三、影视作为语言——用影视去思考

匈牙利著名电影理论家巴拉兹·贝拉曾总结了电影艺术不同于戏剧的核心方面：戏剧中观众可以看到演出中的整个场景，始终看得到整个空间；观众总是从一个固定不变的距离看舞台；观众的视角是不变的。电影艺术则抛弃了戏剧的这些原则，在同一场景中，改变观众与场景之间的距离；把完整的场景分割成几个部分或几个镜头；在同一场景中改变拍摄角度、纵深和镜头的焦点；还有蒙太奇。我们不仅能从一个场景中的各个独立镜头里看到生活的最小组成单位和其中隐藏的最深的奥秘，还能不漏一丝一毫。这些都使得电影成为一种新的形式和新语言。[1]法国导演谷克多认为"电影是用画面写的书法"，亚历山大·阿尔诺认为"电影是种画面语言，它有自己的单词、造句措辞、语形变化、省

---

①巴拉兹·贝拉：《电影美学》，何力译，中国电影出版社2003年版，第17—19页。

略、规律和方法"，法国早期的电影理论家让·爱浦斯坦认为"电影是一项世界性的语言"，法国电影评论的创始人之一路易·德吕克则确认一部好影片就是一条好定理。[①]电影不再仅仅具有技术性，也成为叙述故事和传递思想的重要手段，电影语言成为一种独特的思考方式。同时，还可以把电影置于更为广阔的理论背景和哲学背景之中，用电影语言去推进思考。用电影语言去思考法律问题则体现在如下几方面：

（一）法理问题的影视展现

一部影片可能只能从一个方面进行展示，但不同影片对同一个法理问题就可以形成多重展示，进而形成某种特定的影视类型。如对纳粹屠杀犹太人问题的光影展示，就可能有多种角度：《辛德勒的名单》（1993）中一个普通人在泯灭人性的环境下对人性的坚守（这种类型还有一部最新的历史影视剧《乱世微光》）；《美丽人生》（1997）中将原本残酷的过程用最乐观的方式向小孩呈现；《钢琴师》（2002）中讲述了一位犹太天才钢琴家在战争期间的颠沛流离；《穿条纹睡衣的男孩》（2008）中讲述了纳粹男孩和集中营犹太男孩本该欢乐的交友故事却成了悲剧；《索尔之子》（2015）中夺回儿子的尸体进行下葬变成一个惊心动魄的过程……"国家不幸影家幸"，纳粹屠杀犹太人这一人类历史上的巨大创伤成为影视反省的重要主题。

同样是对纳粹问题的展示，还有一个重要的法理问题就是如何让纳粹为自己的屠杀行为承担责任，"我只是遵守当时的法律规定和命令行事"，成为纳粹战犯的普遍辩护理由，以艾希曼的审判为对象的电影

---

①[法]马赛尔·马尔丹：《电影语言》，何振淦译，中国电影出版社2006年版，第5页。

则是对这一段历史的集中展示。电影《世纪审判》（2015）试图从艾希曼身上发现尚存的丁点人性和良知，但最终也以失败告终；《艾希曼》（2007）根据以色列官方对艾希曼的审讯手稿改编，试图突破艾希曼"一切依命令行事"的辩护理由，从法律审讯的角度展示了艾希曼审判的过程；《汉娜·阿伦特》（2012）则试图提出"平庸的恶"来说明艾希曼的心理状态，并展示阿伦特写作相关文章的过程，从一个思想家的视角展示了艾希曼的审判。①对同一个事件的多视角展示，在艺术的层面拼接了更为完整的事实，为本来客观、严谨和冷峻的法理分析添加了几分感性的成分，也为影视的法理提升提供了坚实的基础。

（二）法律的影视反思

法理的影视展示本身是一种反思，影视展示提供了特定问题的整体背景和具体语境，影视展示还可能做出一种创造性的回答，一部好影视作品也可能成为一篇好的"法律主题学术论文"，影视可能具有新颖的视角、大胆的假设、小心的求证，而具有"片面的深刻"和对特定问题的深度思考。也可以说，在我们的时代，一部好影视作品远比一篇好论文更加生动和精彩，一部好影视作品的影响力也可能远远超越一部好著作。

如《窃听风暴》（2006）中讲述了一名东德国安局情报员由忠于职守转而对自己的工作失去热情，继而改变立场，开始保护上级要求他监听的东德作家吉欧德瑞曼。当职责和内心的倾向相互冲突的时候，这位情报员选择了自然法而非实在法。《马背上的法庭》（2006）作为纪录

---

① 文兵：《对艾希曼的审判：人性、法律与哲学的拷问——三部电影三个视角》，《人民法院报》2015年6月12日第7版。

式电影反映了转型期的中国的司法实践样态，有可能成为国家法中心主义的重要反思。李杨导演的《盲井》（2003）、《盲山》（2007）中对特大矿洞诈骗杀人团伙案和贩卖人口等社会问题的深刻反思，则体现了法律问题背后苦难的社会背景。

（三）艺术比艺术创作者更聪明

日本著名导演黑泽明在说明电影《罗生门》（1950）的编剧意图时曾说："这个剧本描写的就是不加虚饰就活不下去的人的本性，甚至可以这样说，即使人死了，他也不放弃虚饰，可见人的罪孽何等之深。这是一幅描绘人与生俱来的罪孽、人难以更改的本性，展示人的利己之心奇妙的画卷——如果把焦点集中在人心之不可理解这一点上来读它，那么，我认为就容易理解这个剧本了。"[①]黑泽明导演对《罗生门》的说明可能并不能令人完全满意，展现人性中最隐秘最深奥的部分，芥川龙之介的《竹林中》已然很深刻，电影也难以比小说更加深刻。电影中最有创造性的改编是第四重叙事，即农夫的叙事。农夫虽然也是这自私画卷的一部分，但那个没有人领养的小孩还是得交给已经有6个小孩的农夫去抚养，农夫还是要在这个现实的世界中生存。剧本自身可能比黑泽明更聪明，突破"耻感"、放弃虚饰、摘下面具，从生活的表演中挣脱，回归最真实的人类本性，回归日常生活实践，并突破抽象的人性论，生活的权利和责任也需要交给各个具有人性的实际承担者。

影视作品可能比影视制作人更聪明，有一些重要的原因。影视一诞生，就成为相对独立的存在，独立于它的制造者。基于影视本身我们

---

①[日]黑泽明：《蛤蟆的油》，李正伦译，南海出版公司2014年版，第263—264页。

可以做出具有坚实基础的解读，而非基于电影制作者的主观目的。影视的解释者也已经远远突破了影视制作者的设想，一千个读者就有一千个哈姆雷特，每一位影视的观赏者都会从自己切身的生命体验做出更为宽广的解读，新的影视解释者可以突破影视制作者的时代局限，所有人一起组成一个"诠释超人"（法学家德沃金语），和特定作品产生新的关系。这也使得用影视去思考可以遵循影视诠释的客观路径，使得影视语言具有更加强大的解释力和影响力。

四、影视作为实践——用影视去改变

从法律看影视和从影视看法律是法律和影视互动的两种基础性视角，用影视去思考是对前述两种视角尤其是第二重视角的重要深化，用影视去改变则需要从理论反思回到生活实践，去谋求现实的改变。

（一）影视即是一个完整的世界

自爱迪生1891年发明吉尼特连续影像放映机（kinetoscope），卢米埃兄弟1895年首次给付费观众放映影片，人类的影视事业已经经历了一百多年的历史。正如英国著名电影史学者诺维尔-史密斯（Novell-Smith，G.）所感叹的："电影出生于卑微的露天马戏场，而今成了身价亿万的产业，同时又是最耀眼最具有原创性的当代艺术。"[1]影视的内容已然涵盖了政治、经济、文化、社会生活的各个方面，影视也已经形成丰富

---

①[英]杰弗里·诺维尔-史密斯：《世界电影史》（第1卷），杨击译，复旦大学出版社2015年版，第1页。

的类型，如喜剧片、动作片、战争片、剧情片、悬疑片、武侠片、奇幻片、科幻片、冒险片、警匪片、动画片、惊悚（恐怖）片、犯罪片、历史片、传记片、歌舞片等。影视的世界所表达的即是一个完整的世界。

影视所描述和表达的完整世界，为我们观察和理解法律提供了重要的参照。影视中同样蕴含着一部法律发展的历史，甚至有更为丰富的法律实践过程，现实的、理想的、虚幻的、戏谑的、未来的法律运行过程都可以在影视中找到相应"模本"。如此，用影视去改变法律实践才具有现实的可能性。

（二）影视作为生活方式

传统的影视理论一般认为，影视是一定的表现手段，用以表现一定的对象，而这一对象是存在于世界之中的。"艺术来源于生活又高于生活"，这句话有一些潜台词，即艺术和生活是两个层面，艺术独立于生活，艺术和生活是彼此分离的两个实体，只是这两个实体具有紧密的联系。这种艺术和生活的二元论在表现艺术本身的独特性，充分展示艺术的魅力等方面具有重要意义，但也容易遗忘艺术本身也是一种重要的生活方式（样态），艺术和生活本就是合一的。影视本身即是一种生活方式，影视存在于生活之中。影视作为一种生活方式不仅仅是影视人的生活方式，其也是普通人所共享的一种生活方式，影视中所讲述的故事，所展现的场景，所激发的情感，所蕴含的思维，所形成的哲学等，已经是普通人的生活本身。

影视即生活，至少在如下的方面具有意义，首先，影视不再只是生活的映射，而是可以更加积极地建构特定事实。影视不再仅仅作为一个"旁观者"，而是也作为"参与者"，不仅作为一种娱乐方式，也可以改变生活实践。表面上影视作为艺术可以任意地建构，而事实上影视也只是对普遍必然性的表达。甚至像哲学家黑格尔所说的，艺术的"美是理念的感性显现"，只是人类发展演进的一个逻辑环节。而黑格尔所说的逻辑正是历史和逻辑的统一。影视是一个逻辑环节，必定也承载有现实生活实践。艺术不仅不是空洞的显现（外形），而且比起日常现实世界反而是更高的实在，更真实的客观存在。[①]还有，影视也需要回归生活。影视作为强调创造性的行业，需要进行自由的探索，而自由和虚无应是一体两面的，回归生活世界才能找到现实的意义感，逃遁虚无感的奴役。艺术也容易迷失自我，回归生活世界才能找到艺术的本真，回归生活中最真实的生命体验才可能找到艺术世界和生活世界合二为一的法门。影视即生活为用影视去改变法律实践提供了重要证成。

（三）用影视去改变法律实践

哲学家们只是用不同的方式解释世界，而问题在于改变世界。于影视而言，从表达世界到改变世界也是一个重要的转变，改变世界是一个容易被影视忽视的方面。影视即生活，这个命题的一个重要的落脚点或方法论要求即用电影去改变，放在这里即用电影去改变法律实践。我们不应该把法律实践仅仅理解为立法、司法、执法和守法的狭隘过程，法律运行的所有实际影响都应该纳入其中，法律影视本身也是法律实践整体不可分割的一部分。

根据现实案例改编的《熔炉》可以算作用影视去改变法律实践最为典型的展现。正是因为有了电影的号召力和网友的舆论压力，在2011

---

① [德]黑格尔：《美学》（第1卷），朱光潜译，北京大学出版社2017年版，第14页。

年10月28日,《熔炉》上映的第37天,韩国国会以207票通过、1票弃权压倒性通过《性暴力犯罪处罚特别法部分修订法律案》,又名"熔炉法"。韩残障人团体等民间组织一致呼吁应对《社会福祉事业法》进行修订。2011年12月29日,韩国国会通过了《社会福祉事业法修订案》。根据真实事件改编的中国电影《我不是药神》(2018)也产生了巨大的社会影响,并最终推动了更多的"救命药"纳入医保范围。用影视去改变也不应局限于改变相应的国家政策和法律,一些影视也能对人们的法律观念产生巨大改变,如《秋菊打官司》《我不是潘金莲》等电影对民众诉讼观念造成巨大改变。用影视去改变具有天然的优势,其具有的公共性会放大特定法律事件的影响力,引发普通人的关注,形成巨大的舆论热潮。在影视中也可能提供具体的解决方案,如诸多科幻电影中所提供的司法和执法模式①,或许也会在不远的将来具有很大的参考意义。

这些使得用影视去改变法律实践不再仅仅停留于理论设想。尽管一定会困难重重,但也不应该放弃希望。

结语

恩格斯曾指出:"马克思的整个世界观不是教义,而是方法。它提供的不是现成的教条,而是进一步研究的出发点和供这种研究使用的方法。"②如此可见方法论的重要。法律与影视互动也需要具有这种方法论的自觉,其对于推动法律影视研究品位的提升具有长远的价值。

---

①参见后文《电影中的多样政体》一节。
②《马克思恩格斯选集》(第4卷),人民出版社2012年版,第664页。

影视作品的法理探赜

1

模糊、建构与程序：三部电影看事实的三个视角

在法律中，事实是一个十分重要的元素。看清事实是我们处理法律问题的第一步，也是我们将事实与规范进行对接的重要前提。法律领域中事实本身是分层的，常常划分为客观事实（真实）和法律事实（真实），客观事实以客观发生为标准，法律事实则需要以证据作为标准。一般而言，"以事实为依据，以法律为准绳"是我们处理法律问题的一个基本的原则。尽管最近哲学界有学者质疑这个说法，而主张"以证据为依据，以法律为准绳"，但后文将说明，以事实为依据具有更为基础的意义。事实本身具有复杂性，要看清楚事实有诸多方面的困难。诸多的影视作品为我们思考事实问题提供了多重的角度，也给予我们多重启发。以艺术展现的故事形式，往往可以生动、丰满、完整、彻底和极端的形式来弥补现实的平淡无奇、残缺不全、戛然而止和碎片化等缺陷，尽管这些缺陷本身也是艺术表现的重要内容和技法。来源于现实生活，又高于现实生活的故事会更深刻地揭露问题，思考问题，甚至解决问题。在此，我们可以用三部电影去思考，展现理解事实的三个视角。

从《罗生门》看事实的模糊性

　　1950年上映的日本电影《罗生门》是黑泽明导演的标杆性作品，改编自芥川龙之介的两部小说《罗生门》和《莽丛中》，标题取自小说《罗生门》。罗生门本身是日本京都的正南门，故事地点即选在此。电影中的故事情节则选自《莽丛中》，并进行了电影剧本的再创作。

　　电影中故事情节以复调叙事的形式展开，有六个主要人物——强盗多襄丸、武士金泽武弘、武士的妻子真砂、农夫、行脚僧、杂工。一开始，强盗、武士及其妻子是故事的主角，而农夫、僧人和杂工是以观察者、评价者和证人出现。多襄丸的叙事当中建构了自己勇猛、果断、智慧、贪婪等强盗的"美德"。丛林中，金泽武弘和真砂经过，一阵微风吹过，撩动了真砂的面纱，正在丛林中躁动的多襄丸从来没有见过如此美丽的女子，顿时见色起意，他谎称自己捡到了一批宝剑，可以廉价转让给武士，把金泽武弘单独骗到丛林深处，袭击了武士并把他绑了起来。多襄丸又谎称武士出事，把真砂骗至丛林深处，当着金泽武弘的面强奸了真砂。真砂在强盗的叙事中是一个刚烈的女子，先是反抗极为激烈，之后又仰慕多襄丸的威猛而放弃了抵抗，最后又挑起了多襄丸和金泽武弘的决斗，称自己只愿意跟那个活着的人。在多襄丸的版本中，金泽武弘是一位十分勇猛的武士，能和自己战斗二十个回合以上，至今没有人能够做到，自己则比勇猛的武士更加勇猛。在真砂的叙事中，自己是一个忠诚于丈夫的女子，并且把贞洁看得比自己的生命更为重要。她从草间拾回反抗强盗时掉落的匕首，割断捆绑武士的绳子，递匕首给丈夫，要丈夫杀了自己，但是武士投以冰冷和不屑的眼神，她知道自己已经无法获得武士的原谅，在绝望和愤恨中误杀了武士。金泽武弘则借女巫之口把自己描绘成一个挚爱自己妻子、荣耀重于一切的武士，受不了妻子的背叛和狠毒，最终为兑现武士道而选择了自杀。

黑泽明的电影中增加了农夫的叙事，农夫也因此成为一个更为重要的参与者。按照农夫的说法，真砂被强奸后，多襄丸竟然痴情起来，请求她的原谅，并愿意为她牺牲一切。真砂则拿起匕首解开了武士的绳子要其与强盗决斗。金泽武弘哪里是什么信守武士道的人，他怯懦而自私，甚至说被强奸的真砂还比不上他的马，哪里愿意为真砂拼命。真砂则表现出女性的反抗，嘲笑武士和强盗都不是真正的男人。而这竟然激起了两个猥琐的男人之间的决斗，这哪里是什么勇猛的决斗，两人都充满了恐惧，并且本事平平，刀法杂乱，过程极为丑陋，最终多襄丸侥幸取胜，用长剑杀死了武士。这是真实的吗？杂工指出了一个关键的地方，匕首到底去了哪里？原来农夫顺走了匕首，并且很可能是从武士鲜血淋漓的身上拔走了匕首！农夫同样是从对自己有利的角度建构了这个故事。

如果每一个人都从对自己有利的角度去裁剪事实，那么我们要如何发现真相。我们常说"真相只有一个"，然而，真相却成了一个彻底的"罗生门"且隐藏在"莽丛中"。事实本身就是模糊的，然而，在事实的模糊性基础上，我们又能够做什么呢？

从《视觉》看事实的建构性

印度电影每隔一段时间即有神作产生，2016年的《视觉》也是这样一部神作。影片主要讲述了一个误杀之后瞒天过海的故事。故事的主人公维杰4岁辍学，干过各种职业，之后经营了一家网络器材店，拥有一个美丽的妻子和两个可人的女儿，过着还算幸福的生活。社会这所大学明显教会了维杰很多东西，他尤其喜欢看电影，从电影中学习诸多知识和技能。维杰的大女儿安玖在学校组织的野营中认识了名叫萨姆的男生。不想萨姆竟心怀不轨，偷拍了安玖洗澡的视频，威胁安玖要满足他的淫欲，否则将广泛传播这段视频。他们约好深夜在维杰家的工具房见面。安玖的妈妈发现了她内心的紧张，跟随安玖来到工具房，知道了真相但也无可奈何。她们在苦苦哀求萨姆不成的情况下失手杀掉了萨姆，并把萨姆埋在自己的花园里。维杰得知后决定捍卫自己的家人，和警察展开了机智的对抗。然而，他渐渐地发现，萨姆竟然是当地女警务督察长米拉的儿子，他的父亲则是一位成功的商人，米拉很快便调动警察全力搜查萨姆的下落。这似乎是一场强弱分明的对抗，但维杰精心策划了不在场的证据，重新处理了尸体、萨姆的手机、小轿车等。

这部电影核心的情节即展现了视觉记忆是最强的记忆，它要远远强于我们对于时间的记忆。这也不难理解，我们一般能记住看到的东西，不会轻易遗忘，时间常常是隐藏在我们思维的背景之中。如哲学家康德所说的，时间和空间等是我们认识的先天结构。《视觉》电影的命名即是来源于此，维杰巧妙地利用了这一点，虚构了2号带家人去听经的事实，他们也真的去了，但是在3号。并且，维杰2号去处理萨姆的尸体和小汽车时顺带也去准备了所需要的一切消费票据，因而的确是给警察看了真实的票据。甚至在2号的时候还故意去取款，在ATM机的录像里留下证据。更为精妙的是，维杰不断向自己碰到的人重复自己2号去听经的故事，在诸多证人的意识里注入和强化这一"虚构"的故事。

在电影中，维杰成功地制造了不在场的证据，捍卫了自己的家庭，甚至大多数人都会为维杰的胜利叫好。安玖是真的误杀了萨姆，这是一个事实，维杰为了掩盖这个事实，主动建构了一个新的"事实"，并调

  看得见的正义：影视中的法治文化

动一切力量去使这个"事实"成为事实。基于真相的事实，真的就比维杰所建构的"事实"所导致的结果更为正义吗？

从《十二怒汉》看法律程序对看清事实的意义

《十二怒汉》是公认的经典法律类电影，这部1957年的美国电影一再被人们回味和模仿，并有了俄文版和中文版。故事情节大致是这样的：法庭上，对一个被指控杀害父亲的十八岁男孩的审判正在进行，而最后的宣判还需要考虑此次由12个人组成的陪审团的意见。陪审团程序要求这12个人必须有一致裁定（12比0）才能判定某人是否有罪，这一程序也成为通往事实的关键制度保障。影片中从一开始的11比1有罪，再到9比3、8比4、6比6、3比9、1比11有罪，最后12比0裁定无罪。事实上，陪审程序还有诸多有利于发现事实的程序设计，如每位陪审员都需要和案件没有利害关系，都需要参与整个案件的审理过程，要排除外界的干

图2　《十二怒汉》陪审团成员

扰，在一个封闭的空间范围展开陪审团的案情讨论和投票……难怪美国法官威廉姆·道格拉斯要说，"正是程序决定了法治与恣意的人治之间的基本区别"。法律程序基础之上的事实甚至可以穿透建构性事实，而在客观事实的基础上建构最佳的判决。

综合来看，《罗生门》提供了理解事实的模糊性视角，因而我们对待事实应有警惕态度；《视觉》则为普通人建构一定的事实提供了正当性论证，建构性事实并不一定丑陋，也可能比较美好；《十二怒汉》则表明了一种公共性的制度安排对发现事实的保障。事实本身可能是模糊的、复杂的，每个人都可以从自己的利益出发去建构自己需要的事实。然而法律是一道重要的防火墙，建构的事实需要经过法律程序的考验，只有基于证据和经过法定程序才能被认定为法律事实，《罗生门》和《视觉》都需要经过法律程序才能确定一个可以让公众信赖的真相。三部电影、三个视角提供了事实的三个层面——客观事实、建构性事实和

我想我可以继续相信人了

图3　僧人的感悟

法律事实。其中，客观事实依然是个体建构事实的基础，依然是法律事实的基础，我们并不能直接用"以证据为依据"来替代"以事实为依据"。而建构事实是人的认识本身的特点，架构起客观事实和法律事实的桥梁。

此时我们可以更好地理解黑泽明，为什么要设置第四重叙事和最后农夫收养婴儿的情节。在充分理解建构性事实可能会比较丑陋的基础上，我们才能去生成更为美好的东西，即让僧人说出："多亏了你，我想我可以继续相信人了。"

2

法律视角下的《罗生门》

经典之所以成为经典，一个重要的方面即是能够不断唤起人们的思考。《罗生门》虽然是日本导演黑泽明先生1950年的作品，却在现当代的语境下被一再提及，"罗生门"已然成为每个人从对自己有利的角度编织谎言，使得真相扑朔迷离的代名词。然而，现代人重新思考《罗生门》，自是会代入这个时代的社会历史情势和生活实践样态，从而发现一些新的方面。无论是《罗生门》的原作者芥川龙之介，还是编剧黑泽明和桥本忍，法律都不是他们考虑的方面，但是法律可以成为理解《罗生门》的一个有趣的角度。

复调叙事中的重叠事实

复调叙事是《罗生门》中叙事结构的重要特点，现已成为诸多电影采用的经典叙事方式之一。如2020年的主旋律影片《金刚川》就采用了这种叙事方式，不同的是《金刚川》是从三个不同的叙事视角拼凑出一个故事的全部真相，而《罗生门》是用四重叙事讲了一个故事的四个版本。

法律人会天然地关注《罗生门》四重叙事的重叠方面，因为这种重叠很可能形成事实链条，成为展开法律分析的前提。强盗、武士及其妻子、农夫的叙事中有重叠的内容：强盗多襄丸在路边窥见武士妻子真砂的美貌，遂起了歹意，谎称自己发现了一批古墓宝剑，把武士诱骗到竹林中，偷袭了武士并将他捆绑起来，又谎称武士突发疾病，将真砂诱至丛林深处，当着武士的面强奸了真砂。也就是说四重叙事的前半部分是一样的，不同的是故事的后面部分。多襄丸的版本中，自己主动解开了武士的绳索，和武士展开激烈的决斗并最终将武士刺于剑下。真砂的版本中，在多襄丸离开之后，真砂难以获得武士的谅解，出于羞愧用匕首误杀了武士。借女巫鬼神附体说出的武士版本中，他出于武士的荣耀兑现武士道精神而选择了自杀。农夫的叙事是解构的叙事，解构了强盗的凶猛、妻子的愧疚、武士的荣耀，展现出一个丑陋、猥琐的决斗过程，最终强盗侥幸杀害了武士。

从四重叙事的重叠部分我们可以发现，强盗是故事情节的主要推动者，也不得不承认强盗所具有的"智慧"（诱骗技术）、"果敢"（想到即可以做到）、"担当"（最后敢于承担责任）等，强盗的形象竟然高大了起来。换个角度来看，多襄丸的虚伪相较而言也更少一些，甚至有几分真实的可爱，如坦诚地表达自己的欲望，对真砂的真情告白等。在另一个旁观者杂工口中，说起多襄丸的事迹多少流露出一丝羡慕。作为一个罪大恶极的坏人，强盗竟然没有受到多少谴责，这或许是芥川龙之介和黑泽明等所要描绘的那个苦难时代的重要特点。

法官如何破解事实谜团

如果转换视角，遇到这样扑朔迷离的事实，法官该怎么办？表面上千头万绪，不过一个训练有素的法律人不难发现其中的蛛丝马迹。

魔鬼都隐藏在细节当中，一个关键性的问题是，武士到底是怎么死的，是自杀还是他杀？是被什么凶器杀死的？在强盗和农夫那里，武士是被长剑杀死的，在武士和真砂的版本中用的是匕首，这可能成为一个重要的突破口。被长剑和匕首所杀，伤口一定不一样，自杀和他杀，伤口的角度、幅度也会有很大差别，这些可以成为判定谁在说谎的关键。

首先可以排除的叙事可能是武士的叙事，什么神鬼附体断不可信。四重叙事中，也只有武士的叙事中是自杀，难以印证，从痕迹鉴定来看，现场打斗痕迹的范围等，也足以表明很可能存在一个决斗的过程。其次可以排除的叙事是真砂的叙事，一是真砂在描述自己杀害武士的过程时语焉不详，而且她杀武士的动机也有点可疑。日本文化背景下，妻子要杀丈夫可能需要更强的动机，丈夫一个轻蔑的眼神就可以成为妻子杀死丈夫的动机，似乎不太可能。

强盗的叙事和农夫的叙事重叠的部分最多，如武士都是被长剑杀死的，都经历过一个决斗的过程，尽管决斗过程的描述迥异，但都是强盗最后杀了武士。如果和尸体检验和痕迹鉴定相互吻合，法官并不难对这个案件做出判定。但这也需要先解答一些问题：如农夫是否说谎，因为农夫偷拿了匕首，很可能因为这个才说武士是被用长剑杀死的；农夫是否目睹了案件发生的整个过程；等等。我们可以发现，即使是从现代来看，这个案件依然蒙着一层迷雾。因此，《罗生门》总归不是精致的悬疑影片，不能用推理的方式理解。

日本文化的"耻感"显现

法律视角还可以探得一些被遮蔽的有趣方面。从理性人假设出发，一个可能被定罪的犯罪嫌疑人通常考虑的是怎样规避法律的处罚。然而，无论是在芥川龙之介小说中的三重叙事，还是黑泽明电影中的四重叙事，都看不到犯罪嫌疑人规避责任的尝试。看到的是强盗主动承担强奸、杀人的责任，甚至有一种"慷慨赴死"的感觉；看到的是真砂承认自己杀了丈夫；甚至武士自己说从某种程度上可以原谅强盗，因为强盗解开了他的绳索，把真砂交付他处置……

"二战"后，美国文化人类学家鲁思·本尼迪克特曾在《菊与刀》中对日本的国民性问题做出了著名的分析，她认为西方文化受到基督教影响，可以称之为"罪感文化"，"罪感文化"提倡建立道德的绝对标准，并依靠它发展良心。这和日本的"耻感文化"形成鲜明的对比，日本是把羞耻感置于道德体系的核心。虽然本尼迪克特的主张受到了多方

图4 黑泽明借剧中角色之口的感叹

 看得见的正义：影视中的法治文化

批评，如日本是否存在统一的国民性，是否存在一致的文化模式，她对日本文化的认知所基于的细节是否存在诸多错误等。但是，"耻感文化"正契合了像芥川龙之介和黑泽明这样的日本文化人的国民性想象。《罗生门》中，因为"耻感"，强盗要掩饰自己的怯懦和拙劣的武艺；因为"耻感"，真砂才会声称自己杀了武士；因为"耻感"，武士才会自杀。

黑泽明曾说："这个剧本描写的就是不加虚饰就活不下去的人的本性，甚至可以这样说，即使人死了，他也不放弃虚饰，可见人的罪孽何等之深。这是一幅描绘人与生俱来的罪孽、人难以更改的本性，展示人的利己之心奇妙的画卷——如果把焦点集中在人心之不可理解这一点上来读它，那么，我认为就容易理解这个剧本了。"然而，剧本自身可能比黑泽明更聪明，突破"耻感"、放弃虚饰、摘下面具，从生活的表演中挣脱，回归最真实的人类本性，回归日常生活实践，并突破抽象的人性论，生活的权利和责任也需要交给各个具有人性的实际承担者。

3

《悲惨世界》中沙威的法意识困境

　　法国文豪雨果的经典小说《悲惨世界》曾以歌剧、电影、电视剧等多种形式在各个时代复活，新的艺术形式把《悲惨世界》中所呈现的历史画卷、精神理念传遍世界各地，感动、鼓舞甚至振奋了一代又一代的奋斗者。歌剧、电影、电视剧等的影响力或许已经远远超过原著，但丝毫不能遮蔽原著的光芒。

　　雨果在《悲惨世界》中塑造了冉·阿让、芳汀、卞福汝主教、马吕斯、珂赛特、爱潘妮、安灼拉、德纳第夫妇、"巴黎野孩"等一大批生动、鲜活、典型、饱满的人物形象，沙威也是众多人物中极为特殊的一位。沙威是冉·阿让最直接的对手，代表法律、政府去抓这个逃犯，最终沙威的心灵却被这个逃犯所征服，演绎出《悲惨世界》中极为重要的一幕——沙威的法意识困境。

沙威的德性

　　德性似比美德更为宽泛，不仅仅指道德方面，而可指涉多种优良的品质。《悲惨世界》中雨果对沙威的德性丝毫不吝惜自己的笔墨：

　　看得见的正义：影视中的法治文化

沙威是个完人，他的工作态度和穿衣态度都没有一点可以指责的地方，他对暴徒绝不通融，对他衣服上的纽扣也从来一丝不苟。

......

他，沙威，人格化了的法律、光明和真理，他是代表它们执行上天授予的除恶任务。他有无边无际的权力，道德、正义、法治精神、舆论、满天的星斗环绕在他的四周。他维护社会秩序，他使法律发出雷霆，他为社会除暴安良，他捍卫绝对真理，他屹立于神光的中央；他虽然已操胜券，却仍有挑衅和搏斗的余勇；他挺身直立，气派雄豪，威风凛凛，把勇猛天神的超人淫威布满了天空。他正在执行的那件任务的骇人阴影，使人可以从他那握紧了的拳头上看到一柄象征社会力量的宝剑的寒光。他愉快而愤恨地用脚践踏罪恶、丑行、叛逆、堕落、地狱，他发出万丈光芒，他杀人从不眨眼，他满脸堆着笑容，在这威猛天神的身上，确有一种无比伟大的气概。

沙威凶，但绝不下贱。

正直、真诚、老实、自信、忠于职务，这些品质在被曲解时是可以变成丑恶的，不过，即使丑恶，也还有它的伟大；它的威严是人类的良知所特有的，所以在丑恶中依然存在。

雨果笔下，这些品质具有两面性，沙威具有自己的缺点，缺少自己的反思尺度和意义深度，而只是就法律说法律，法律对沙威来说如同教义和信仰不容挑战。沙威执着于这种信念，在纵恣暴戾时，甚至具有一种寡情而诚实的欢乐，这种欢乐令人害怕也令人起敬，但也是悲惨世界的重要源头。

因此，在芳汀沦为妓女，和那些道貌岸然的路人产生争执时，有沙威做出治安裁断；揭开冉·阿让市长面具的过程中，有沙威怀疑的眼光；在商马第案件中，有沙威的提醒，提醒冉·阿让商马第成了"冉·阿让"；起义时在巴黎街垒刺探情报，有沙威的身影；在冉·阿让逃遁的过程中，有沙威的穷追不舍……

沙威是那个勤勤恳恳、兢兢业业、不辞辛苦、笃定执着的警官，故事情节最为重要的推动者之一，也是体制运行不可或缺的合谋者。

沙威内心世界的无限困顿

沙威是个缺少思考的人，思考对他来说是无益和徒劳的，然而，他和冉·阿让之间的交锋，又不得不让沙威接受思考的折磨。

起义爆发时，沙威去街垒刺探情报，被"巴黎野孩"认出，成了年轻起义军的阶下囚。冉·阿让为了救马吕斯也去了街垒，并通过自己杰出的枪法获得了起义军的信任。冉·阿让向起义军首领安灼拉要了对囚犯沙威的处置权。沙威自己也觉得理所当然，认为冉·阿让要报复他，可是冉·阿让竟伺机放了他，这在沙威心里激起了困惑，但这并不能改变沙威对自己职责的看法，他还是要逮捕冉·阿让。

冤家路窄，起义失败后，当冉·阿让背着受伤的马吕斯从巴黎的阴渠中爬出时，却再次遇见了沙威。冉·阿让只求沙威让其完成最后的使命——把马吕斯送回家中救治，并回一趟家告诉珂赛特马吕斯的事，做好最后的安排。沙威同意了冉·阿让的请求，他彻底动摇了，他到底要不要逮捕眼前的这个人，雨果笔下沙威"出了轨"，他彻底放过了

  看得见的正义：影视中的法治文化

冉·阿让。这在常人看来似乎并没有什么，为报冉·阿让的恩情放过他，符合常理常情，然而这却在沙威心里激起了更多困惑。

雨果详细描述了沙威的心路历程，第一层困惑是：

> 他，沙威，违反了一切警章，违反了一切社会和司法制度，违反了所有的法规，认为释放一个人是对的，这样做使他自己满意，但他不办公事而办私事，这不是坏得无法形容吗？沙威和冉·阿让一样，成了高居于法律之上的人，这让以执行法律为业的沙威何以自容？

沙威是个法实证主义者，法教义学的捍卫者，现行的法律就是沙威所捍卫的一切，他不需要思考实在法之上还有什么东西。所以，当这个实在法之上的"上帝"出现时，他彻底茫然了。他不得不承认，那个受到法律惩罚的冉·阿让是个好人，或者说是一个行善的"坏人"，一个有着同情心的苦役犯，温和，乐于助人，仁慈，以德报怨，对仇恨加以宽恕，以怜悯来替代复仇，宁可毁灭自己也不断送敌人，救出打击过他的人，遵守高尚的道德，在凡人和天使间冉·阿让更接近天使。法律过去是他的唯一尺度，然而现在他必须承认一种和法律截然不同的新的尺度——接受善行又予以报答，仁慈、原宥，出自怜悯的动机而违反严峻的法纪，不再有最终的判决，不再有入地狱的罪过，需要遵守一种说不清的"上帝"的正义而不是他所坚守的人的正义。

第二层困惑是，在冉·阿让地位提升的同时，自己的地位却落到了谷底，一个苦役犯竟然成了他的恩人。他自己现在做的事情已经冲破了他以前坚守的赖以安身立命的所有人生准则。用雨果的话说："彻底摧毁了，完全被打乱了，确信的事物都崩溃了！……作为秩序监视者、廉洁的警务员、社会的看门犬的沙威——现在已战败，被打翻在地。"

沙威是个自尊极强的人，在他看来逃犯就只能是个逃犯，违反法律就要受到法律的惩罚，他打心眼里看不起这些犯法者。沙威也是个极具中世纪骑士精神的人，骑士之所以成为骑士，就是因为他誓死效忠自己和国王（主人）订立的约定，坚守自己的职责。沙威还是直性子的人，任何对法律的变通都可能被他认定为对法律的背叛。这些都会造成他对自己彻底鄙视。

我心如坚石　此刻却在颤抖
My heart is stone and still it trembles

图5　沙威内心世界的困顿

沙威之死成就其自我救赎

面对困境，沙威只有两条出路，一条是坚决去找冉·阿让，把犯人送进牢狱；另一条是彻底自我毁灭。这里可以看出雨果高明的地方，不是雨果让沙威做出选择，而是把具有这样性格的沙威放在雨果所设置的场景之下，沙威自己会做出何种选择。也许在读者看来沙威还有多重选

看得见的正义：影视中的法治文化

择，但在此时的沙威看来，选择去死是他必然的使命。临死前，他还留下呈给政府的最后报告，基于自己的经验和观察，向政府提出几点建议。

雨果并没有给予沙威很高的评价。他认为，对沙威来说最理想的是，不去讲人道、伟大和崇高，而只求无过；他也认为，沙威不能洞察和体会——上帝永远存在于人的心里，这是真正的良心，它不为虚假的良心左右，它禁止火星熄灭，它命令光要记住太阳，当心灵遇到虚假的绝对时，它指示心灵要认识真正的绝对，人性必胜，人心不灭，这一光辉的现象，可能是我们内心最壮丽的奇迹。然而，真的是这样吗？这里最需要的就是为沙威正名。

事实上，一个彻底的、融贯的法实证主义者，永远值得我们尊敬。自然主义和实证主义之争，也永远不是那么答案明确的。谁能完全否认，法律的制度存量不能获得我们所需要的正义？如果一个法治体系的参与者都像沙威一样努力做好自己的事，那么这必定会是一个运行良善的法治体系。问题是沙威只是执法体系中的一员，出问题的则是整个体系。沙威的悲剧是一种系统化、制度化的悲剧，其同样是悲惨世界中对"悲惨"之所以"悲惨"的重要诠释，并不只有冉·阿让、芳汀等才是这种社会体系的受害者。沙威不能理解那些伟大和崇高吗？沙威不能理解那些人性中最壮丽的奇迹吗？不是的，沙威并不庸碌无为，他只是努力做好他自己最应该做的事。沙威只是从他自己的角度理解这些东西，在理解了这些东西之后，他也是用自己的方式捍卫这些东西，沙威以死所捍卫的人性的崇高和壮丽同样精彩。

沙威之死让人想起西方的哲人苏格拉底之死，苏格拉底说："我去死，你们去活，谁的去处好，只有天知道。"苏格拉底在可以逃离的情况下选择去死，沙威也是在可以苟活的情况下选择去死，为了自己所坚守的东西去死，死得其所，沙威之死成就了某种意义上的自我救赎和对自我悲剧的一次升华。应该说，在小说《悲惨世界》中，沙威和冉·阿让同样高大。

Do you hear the people sing? 沙威们同样是 the people 中重要的一分子，而这常常被人民所遗忘！

看得见的正义：影视中的法治文化

4

艾希曼的审判——基于电影《汉娜·阿伦特》的思考

1961年，著名哲学家汉娜·阿伦特代表《纽约客》杂志亲临耶路撒冷的艾希曼审判现场，之后在《纽约客》上连续发表了5篇相关文章。1963年5月，阿伦特一本名为《艾希曼在耶路撒冷——一份关于平庸的恶的报告》的书在美国出版。2012年，以前述过程为中心，电影《汉娜·阿伦特》上映，不同于《世纪审判》（2015）、《艾希曼》（2007）等相关影片，这部《汉娜·阿伦特》注重的是对艾希曼的审判进行哲学层面的反思。阿道夫·艾希曼（Adolf Eichmann）是纳粹德国的高官，负责执行了对犹太人实施大屠杀的"最终方案"。他在这一"最终方案"中，负责向集中营运输犹太人，对600万犹太人的死亡负有直接责任。纳粹军官这么多，为什么艾希曼的审判会引发如此广泛而持久的关注？我们又如何从法律的角度关注艾希曼的审判？可以借助这部电影一探究竟。

审判历史还是审判某个个人

在对艾希曼这样一个重大战犯的审判中，我们经常犯一个错误，即容易忽视案件本身的法律性，常常把自己当作一个历史的审判者而不是艾希曼个人的审判者，也容易把对犹太人大屠杀的整体性愤怒加于艾希曼个人身上。

法庭的审判也容易变成一场表演或戏剧，或成为一场彻头彻尾的庭审秀，像控方检察官豪斯纳先生在庭审一开始就发表了趾高气扬的演说："我站在您的面前，以色列的法官，为了向阿道夫·艾希曼提出控告。而我不是一个人，这一刻与我站在一起的，一共有六百万控诉人，不过他们无法出席，来对这个玻璃盒子中的人发出责难，尖叫着'我要控诉你'。因为他们已经化为灰烬吹散在奥斯威辛的山丘里，特雷布琳卡的田野间，以及波兰大大小小的河流中。整片欧洲大陆到处都是他们的坟墓，他们的鲜血仍在呼叫，可是我们无法听到他们的控诉了。"这里面充满了各种修辞，极具煽动性，语气语调也极为夸张。似乎在这场对艾希曼的审判中，谁都想超越艾希曼成为主角。

然而，这里进行的是一场审判，我们是用法律的方式来确定艾希曼是否有罪，而不是让法律之外的因素占据主导。需要讨论一些基本法律问题，如以色列的法庭是否有管辖权，是否交给国际法庭来审判更加合适；需不需要适用国家回避；以色列摩萨德特工抓捕艾希曼的方式是否合法；艾希曼的行为有没有过追诉时效；基于何种法律对艾希曼进行裁判；对艾希曼定何种罪名；艾希曼提供的辩护理由在法律上是否具有意义；艾希曼具有何种故意，直接故意还是间接故意；艾希曼的行为和犹太人被屠杀之间具有何种因果关系；是否有阻却性的事由排除定罪；等等。正如阿伦特所提醒的，法庭审判的是艾希曼的行为，而不是犹太人的苦难，不是德国人或者整个人类，更不是反犹主义与种族主义。

案件涉及的屠杀犹太人的事实毫无疑问是耸人听闻、惨绝人寰的，任何形容暴行的激烈词汇用在这里都不过分。庭审的证人当中，有的一家十来口人只剩下了一个，有的证人难以启齿，因为这种复述本身就是

 看得见的正义：影视中的法治文化

二次伤害，有的证人在复述奥斯威辛集中营的经历时直接昏厥过去……然而，他们中大多数人的故事可能和艾希曼本人毫无瓜葛，艾希曼不断在重复自己的主张，他只是在执行任务，党卫军命令他做什么，他就必须做什么。这是行政运行的方式，艾希曼只是完成其中的一部分，大部分任务甚至运输任务的大部分都不是由他完成的，那么，为什么要艾希曼来担负这一段历史惨剧的责任？

我们可以发现，如果对审判一段历史和审判一个人不加以区分，艾希曼可以提出足够充分的理由来进行反驳。因此，尽管并不一定容易，但对艾希曼审判所进行的法律透析、历史审读、哲学解析、人性思考等方面的区分，是我们对艾希曼的审判进行反思时应该拥有的基本态度。

作为普通人的艾希曼

阿伦特并没有局限于法律层面来思考艾希曼的审判，而是把艾希曼的审判作为哲学分析的一个样本，用哲学方法来做更为深刻的讨论。

在听了对艾希曼的第一段审讯之后，阿伦特有一段形容艾希曼的话：

图6　正在接受审讯的艾希曼

"他跟我想象的完全不一样，他没有让我毛骨悚然的感觉，他像一个幽灵一样坐在自己的玻璃罩子里，而且还流着鼻涕，他一点也不让人觉着害怕，他就是个普通人。"阿伦特描绘的艾希曼中等身材，形体消瘦，四五十岁的样子，前脑门半秃，牙齿不太好，近视眼，脖子干瘦。艾希曼丝毫不像《浮士德》中的魔鬼梅菲斯特，他和我们在大街上遇到的每一个人并没有多大区别。

普通也成为艾希曼为自己辩护的重要理由。从电影中剪辑的艾希曼审判的原始视频中，我们可以发现，艾希曼并不是什么巧舌如簧的人，甚至他为自己辩护的时候我们也可以发现一丝真诚。每个官员都曾在就职时宣誓，谁要是违背了誓言，谁就是卑鄙小人。誓言就是誓言，每一个诚实的人都应该遵守。甚至如果党卫军告诉他，他的父亲是一个叛徒，艾希曼认为，如果这种背叛的事实得到证实，他也应该执行枪决其父亲的命令。艾希曼宣称自己也有过职责和良心的分裂，一种意识上的分裂。当法官说，要是每个人能多一点勇气，那或许就能改变一切，艾希曼回答，这是一个战争年代，每一个人都会告诉自己，我反对并没有什么意义，那不过是沧海一粟。正如电影中所讨论的，艾希曼可能并不是一个反犹人士，他没有亲手杀害过任何一个犹太人，他所做的事情都是要遵守当时的"法律"，他只是"勤劳、认真、公正、仔细"地完成自己的工作，没有丝毫的主观感受。这时候我们就能够理解孔子说的话："天下有道则见，无道则隐。邦有道，贫且贱焉，耻也；邦无道，富且贵焉，耻也。"按照孔夫子的话行事，艾希曼的困境可能避免。但艾希曼说，他只是个普通人，只是宣誓效忠，并严格遵守纪律。

社会学领域曾有观察人类顺从行为的米尔格拉姆实验，为了研究人类是否愿意遵从权威去伤害他人，米尔格拉姆从不同行业找来了40名成年男性进行实验。他们分别担任教师的角色，并被告知，另一些受试者担任学生，学生会被带到另一个房间，坐在椅子上，手腕上绑一个电极。老师和学生隔着一道墙，坐在一个电量控制板前方。如果学生答错问题，实验者就会要求老师给予学生从最低电压到最高电压的电击。实验中，前40位受试者在"学生"开始敲打墙壁之前，没有一位拒绝实施电击，有5位老师在"学生"敲打墙壁的时候拒绝继续电击，但有26位即2/3的受试者继续对"学生"实施电击，直到最高电压为止。社会学所能提供的并不是一个规范性的理由，而是一个说明性的理由。举例来说，如果一个德国高级将领命令一个士兵杀死一个婴儿，该命令并不能使这名士兵免于承担杀死婴儿的责任。放在这里，米尔格拉姆也可能给作为普通人的艾希曼提供一个辩护理由，他可能只是像大多数人一样，在德国纳粹时期选择了服从权威，但这同样也不能免除艾希曼的罪责。

作为普通人、正常人的艾希曼所犯下的罪行，值得每一个普通人、正常人保持警惕——正视和警惕平庸之恶。尽管平庸的恶和普通人的恶并不是同一个概念，但是确实需要把对恶的反思引向自身，引向普通人的日常生活。世界上多数的罪恶可能都不是由罪大恶极的（在根本上就是恶的）人犯下的，而是由像艾希曼这样的普通人犯下的。

阿伦特说，尝试去理解并不等于原谅，她本人也赞同以色列法庭的法官最终对艾希曼做出的死刑判决。她为很多人所指责的，把犹太人的灾难部分归结于犹太领袖，同样是试图去理解这个灾难本身，而不是去责难犹太人，这些都不是她的目的所在，对整个事件进行冷峻的思考，透视其中的深层机理和整个人类的人性弱点，才是她的目的所在。

不懂思考的艾希曼与"思考之王"海德格尔

思考是电影关注的一个核心的方面。电影中借海德格尔之口界定了思考是什么，他说："思考不需要借助任何知识，不会给我们带来有用的生活经验，无法解决任何世界性的谜题，我们活着，因为我们有生命，我们思考，因为我们是有思想的生物。思考无法直接赋予你行动的力量。"也就是说，思考和生命的真谛是合二为一的，思考是一项孤独的事业，当我们在思考的时候事实上进行的是和自己的对话。尽管在电影中并没有挑明，但海德格尔和阿伦特有意地在价值而非在真理的方向上理解思考。在回应各方面争议的公开演讲中，阿伦特指出："自从柏拉图和亚里士多德以来，通常我们把思考看成和自己的无声对话。在拒绝成为一个人的同时，艾希曼也将这一能够成为真正人类的能力完全抛弃掉了——这一能力就是'思考'，因此，他再也不可能带有任何道德观念了。思考能力的缺乏使许多普通人容许自己做出各种残酷的行为，有些甚至前所未见。……思考之风带来的结果不是知识，而是一种能区分对与错、美与丑的能力。然后，我希望，思考能给人带来力量。从而当'天要下雨'的时候能够尽可能地阻止灾难的发生。"可见，在阿伦特那里，思考能力也被给予了很高的期待。为什么艾希曼会做出这样的行为，他不是魔界代表或撒旦化身，他只是没有能力去思考。极权主义的特点之一即是不让人思考，或让人不敢思考、逃避思考，全部服从于领袖的思考。而这是阿伦特对极权主义进行反思的核心方面，在她看来对极权主义必须进行最坚决的斗争。因为这是剥夺了人之为人的权利，因为思考和生命的真谛是合二为一的。

与不会思考的艾希曼形成鲜明的对比，海德格尔在阿伦特心中具有"思考之王"的地位。懂得思考的海德格尔在纳粹统治期间又有什么表现呢？"思考之王"沦为了纳粹的奴隶，甚至可能成为纳粹的哲学家。在纳粹执政期间，德国大学教师被解雇受迫害的有2800人，但海德格尔在1933年秋天却带领960个教授公开宣誓支持希特勒的国家社会主义政权，并一度担任弗莱堡大学校长。海德格尔在就职演说中感谢了元首，之后还唱了纳粹党党歌。阿伦特没有办法理解，那个教她思考的人竟然做了这样一件傻事，在看到海德格尔的就职演说稿时甚至感到胸闷想吐。那个时代是多么艰难，到处是险境，无法依靠，无法还击，对海德格尔来说同样如此。电影中，当阿伦特的朋友问起她，海德格尔是不是她最爱的人时，阿伦特坚决回答不是，而是她现在的丈夫海因里希。可见，阿伦特在内心中早已抛弃了她的"思考之王"。

从海德格尔的行为看，思考真的能承担起如此重要的功能吗？思考真的是世界避免极权主义或人类灾难的有力依靠吗？还是思考同样是人类的一项软弱的能力，服从于自我保存等人类更为基本的需求？思考是否只是哲学家的王冠，而不是普通人的日常生活能力？关于思考本身同样会带给我们无穷无尽的思考。

5

《鱿鱼游戏》中的正义观

2021年10月12日，Netflix在其官方社交媒体账号宣布，《鱿鱼游戏》这部九集韩剧以1.11亿点播用户数量，成为该平台历史上开播成绩最好的作品，在全世界又掀起了一股汹涌的韩流。《鱿鱼游戏》的导演黄东赫曾凭借根据真实故事改编的故事片《熔炉》而声名鹊起，《鱿鱼游戏》也延续了这一现实主义的路线。对贫富差距、生存焦虑、人性罪恶等社会现实问题的关怀，也使得这部电视剧极具深度。全剧节奏明快，制作严谨，叙事张弛有度，李政宰等主要演员表现出色。尽管如此，《鱿鱼游戏》也被指责具有故事老套、人物僵硬、结局匆忙等缺陷而高开低走。事实上，这部电视剧背后有一个鲜明的政治哲学或法哲学主题——什么是正义？甚至我在观剧过程中在脑海中直接闪现的即是罗尔斯的《正义论》，从正义观的视角思考这部电视剧设定的故事情节和揭示的社会现实问题，可以很好地诠释导演和编剧的内在关切，也可以给正义问题的思考提供一些启发。

现实世界和游戏世界的比较

《鱿鱼游戏》展现了两个世界：人们所生活的现实世界和作为孤岛

的游戏世界。这两个世界的设定具有自己的特点，不同于《极乐空间》（2013）、《安德的游戏》（2013）、《明日世界》（2015）、《失控玩家》（2021）等电影中两个世界的设定。如《极乐空间》中设定的是一个现实的苦难世界和一个理想的美好世界，电影中的人物都在努力进入理想世界，并用理想世界去改造现实世界；《安德的游戏》中是虚拟世界最终对现实世界产生根本性的影响；《明日世界》是选拔最优秀的人进入理想的未来世界；《失控玩家》中的两个世界则有虚拟和现实之别。《鱿鱼游戏》中的游戏世界并不是一个理想世界，虽然也具有一定的虚拟性，但是一个比现实世界更加残酷的虚拟的现实世界。《鱿鱼游戏》中的第一个游戏是"一二三木头人"，但已经远不是小朋友的儿时嬉戏，而是巨型女娃娃发现谁动就即刻枪杀。第一轮游戏过后，456名游戏参与者只剩下了201人。《鱿鱼游戏》延续了"大逃杀"故事中对生命的漠视态度，丝毫没有给予生命应有的尊重。这种残酷性还表现在，不仅是在游戏开展过程中存在杀戮，即本轮游戏的失败就意味着参与者生命的终结，在游戏的间歇，也充满了内斗，游戏参与者相互杀戮的残酷性丝毫不逊于游戏本身。第二轮椪糖游戏结束后，相互杀戮也就开始了，并贯穿整个游戏过程。整个游戏过程也不适用韩国的法律，不承认人权，没有个人的隐私。游戏参与者都生活在一起，甚至没有明显的男女区隔；参与游戏过程中受伤不会得到救治；参与者每顿只能获得极少的食物，且维持秩序者不保护就餐的秩序；晚上上厕所都受到严格的限制；游戏参与者死后尸体直接火化，其至

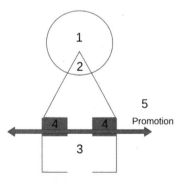

图7 韩国儿童的"鱿鱼游戏"示意图

还被人偷偷摘除部分有用器官；游戏失败不能获得任何赔偿……另外，大多数人之间完全没有信任可言，人人为己，为了赢得游戏而不择手段。

如此残酷的游戏世界，为什么还能存续下去？过半数的参与者同意即可以随时终结游戏，游戏参与者完全具有自己的选择权，那么为什么他们还要参与游戏？

在游戏参与者的眼中，游戏世界尽管残酷，却是比现实世界更好的世界。这里并不是完全没有规则：游戏的进行过程还算有序，有维持秩序的面具男，不允许破坏游戏的规则；每顿至少还有具有营养的食物（便当、面包、牛奶、鸡蛋等）；有可以休息的场所；游戏的空间是一个独立的封闭空间，可以暂时逃避自己的现实困境；每个参与者都有平等的机会；最为重要的是，游戏世界具有赢得游戏的希望，赢得游戏就能赢得456亿韩元的奖金，这已经足以逆转一个普通人的命运。参与游戏的人都是在社会边缘挣扎的个体：双门洞成奇勋母亲患病没有钱医治，养不起女儿，没有钱给女儿买生日礼物，失业后没有稳定的经济来源；首尔大学高才生孙尚佑挪用客户的钱炒基金失败，欠下巨债，在破产和被刑事追诉的边缘；姜晓靠偷盗度日，弟弟在救助站的托儿所，她同样在生活的边缘挣扎……游戏的世界至少还有赢的希望，现实世界可能就只剩绝望了。事实上，正如鲁迅所说"绝望之为虚妄，正与希望相同"，但是为了渺茫的希望，游戏参与者还有坚持下去的勇气。

游戏正义的核心涵义

我们可以对游戏正义进行更加细致的诠释。游戏的正义具有几项前提。一是《鱿鱼游戏》中的正义具有自由意志的基础，参与者自己同意参与游戏，并签订书面的合同。尽管这并不一定符合法律，因为合同如果违反法律的禁止性规定，就当然无效。这里的合同涉及侵害生命的巨大风险，也明显突破了合同一般不涉及人身性条款的规定。然而，自我选择总还是具有一定的正当性。尽管正义一般是一个关系概念，自我意志选择的正义在这里可能更有自我心理慰藉的意义。游戏是自己选择的，不论有什么样的结果都是自找的，可以用于说服自己。自我选择也意味着自己对于特定结果的产生具有一定的预期，自己放弃了某些权利。《鱿鱼游戏》中参与者事实上具有多种自由选择：在游戏开始前发的要约是可以拒绝的；第一项游戏结束后，众人投票终止了游戏，但是后来又有187人重新回到游戏中，这又是一种自由选择。当然，游戏过程中的自由选择也受到巨大的限制，如不能无故退出游戏，只要一开始选择加入游戏就必须坚持到游戏结束。游戏运行的种种规则都不是游戏参与者本人选择的，他们只能在大佬们已经设定的规则下进行游戏，甚至设定规则的人可以随时改变游戏规则。如剧中第五项游戏——过玻璃桥游戏中，因个别游戏参与者有在玻璃厂工作的经历，可以识别钢化玻璃和普通玻璃，后台主管迅速地改变了灯光的亮度，以使参与者没有办法通过色泽来辨别。这些都使得剧中的游戏正义具有重大缺陷，或者就是前提不正义的。与第一项前提性正义有关，第二项前提是参与鱿鱼游戏的人都是理智成熟的成年人，在社会上摸爬滚打多年，受过大学教育或"社会"教育，具有各种知识背景或职业背景，这使得鱿鱼游戏中的正义也是理性人的正义。第三项前提性条件则是游戏正义的正义环境。剧中的正义环境表现为各项游戏的正常运转，游戏规则受到维护，游戏的结果得到执行。

　　游戏正义最为重要的内核是程序正义。罗尔斯曾用纯粹的程序正义来分析游戏正义，即不存在判定正当结果的独立标准，而是存在一种正确或公平的程序，这种程序如果被人们恰当地遵守，其结果也会是正确的或公平的，而无论结果如何。如赌博基本上就接近纯粹的程序正义，只要参与赌博，得出来什么样的结果都是正义的，当然这里的赌博必须是公平的赌博，自愿参与，没有人作弊，且赌博的程序是公平的。《鱿鱼游戏》中也试图做到纯粹的程序正义，游戏基于每个人的自愿参与，六项游戏规则都平等地适用于每个人，不具有明显的偏向，游戏秩序维护者打击作弊的人。剧中姜晓利用上厕所的机会偷窥下一次游戏的准备情况、姜晓带入小刀、韩美女带入打火机等行为，都是作弊的行为，是秩序维护者严厉打击的行为，尽管这些行为并不一定会被秩序维护者发现。

然而，游戏正义也不仅仅是程序正义，游戏过程中也有对实质正义的选择。罗尔斯的两项正义原则中的第二项原则——社会和经济的不平等应这样安排，使它们在与正义的诸原则一致的情况下，适合于最少受惠者的最大利益，在《鱿鱼游戏》中也有所体现。游戏世界作为一个平等的世界，不抛弃被冷落的人（边缘人）。不抛弃边缘人是一种不平等的设置，但有利于边缘人。剧中在弹珠游戏开始之前，需要自由选择搭档每两人一队，但因为有人作弊被枪毙，参与游戏的总人数由原本的双数变成了单数，注定有一人无法组队。韩美女成为那个被众人厌弃的人，却也免于参与弹珠游戏而直接晋级。

"无知之幕"后的斗争与困难

还有一项游戏正义值得单独讨论，那就是《鱿鱼游戏》中游戏规则也有"无知之幕"的特点。"无知之幕"概念同样源于罗尔斯的《正义论》，为了保障得出最为完美的正义原则，排除各种特定偶然性的影

  看得见的正义：影视中的法治文化

响，罗尔斯曾假定原初状态下的"无知之幕"作为条件。在"无知之幕"的背后，人们不知道各种选择如何影响他们自己的特殊情况，使得他们不得不仅仅在一般考虑的基础上对原则进行选择。首先，没有人知道他在社会中的地位、阶级出身，也不知道他的天生资质和自然能力，更不知道他的理智和力量水平。其次，也没有人知道他自己的善的观念，他的合理生活计划的特殊性，甚至不知道他的心理特征是悲观还是乐观。再者，各方也不知道自己所处社会的特殊环境，不知道这一社会的经济和政治状况，或者它能达到的文明水平，没有人知道自己处于什么时代。

《鱿鱼游戏》中的"无知之幕"明显不同于罗尔斯的"无知之幕"，因为游戏参与者站在明确的"有知之幕"后：都知道自己在社会中的边缘地位；知道自己的天生资质和自然能力——有人是首尔大学经济管理系的高才生，有人具有精深的数学知识，有人具有天生的力气等；知道自己的善的观念，如成奇勋即是一个善良的普通人，这样的善良普通人在游戏中所展现的虚伪才更加具有艺术效果；知道自己所处社会的时代条件，不仅包括时代大环境，也包括自己所处的小环境，正是通过游戏世界和现实世界的比较才选择参加游戏。《鱿鱼游戏》中最有智慧的"无知之幕"设置，即没有人知道下一项游戏的内容是什么，每一项游戏都是一项突然袭击，剧中游戏规则的设置者有意在游戏过程中增加了运气的成分。运气充满了偶然性，也充满了诱惑，参与者即使知道自己各个方面都是最弱者，也认为自己有可能基于运气赢得游戏。

"无知之幕"的设定决定了罗尔斯的正义只能是社会契约论之下的假想型正义，尽管罗尔斯试图通过原初状态得出最为完美的正义原则，从而一劳永逸地解决正义问题。罗尔斯的两个世界依然是现实的世界和纯粹理想型正义的世界，正义的世界牵引现实世界走向理想世界，是一种"正义乌托邦"的逻辑。《鱿鱼游戏》中"无知之幕"的运行过程则表明，现实世界中要运行一个"无知之幕"规则非常困难，每一个游戏参与者都试图把"无知之幕"变成"有知之幕"，或维护或打破，现实中会充满关于"无知之幕"的斗争。游戏的参与者也可以通过"有知之幕"无限压缩"无知之幕"的空间。《鱿鱼游戏》中对"无知之幕"规则最大的破坏来自游戏参与者中的一位大夫和部分秩序维护者的合谋，秩序维护者为大夫提供下一次游戏的内容，大夫则利用自己的医学能力为秩序维护者进行尸体的器官分离。秩序的管理者事实上容忍了器官买卖的行为，但不能容忍打破在开始游戏之前不能知道游戏内容的"无知之幕"规则，因而处决了大夫及其合谋者。《鱿鱼游戏》中最有智慧的参与者莫过于毕业于首尔大学的孙尚佑了，如在拔河游戏中统一向前三步，使对方滑倒后再发力，这真是令人拍案叫绝。孙尚佑基于"有知之幕"猜测"无知之幕"也做得最成功，如基于姜晓的信息，就成功猜出了椪糖的游戏。游戏中"无知之幕"规则也并没有得到彻底执行。过玻璃桥游戏开始之前，需要先选择一个号码，当最后剩下两种号码，一种是最前面的号码，一种是最后面的号码时，管理者提醒号码的顺序即是游戏的顺序。这在某种程度上就破坏了"无知之幕"规则，而对前面的选择者不利，管理者不经意间的选择就破坏了参与者的"无知之幕"。

《鱿鱼游戏》可能给罗尔斯思考的正义问题以启发，罗尔斯可能也不过是思考了"无知之幕"的内容是什么，而关于"无知之幕"运行的现实条件则少有涉及。并且，"无知之幕"设计者始终是处于"有知之幕"的状态之下，而纯粹"无知之幕"的运行需要"无知之幕"之链，需要用"无知之幕"保障"无知之幕"，而这几乎难以实现。

看得见的正义：影视中的法治文化

影视作品的法史钩沉

6

美国西部片中的半自然状态与法律正义

西部片是美国独有的类型片，被认为是最具有美国特色的艺术形式。电影人克林特·伊斯特伍德认为："爵士乐之后，西部片是美国唯一产生的艺术形式。西部片确是好莱坞类型片中最重要也是最典型的美国电影。"牛仔（警长、赏金猎人、恶人）、移民、火车、农场、马、野牛、敞篷车、犯罪、追逐、枪战等等，那些西部的元素最是动人，也是美国内在气质和文化精神的重要底色之一。西部片描绘美国西部荒野苍茫又恶劣的自然环境，土地和金矿的诱惑，与印第安人的冲突与融合，南北战争的残酷背景，种族解放尤其是黑人解放的兴起，各种因素交织在一起。

西部片中有波澜壮阔的历史：《浴血金沙》（1948）讲述了一个流浪汉们基于金矿而产生希望和毁灭的故事；《西部开拓史》（1962）通过一个拓荒者家庭四代人的故事展现了美国西部半个世纪的历史；《大地雄心》（1992）中的情节体现的是一个真正的跑马圈地的时代；《黄金三镖客》（1966）中描绘了残酷而令人绝望的美国南北战争；《与狼共舞》（1990）则是对侵占印第安人家园的历史所做的反思；《被解救的姜戈》（2013）中讲述了黑人姜戈从被奴役到获得自由的过程。崇尚自由、开拓进取、自力更生、坚忍不拔、除暴安良等都是西部片之所以吸引人的内在精神元素。

曾经，伊斯特伍德主演的《不可饶恕》（1992）被人们誉为传统西部片的最后佳作，然而西部片在我们的时代依然具有强大的生命力和创造力。谁会料想到我们的时代会出现用人工智能和机器人建构的《西部世界》（第一季，2016）。西部牛仔的生活方式在现代依然具有吸引力，《黄石》（第一季，2018）将西部元素置于现代背景下，新西部中印第安人保留地的特殊性（如可以开设赌场），传统农场在现代社会的艰难挣扎，现代市场机制、金融机制、法律机制、民主机制在处理诸多原有西部片中相关问题时的变和不变等，使得西部片焕发了新的活力。如此，西部片似乎永远都不会过时。

法律问题往往不是西部片的主题，但是离开了法律叙事，许多故事就缺少了前因后果和重大背景，透过法律理解西部片，可以为诠释西部片提供一个重要的视角。

半自然状态

在思想家的笔下，假想的自然状态具有各种各样的特点，如启蒙思想家霍布斯认为自然状态是一切人对一切人的战争状态；洛克则认为自然状态本身是自由而平等的美好状态，但有返回战争状态的巨大缺陷。西部片中政府的秩序没有完全建立起来，但又不是完全的自然状态，因此可以称为半自然状态。半自然状态下，初步形成了一定的秩序，但是有随时可能返回战争状态的危险。官方秩序已经有了代表——警长，一般是郡县治安官，有执法权，但其并非联邦政府的雇员，甚至不是州政府的公务员，而仅仅是县一级的雇员，在所受雇用的县内行使警察职

看得见的正义：影视中的法治文化

务。在更基层的行政单位——镇，有的治安官是所在小镇的居民选举出来的。治安官本人可以是小镇居民，也可以不是，镇里的居民发给其工资，他为小镇居民提供安保服务。半自然状态之下，作为理性人的治安官也可能成为"墙头草"，其维护治安的决心因时因地而改变。例如《决战犹马镇》（2007，根据1957年《决斗犹马镇》改编）中有如下情节，西部声名狼藉的罪犯维德的同伙们（共7人）将警长们（共5人）包围，镇上每一个牛仔（超过30人）手里都有枪，当维德的同伙大声吆喝杀掉一个警长给100美金时，牛仔们竟然也人头攒动起来，在本可以放手一搏的时候3位警长也选择缴械投降。这可以体现出，不仅是政府的秩序，社会的秩序也同样是不稳定的，牛仔们为了钱而干几件违法的事情，并不需要过多的内心挣扎。因而政府状态是如此脆弱，随时有滑向自然状态的危险。

一个西部的小镇是如此的大，官方的机构还没有完全建立起来。西部片中另一个重要的特点即是充满了赏金猎人。由于政府提供的赏金十分丰厚，赏金猎人甚至成为一项专门的职业。如《被解救的姜戈》中解救姜戈的德国牙医甚至不干牙医而专门从事赏金猎人的工作。在一些更为晚近的作品如《被解救的姜戈》（2013）、《八恶人》（2015）中，动辄几千上万的赏金，着实是一笔巨款。但这并不是现代西部片有意拔高，早期西部片《西部往事》（1968）中一个恶棍就值五千美金。如果参照美国政府当时颁布的土地政策中的地价，可窥赏金之丰厚。1785年制定的土地法令，确定了国有土地向移民出售的原则。根据该法令的规定，将国有土地分块拍卖出售，每块土地最小640英亩，每英亩地价最低1美元，一次付清。1796年的土地法将每英亩土地最低出售价提高为2美元，付清期改为一年以后，分4年付清。1862年，政府又颁布了《宅地法》，规定年满21岁的公民从1863年1月1日起，只要付10美元的费用，就有权取得160英亩或160英亩以下的土地，耕种5年后，土地就归个人所有。可见，赏金猎人杀一个罪犯所获得的酬劳是十分惊人的，足以使他成为一个富甲一方的大农场主。但这么高的赏金也可能是电影有意做出的虚拟设置，现实中的情况需要更加仔细的探究，可能并没有这么高。如影片《不可饶恕》（1992）的故事发生在1880年的堪萨斯州，两个牛仔在妓院嫖娼，一个年轻的妓女因为说错了一句话，被牛仔暴怒之下毁容。镇上的警长比尔和稀泥判牛仔赔偿七匹马给妓院老板，但妓女们不干了，于是众筹了一千美元，放出话谁能杀死那两个牛仔钱就是他的。一千美元对当时的牛仔们也具有巨大的诱惑，四面八方的"赏金猎人"闻讯赶来。如此可见，不管历史事实如何，即使是几百美元对赏金猎人来说也是一笔很可观的酬劳。

经由英雄正义迈向秩序正义

在和平的时代并不需要英雄，因为每个人都需要成为自己的英雄。在半自然状态之下，借用英雄之力依然是获取正义的主要途径。西部片中的赏金猎人很多就是英雄的代表，只有英雄才能和匪徒较量，尽管后期西部片中赏金猎人的形象更加多元，甚至是恶人，但始终透着一股英雄气质。"镖客三部曲"中伊斯特伍德扮演的牛仔则是英雄中的典型代表，电光石火之间拔枪，老式手枪在手上飞速转动，开枪后又迅速把枪插回腰间，这些英雄式审美也独属于西部片。

根据黑泽明电影《七武士》（1954）改编的西部片《豪勇七蛟龙》（1960），算是西部片中英雄故事的杰出代表。一群强盗每年都要骚扰墨西哥的一个小村庄，村里的长者派三名农夫去美国，目的是寻找武艺高强的枪手来保卫村庄。最后一共来了七名牛仔。他们势单力薄，要对付100多个前来掠食的强盗。经过精心准备后的一番激战，终于将盗贼歼灭，但七人中亦折损四人。英雄正义尽管爽快，但代价也十分大。

当英雄成为一种崇拜对象，不是英雄也要塑造成英雄。《决战犹马镇》中丹·埃文斯曾是前尤宁军中的一名神枪手，丹因为在南北战争中断了一条腿，得到了一点算是小小补偿的特权，他将妻子艾丽丝和两个儿子接到了亚利桑那州居住，并在那里经营着一座中等规模的牧场。丹一直向自己的儿子讲述他在战场上英勇杀敌而负伤的故事，而事实上丹只是在尤宁军逃跑过程中被自己人的子弹打伤，他远不是英雄。现实中为了让自己的牧场存续下去，养活自己的家人，他一再与现实妥协，苟且地活着，并且受到大儿子的鄙视。甚至是在强盗本·维德的帮助下才用自己死的代价做了一回英雄，顺利完成了把维德押送到犹马镇并送上火车的任务，在自己儿子的眼中留下了英雄形象。

《不可饶恕》在人设上反英雄，叙事上反高潮，主题上反凶杀，几乎把所有西部片里的重要元素都给颠覆了，是西部片的内在反思。堪萨斯的农民威廉年轻时曾是出名的杀手和劫匪，但因为自己妻子的缘故退隐江湖，妻子早逝后他带着子女过着清贫的日子。被年轻牛仔说服后再次出山，这时已是英雄迟暮，连自己的马都爬不上，枪法也不再犀利，身体也大不如从前，一场大雨就将他彻底击溃。然而，正是这样一部反英雄、反凶杀的电影，也是以英雄和凶杀的方式呈现，故事依然是以威廉的一次大杀戮结尾，威廉也成为老派西部片最后的英雄人物。

英雄正义相对于社会整体所要寻求的正义来说可遇而不可求，英雄正义只能是作为普遍正义的辅助，英雄正义需要走向普遍的、制度的秩序正义。因而西部片的半自然状态具有走向秩序正义的不可逆转的趋势。《大地惊雷》（1969、2010）中描述了一个十四岁小姑娘雇用

图8　14岁的玛蒂拿起了武器，成了自己的英雄

警长为父亲寻仇的故事，此时的英雄形象已经落到作为制度正义典型代表的警长身上，英雄正义和制度正义逐渐合一。赏金猎人事实上也是一种辅助，其具有官方的身份和正当性，尽管现今也有现实版的赏金猎人，但赏金猎人总归是作为一种过渡，制度正义才是归宿。《大地惊雷》的故事也体现出由制度正义所激发的是每一个人都需要成为自己的英雄，而不是对制度正义过度依赖，十四岁的小姑娘玛蒂·罗斯成了故事的主角，更是成了自己的英雄。

半自然状态融入的法治文化

著名的演化生物学家戴蒙德曾指出，在不同大陆的各民族之间的冲突过程中，病菌、马匹、文化、政治组织和技术（尤其是造船和武器制造技术）是决定冲突胜负的关键因子。事实上，帮助欧洲人征服印第安人的不只是"枪炮、病菌和钢铁"，还有一整套的制度。在西部片的半自然状态之下有两个演进方向，一是回返完全的自然状态和战争状态，另一个就是确立完全的政治秩序和法律秩序，而半自然状态更容易迈向秩序正义。正是那些半自然状态融入的法治文化或规则文化，决定了这个西部世界朝向更加有秩序的方向发展，这些秩序化机制的影响远比我们想象的更为深远。

　　尽管西部片中社会好像是无法无天的状态，政府极为虚弱，人们彼此争夺，罪犯横行无忌，到处充满了杀戮，但秩序化机制的雏形也开始显露。最为重要的秩序化机制就是所有权，跑马圈地抑或购买土地等，形成了一定的占有秩序。所有权构成了许多西部故事的叙事基础。原住民的所有权秩序是微弱的，如《与狼共舞》中的苏族人是跟着野牛迁徙的，他们或许就没有"不动产"的意识。《西部往事》叙述的主要故事是一名复仇牛仔来到小镇（甜水镇）上，被卷入一名寡妇与铁路大亨的土地抢夺战。这个故事要成立需要一些重要的制度前提。第一就是寡妇死去的丈夫购买的土地所有权获得尊重。很多年前她的丈夫用十分低廉的价格购得这块土地，他很早就预计铁路一定会从他的土地上过，因为周围只有他的土地上有"甜水"。她的丈夫被枪杀后，她的继承资格受到保护，她继承了丈夫的遗产。铁路大亨也不能强拿硬要，同样得通过（买卖）契约获得土地的所有权，并不能依赖政府的强制征收+补偿。所有权基础上的契约秩序也受到一定的保障。土地等的交易要通过公开的拍卖，让出价最高的人获得标的物，契约秩序受到拍卖程序的保障。尽管铁路大亨及其傀儡试图操控拍卖，但总有正义的牛仔出来捍卫拍卖秩序，而这也需要公开拍卖程序的存在，而不是暗箱交易。

　　秩序化逻辑的推演，一定会牵涉到对不法行为的处罚。《决战犹马镇》中描绘了一个难以解决的困境，被捕的犯罪团伙老大维德不能就地正法，而必须送到远方接受审判后方可判处刑罚。任何人未经法定程序（法院审判）不得被判有罪，这个基础性的程序正义带给西部小镇重大负担，从小镇到司法机关所在地有着遥远的距离，很多罪犯都在这个押解过程中逃跑，如此就需要购买一定的社会服务来承担这个职责。这个制度的推行成本尽管高昂，但制度本身则具有重要的长远意义。让罪犯接受司法机构的公开审判后判处刑罚，代表判处一个人刑罚的权力彻底交给了公共机构，可最大限度地避免复仇等恶性循环。这也是《拯救大兵瑞恩》中的潜规则，一小队人拯救一个人，并不是因为这个人比五个人重要，而是公共主体所做出的决定得到大家的执行。随着押送技术和交通能力的逐渐提高，这样做的成本会不断地降低。

　　经由法治视角解读可以发现，西部片中的西部世界表面上是混乱不堪的，不过竟然如此讲规则。即使如《八恶人》这样的恶人世界里，恶人们要杀人和复仇，也要激怒对手，让对手先开枪，从而借口正当防卫而理所当然地杀人。不管历史上真实的西部是如何的，但这些法治文化背景一定深深嵌入了导演和编剧的脑海，这些法治文化元素也一定是西部真实历史的重要方面。这些法治文化元素具有深远的意义，为美国西部的发展奠定了坚实的制度基础。

7

影视折射女性形象的变迁

法律与电影交织的场域中存在着一类特殊的电影，它们关注底层人民的形象和生活，有客观的描述和记录，有同情和怜悯，也有嘲讽、反思和批判。这些电影总能够让人感受到真实，很多都可以纳入纪录片式电影这一范畴，这些电影展现的历史就是真实的社会史。当我们观看《秋菊打官司》（1992）、《三峡好人》（2006）、《万箭穿心》（2012）等电影时，可能就是在读一部又一部现当代的史书。《秋菊打官司》中描绘了典型的农村妇女形象，《三峡好人》记述了两个寻亲故事，《万箭穿心》则展现了城市底层市民的悲欢离合，它们都具有十分丰富的内涵。在法学的语境下，《秋菊打官司》更是引起了法学界长期而广泛的讨论。不过，这里可以提的问题是，电影中展现了女性形象的何种变迁？

真的是男尊女卑？

中国古代对男女关系一直有男尊女卑的说法，现在的农村可能依然能够看到这种现象，《秋菊打官司》中引发村长王善堂和秋菊丈夫庆来纠纷的正是这一点。秋菊一家以种辣子为生，想盖个辣子楼，砖瓦都准备好了，但村长就是不批。国家有政策，要保护基本耕地，不能在承包地里盖楼，但村长只说是上头有文件，也没有公示。庆来气不过，骂了村长，骂他下辈子断子绝孙，还抱一窝子母鸡。村长媳妇已经生了四个女儿，庆来这一骂彻底激怒了村长，遂往庆来"要命的地方"踢了几脚。男尊女卑肯定是存在的，在家中男娃和女娃的地位和待遇可能就是不一样的。然而，如果仅从延续香火的意义上看，事实上妇女是具有较高地位的，生孩子的使命毕竟主要由女性完成，生儿育女的成年女性在家中或小共同体中地位极高。秋菊在家中就是主要的当家人形象，看不到什么男尊女卑的影子。"母因子贵"，在《三峡好人》中，煤矿工人韩三明即使花了三千元买了个媳妇，她在家中待遇也是极好的，坐了月子之后也一点不让她干活。《万箭穿心》中男女关系对比则更为极端，不是男尊女卑而是"女尊男卑"。在女性年老之后，地位并不下降而是有一定的提升，长者也会积累很多智慧，所以是"家有一老，如有一宝"。总体而言，中国传统的小共同体主义之下，男尊女卑可能并不一定准确，只是在某些意义上成立，在很多情况下，女性享有较高地位。

男尊女卑可能受到了近代以来革命话语的影响，需要为男女平权造势，并在婚姻法中确定男女平等、婚姻自由等观念。然而，正如林语堂在《吾国与吾民》中所提到的，女人在中国真的就是受压迫的对象？从中国人的日常生活来看，所谓压迫妇女真可能就是西方的独断批判。如《红楼梦》中贾母的地位，凤姐和她丈夫的关系，或者其他夫妇的关系（贾政和他的夫人之间的关系，如林语堂所言，可以称得上最为正常和典型的夫妇关系了，哪里可以看到什么贾政对王夫人的压迫）。又如广为流传的《新白娘子传奇》中，姑且不去看许仙和白娘子的关系，可以看看苏州知府陈伦夫妇、捕头李公朴夫妇、梁王爷夫妇，以及其他夫妻关系，都只有男主外女主内的分工，并不见对妇女有何歧视和压迫。

看得见的正义：影视中的法治文化

在家庭中，女人甚至是主脑，中国在唐朝就出现了女皇，诚如林语堂所总结的：“至今中国仍有许多慈禧太后存在于政治领域及普通平民的家庭中，家庭是她们的皇座，据之以发号施令，或替她儿孙判决各种事情。”现今也广泛流传一种说法，叫“家中的女领导”，可见妇女在现今的家庭地位。

时代变迁中的女性

随着社会的变迁，现今男主外女主内的状态被彻底打破，妇女开始走向各个岗位。《秋菊打官司》中，秋菊是故事情节的主要推动者，她的倔强和坚持——不讨个说法决不罢休，决定了官司的走势。庆来倒是一个逆来顺受的形象，公安局处理后，要不要接受调解，做决定的还是秋菊。而且，出门上访的是秋菊，坐公安局局长小轿车的是秋菊，受三轮车师傅骗的也是秋菊，有见识的还是秋菊……挺着个大肚子到处走，秋菊展现了当时农村妇女的典型形象，身体强壮，干活也一点不输给男子。

《三峡好人》中的女护士沈红具有中国女性的隐忍和克制，她和自己的丈夫郭斌已经两年没有见过面，郭斌也没怎么打过电话，沈红甚至没有郭斌的电话号码。这样的婚姻为什么要存在下去，沈红终于下定决心要去主动追求自己真正的幸福。沈红所展现的已经不是那种在家中留守，期盼着丈夫归来，放任丈夫在外面寻花问柳的形象，而是希望掌握自己的幸福，自信而笃定。

《万箭穿心》被著名学者李银河誉为“《雷雨》之后最重要的悲剧”，自有其内在的道理。在很多人看来这也是高分神作，远好于很多高票房的影片。影片中的李宝莉在丈夫投江后成为家庭的顶梁柱，以

"扁担"为生，供养儿子考上大学，是名副其实的女强人。但是，这种"强"给李宝莉带来的并不是家庭的幸福。宝莉的丈夫马学武原是某工厂厂办主任，搬进了工厂给分的新房，本应该开始更好的生活，但马学武在家中毫无地位可言，宝莉把他呼来唤去如佣人一般，大小事情都不是自己做主，母亲要搬过来和他们一起住都需要拼命讨好宝莉。马学武再也无法忍受这种生活，提出要离婚，甚至有了外遇。宝莉开始了自己的强势反击，当察觉了马学武要和情人开房后，一路查探，获知了房间的精确信息，竟然打电话举报有人在此房间卖淫嫖娼。马学武因此丢掉了厂办主任的岗位，在下岗潮中被列入了下岗名单，再也不堪重负投江自杀。在现实中，夫妻关系有时是男强女弱，有时是女强男弱，有时则是男女皆强或男女皆弱。

女性性表达的隐秘与公开

　　女性的性表达和性需求在中国文化中一般是比较隐晦的，三从四德中妇德、妇言等都要求妇女在性方面极度严谨。在这方面，男性和女性适用双重标准，男性可以言性，女性言性则可能遭到指责。艺术作品中性永远是一个重要主题，陈忠实的《白鹿原》之所以获得如此高的评价，一个重要的原因就是《白鹿原》中真实而又恰到好处地表达了原上人们的性观念和有关性的故事。然而，在中国表达女性的性观念和性需求依然是很有难度和受到限制的。现代西方文化中则少有这种约束，《欲望都市》（电视剧，第一季，1998）、《绝望主妇》（电视剧，第一季，2004）等都比较直白地表达了女性的性要求。

　　《秋菊打官司》中完全没有正儿八经地描绘性，但是也可以找到有

 看得见的正义：影视中的法治文化

关性的蛛丝马迹。村长踢了庆来"要命的地方",秋菊在电影中多次重复同一句话,即村长不能往她男人"要命的地方"踢。男性的生殖器被称为"命根子",性的话语隐藏在传宗接代、延续香火的话语之中。

《三峡好人》中有对男性性需求的直接描绘,韩三明去奉节寻找昔日的妻子不得,只能在奉节做起了拆建的民工。安定下来之后,一天有位大嫂过来询问韩三明需不需要"小姐"。这肯定是真实的情节,外出务工人员的性需求是一个隐秘的社会问题。这不禁让人想起了另一部讲述底层人民苦难的电影《盲井》,两个在煤矿做工的农民发财致富的手段是在井下工作时制造"安全事故"将"亲人"杀死,再找矿主私了。这两人在杀害王宝强扮演的"亲人"前,也要先带其去"开开荤腥"。然而这些都是男性的性需求,女性的性要求则需要表达得更加隐晦。沈红不再愿意独守空房,也是真实的愿望表达。

《万箭穿心》真实而大胆地表现了女性的性需要,这也是李银河盛赞这部影片的原因之一。正如李银河所指出的,女性这方面需求受到挫折之后也会非常痛苦。影片以床戏开头,描述马学武难以满足李宝莉,在影片中间,马学武要讨好李宝莉,晚上也会趴在宝莉身上"拼命表现",宝莉的强势同样表现在性方面。女性的性需要终于可以不藏着掖着,而是用公开的方式展现,不能不说这是一个极为重要的进步。性的平等也是男女平等的重要表现,男女平权运动应该推进到这些比较隐秘的日常生活领域,这一点上,艺术家们总是能够走在时代的前面。

8

《三峡好人》中的法律隐喻与无名者生活

有些电影只能在特定的时间、地点和事件中才有可能被创作出来。2006年的电影《三峡好人》拍摄于古老的县城奉节，这里因为三峡水利工程而发生着巨大的变化：世世代代居住在这里的无数家庭被迁往外地，有两千年历史的旧县城将在两年之内拆掉并永沉水底。在这样的事件聚集、时空交汇的背景下才有可能拍出《三峡好人》，似乎有"电影"本天成，妙手偶得之的味道。2005年贾樟柯在三峡拍摄纪录片《东》的过程中，产生了拍摄一部故事片的想法，一切都那么水到渠成，一拍出来就产生了巨大的国际影响力。贾樟柯在《小武》之后，似乎也找回了自己。

电影以两个外人闯入三峡这片地区为视角，描绘了当地的风土民情。煤矿工人韩三明从汾阳来到奉节，寻找他16年未见的前妻。女护士沈红从太原来到奉节，寻找她两年未归的丈夫。尽管法律并不是《三峡好人》的主题，但其中却充满了法律的隐喻，法律已然成为建构人们生活的重要方面，作为背景而存在于那里，当我们要挖掘生活世界的意义时，这个背景就有可能浮出水面。

看得见的正义：影视中的法治文化

无名者的生活

用法国思想家福柯的《无名者的生活》来诠释《三峡好人》似乎是再合适不过的了。福柯在法国国家图书馆读到一份18世纪初撰写的拘留记录：

> （米朗，1707年8月31日被送入夏朗德医院）：他一直向家庭掩饰他的疯狂，在乡间过着一种不明不白的生活，官司缠身，毫无顾忌地放高利贷，让自己贫乏的精神步入那些无人知晓的道路，相信自己能够从事最伟大的事业。
>
> （Jean Antoine Touzard，1701年4月21日被送入比凯特城堡）：叛教的教士，四处煽动，可能成为罪大恶极的罪犯，鸡奸者，只要有可能就会变成一个无神论者；这实足是一个十恶不赦的恶魔，如果放他自由，还不如镇压他。

真实的生命就是在这些简短的句子中"演出"，那些无名者一辈子就活成了这几行文字记录。福柯指出："没有什么东西会注定让他们声名显赫，他们也不具有任何确定无疑的，可以辨认的辉煌特征，无论是出身、财富或圣德，还是英雄行为或者天赋英才；他们应该属于那些注定要匆匆一世，却没有留下一丝痕迹的千千万万的存在者；这些人应该置身于不幸之中，无论是爱还是恨，都满怀激情，但除了那些一般被视为值得记录的事情之外，他们的生存灰暗平凡。"

想象一下，贾樟柯电影中的那些有意无意混入的群众演员，他们一辈子留下的影像可能也就是那么有限的几秒，真实的生命就是在这些简短的电影片段中演出，韩三明、沈红所代表的即是千千万万的无名者。

福柯说："通过它（前述记录），个人行为的偏离、耻辱与秘密经话语交付到了权力的手心中。琐碎的东西不再属于缄默的领域，不再是风言风语或是短暂的招供。那些平淡的事情，无足轻重的细节，含混之事与微末之辈，毫无荣光的日子以及普普通通的生活，构成它们的所有东西，都能够而且必须说出来。如果能够写下来，那就更好了。"

贾樟柯似乎也只是把那些平淡的事情、无足轻重的细节、含混之事与微末之辈、毫无荣光的日子以及普普通通的生活记录下来，用电影的方式记录下来。贾樟柯的电影描述了那些无名者的生活。那么，这些记录又有什么意义？

隐秘的法律叙事

正如有人所强调的，相较于《盲山》《盲井》等批判现实主义风格的电影，贾樟柯的电影叙事更为沉静和不张扬，从不做单纯的道德判断。可以说，记录本身就具有反思的深度。

关于沈红的叙事中似乎没有直接提及法律，但法律是隐含在故事之中的，隐秘的法律叙事也渗透着无名者生活的酸楚。其中值得注意的一点就是为什么沈红在丈夫郭斌离家两年后才来寻找他，两年具有重要的法律意义，依据我国婚姻法的相关规定，因感情不和分居满两年法院应该准予离婚。可见法律已然进入日常生活，沈红的相关主张能够得到法律的支持，可以推测沈红习得了这一法律知识或是咨询了相关的律师或其他知法者。

沈红在寻找丈夫的过程中，还遇到郭斌原来所在工厂的一个法律事

 看得见的正义：影视中的法治文化

件。这里有一个重大的背景，像贾樟柯另一部纪录电影《二十四城记》所描述的，在改革浪潮中，郭斌也经历了国有工厂倒闭、自己下岗再就业的过程。奉节机械工厂的一位员工在外（云阳机械厂）务工时被机器压断了一只手，员工向奉节的厂长索要相关赔偿。员工指责厂长把工厂私自出售给厦门老板，导致工厂破产。员工要外出打工，工厂负有不可推卸的责任。厂长则指出这件事跟工厂没有直接联系，不怕员工上告，厂长和员工们吵得一塌糊涂。厂长的主张并不是没有道理，不过员工愤怒的恐怕是他私自出售国有资产的行为，断手的员工只是闹事的由头，法律的事情总归要一码归一码，现实中则是混在一起的。电影中短短一分多钟就展现了过渡时期一个重大的法律困境，即法律可能有时并不能提供给维权者想要的正义。

电影中对故事进程影响最大的法律事件，恐怕要数公安解救韩三明的老婆了。韩三明花三千元买了个老婆，是买卖人口，不过现实生活远没有法律规定简单。按照法律规定，公安解救被拐卖妇女具有合法性，麻幺妹自己要走并且要带走自己的女儿。16年过去了，依然可以从韩三明的叙述中感受到这件事对一个普通人而言的惊心动魄。麻幺妹此后的生活应该是比较悲惨的，一是自己要带着个女儿再嫁是非常困难的，二是麻幺妹家本身也不宽裕，只有个哥哥在跑船，也给不了她什么帮助。她自己跟了另一个船夫混口饭吃。在当时的奉节县，女子似乎是愿意走出去的。电影中还有意安排了一个未成年女孩（大概十三四岁）问沈红需不需要保姆。电影中并没有描述当时麻幺妹被卖的细节，是她父母卖女还是被拐卖不得而知，但从电影中的情节可以看出贩卖人口在当时的奉节可能并不少见。韩三明说麻幺妹在自己家待遇非常好，如出了月子他娘也不让幺妹下地干活，但是"养不住"，公安解救时幺妹自己要走。麻幺妹后来对韩三明说自己当时还年轻不懂事。这段情节促使我们思考一个重要的法社会学问题，法律虽然明确了要解救被拐卖的妇女，但是麻幺妹们自己也可能不知道什么是有利的，当时跟着韩三明可能是她最好的选择，这才有了后来她和韩三明选择复婚的事，但经过这么多波折，复婚哪有那么容易。《三峡好人》相较于白描式的《盲山》，似乎有更加深刻的反思，拉长的时间线让我们不得不思考解救之后的事。

无名者生命的精彩

贾樟柯在电影手记（《贾想Ⅰ：贾樟柯电影手记1996—2008》）中记载，韩三明在江边和麻幺妹聚会时，前妻问了他一个问题："十六年了，为什么这个时候到奉节找我？"当时贾樟柯写的对白是："春天的时候，煤矿出了事情我被压在底下了，在底下的时候我想，如果能够活着出来我一定要看看你们，看看孩子。"韩三明的扮演者韩三明则指出："我不愿意把这些话说出来，为什么要把这个理由讲出来？因为矿里什么情况谁都了解，如果讲出来感觉就小了，如果不说出来感觉就大了。"电影最终采取了韩三明的方案，确实没有讲出来有更丰富的含义，韩三明比贾樟柯更懂得自己生命中的那些身边人。

电影中，韩三明见了麻幺妹现在的"照看人"，那个个子高大、身材消瘦、满脸胡子的跑船人得知韩三明要把幺妹带走时，并不表示反对，只是提出幺妹的哥哥欠了他三万块钱，还了这个钱就行。韩三明立马回答："等我一年我给你。"韩三明估计也没有别的办法，只是挖煤的收入还可以。他跟那些拆房子的人说，挖煤一天可以挣到200多元，而拆一天房子也就挣个四五十元。至少韩三明要再挖一年煤才能挣够三万块钱，韩三明离开奉节的背影透着一股子坚定，一起上路的还有和他一同选择去挖煤的拆房子"同事"。如果挖了一年的黑矿他还能活下来，他能找回自己的老婆和女儿，他能再有一个完整和幸福的人生……尽管平凡而且凄苦，但仍足够震撼人们的心灵！

福柯说，我不想重新追溯这些早已为人熟知的事情的来龙去脉；我只想探寻其中的某些方面，它们能够说明为什么这些事情如此富有激情、令人惊异，带有一种美，也正是这些方面有时使这些稍纵即逝的形象生色，而对于我们这些远远瞥见的人来说，在这些形象中出没的那些穷困的恳求者，具有了无名者的面貌。贾樟柯则指出，"我想用电影去关心普通人，首先要尊重世俗生活。在缓慢的时光流程中，感觉每个平淡的生命的喜悦或沉重"，"个人生命里的那些印记、经验，把它讲出来就有力量"。无名者的生命也是如此富有激情、令人惊异，带有一种美，这些生命也是如此精彩。

9

《权力的游戏》中提利昂·兰尼斯特的两次审判

席卷世界的电视剧《权力的游戏》于2019年随着第八季的终结而落下了帷幕，已然成为奇幻题材电视剧的重要经典，值得不断回味。在假想的维斯特洛地区，权力的争斗吸引了全世界人们的目光，其争斗背后展现的文化特色独具风骚，其中的法律文化也极具特殊性。《权力的游戏》中有过多次对审判的详细描述，展现了其独特的审判规则和司法文化，虽是奇幻假想，但也可以展现某些历史上的审判细节和法治文化底蕴。剧中对艾德·史塔克的审判；在七神教主教"大麻雀"的主持下，对瑟曦·兰尼斯特的审判，对提利尔家族百花骑士洛拉斯·提利尔、玛格丽·提利尔的审判；对"小指头"培提尔·贝里席的审判等，都是《权力的游戏》中的经典场面，也成为理解《权力的游戏》的重要视角。剧中对"小恶魔"提利昂·兰尼斯特的审判尤其精彩，两次审判过程不仅可以完整展现《权力的游戏》的司法文化，也体现了提利昂个人的蜕变和成长，值得更为仔细地探究，也可以给我们思考相关的法律史问题提供一定的启发。

提利昂的第一次审判

作为凯岩城公爵泰温·兰尼斯特最小的孩子，提利昂是个侏儒，容

 看得见的正义：影视中的法治文化

貌丑陋，人称"小恶魔"。由于他天生畸形，出生时还导致母亲难产死亡，所以父亲泰温对他极其厌恶。但他非常喜爱读书，善于思考，富有谋略，最终成长为决定"权力游戏"走势的核心人物之一。尽管提利昂并不自暴自弃，但他一开始出场的形象就是比较放荡的。他曾坦白自己的"罪行"，撒过谎、骗过人、赌过博、嫖过娼……提利昂在北境游历时被艾德·史塔克的妻子凯瑟琳抓住，被控谋杀其儿子布兰。布兰撞见瑟曦·兰尼斯特和詹姆·兰尼斯特偷情，而被推下了城堡。昏迷中的布兰又遭遇了凶杀，杀手所持的匕首正是兰尼斯特家族所有。

对提利昂来说，要被定罪必须经过审判，而且必须经过合法审判，这意味着必须有一位贵族主持审判。《权力的游戏》中没有单独的掌握审判权的机构，各个贵族就是法官。剧中也没有关于回避的规定，凯瑟琳要求自己的妹妹莱莎·艾林（鹰巢城的公爵夫人和实际统治者）主持公道。

提利昂出身高贵，是"全国"最有权势的贵族之子，他有要求审判的权利。尽管剧中并没有专门介绍维斯特洛地区的正式制度架构和法律规定，但贵族有要求审判的权利似乎深入西方法律文化的骨髓，并不需要做专门的说明。提利昂假称自己要坦白罪行，在"坦白"时却大声呼喊"艾林谷到底还有没有天理"，进而要求审判！可见，接受审判的权利就是"天理"。审判则意味着提利昂至少可以凭借自己的三寸不烂之舌为自己辩护。因为没有一个人会愚蠢到将自己的武器交给杀手去杀人，他完全没有作案时间，凯瑟琳没有更充分的证据……他可以全面地指出这项指控的明显不合法不合理的地方。但艾林谷的法庭哪会有公正，这明显是一场针对兰尼斯特家族的审判而非仅仅针对提利昂个人的审判。莱莎控诉兰尼斯特家族毒害了自己的丈夫，法官本人也成了控诉者，这完全不符合现代的自然正义和正当程序。但这一点似乎是历史上

我要求比武审判
I demand a trial by combat.

图9 提利昂要求比武审判

很多审判的一个重要特点，提利昂本身是代家族"受过"，因为他是兰尼斯特家族的成员就有了罪过。历史上的复仇很长时间就是家族之间的复仇，历史上的审判很长时间内就是家族之间的相互审判。这种审判不太讲究遵守证据、辩论等法律的实体规定和程序规定，在乎的就是对复仇情绪的满足，审判仅仅具有形式上的意义。

尽管如此，整个维斯特洛七大王国也有一些彼此共享的公共规则，提利昂最终要求比武审判，即由被审判者和原告各派出一名武士进行对决，根据对决的结果确定被告是否有罪。这似乎有一些神明裁判的味道，因为维斯特洛的人们相信七国诸神是不可能让真正有罪的人取得比武胜利的。比武审判也具有形式上正义，实质上运行则可能导致不正义的特点，因为有钱有权的人可以找到更可能获胜的代理骑士。提利昂自己上场比武肯定胜算不大，他同样要求一位代理骑士出战，雇佣兵波顿代他出战并意

看得见的正义：影视中的法治文化

外地赢得了胜利，提利昂最后被无罪释放。这表明维斯特洛尽管是各个领主主导的封建制国家，但是也具有一些法治的公共性。贵族要求审判的权利以及要求比武审判的权利都可以凌驾于特定领主的权力之上，并且人们实际遵守这样的规则，这是隐藏在潜意识领域的规则文化。

提利昂的第二次审判

与第一次审判明显不同，提利昂第二次接受的审判是在自己的父亲主导之下进行的。因此是领主对自己的子民进行审判，所有程序都较第一次审判更为正式和"公正"。乔弗里·拜拉席恩在自己的婚礼上被毒害，他的舅舅提利昂具有最大的嫌疑。在婚礼上，乔弗里为了羞辱他的舅舅，任命提利昂为伴酒，并刻意安排了几个侏儒表演节目以侮辱提利昂。喝下提利昂刚倒的酒，乔弗里突然喉咙不适，电光石火之间口吐白沫而死。乔弗里一世虽然年轻，但心中充满了很多罪恶和残忍的想法，在乔弗里还是储君时提利昂就经常对他加以管教，甚至当众扇他耳光，乔弗里对自己的舅舅充满了仇恨。提利昂有了作案的动机，现实中担任伴酒也有了作案的可能性，他成了第一嫌疑人。此时的提利昂已经代自己的父亲担任过乔弗里的首相，并迎娶了珊莎·史塔克为妻，在黑水河之战中保住了君临城，是这座城市当之无愧的英雄。

审判由泰温·兰尼斯特担任主审，马泰尔家族的奥伯伦亲王、提利尔家族的梅斯公爵协助审判，类似于中国古代的三司会审，充分显示各方对此次审判的重视。提利昂被控两项罪名，一项是前述弑君罪，一项是在审判过程中爆出的担任首相期间私养妓女。审判中，泰温传唤了几位重要证人：乔弗里的母亲瑟曦和她的近卫证明提利昂与乔弗里早有重大嫌隙；君临城的大学士证明乔弗里中的毒为"扼死者"，正是他实验室被盗走的毒药，而且藏有这种毒药的项链戴在珊莎身上；"八爪蜘蛛"情报主管瓦里斯证明提利昂迎娶珊莎后在言语中对处于交战状态下的史塔克家族更加同情；最终击溃提利昂的是他深爱的妓女雪伊出卖了他，雪伊伪造了他和珊莎密谋弑君的口供，并详细讲述了偷毒药的过程，并说他杀了乔弗里也是要赢得珊莎的欢心而与她同床……这个编织的故事也可以看作雪伊的复仇，但是整个故事极为完整而富有说服力，提利昂感觉到自己毫无胜算，再一次要求比武审判，不过这一次神明没能再眷顾他，他的代理骑士被杀，他也被判处了死刑。

尽管后来这件事情真相大白，是提利尔家族下的毒，但这次审判建构了一个提利昂下毒的完整故事链条和证据链条，不仅有三位法官五位证人，而且有相应的物证，这让提利昂百口莫辩，只能选择比武审判。以常理推断，如此聪明的提利昂怎么可能愚蠢到在自己担任伴酒时作案，对君临城如此忠诚的提利昂怎么会毒害自己的国王，对兰尼斯特家族如此具有荣耀感的提利昂怎么会干出有损家族利益的事……提利昂坚信自己的父亲和姐姐密谋了这次陷害他的审判，当瓦里斯和他的哥哥詹姆帮助他逃亡时，他选择杀死自己挚爱的雪伊和一直视他为怪胎的父亲，成就了《权力的游戏》第四季的剧情高潮。提利昂自己也从君临城的英雄变成了真正的杀人犯，陷入人生最灰暗的时光之中。在这之后提利昂帮助龙母丹妮莉丝·坦格利安重返维斯特洛，可以看作他的再次崛起。后因释放自己的哥哥而要接受第三次审判，最终因龙母的被刺杀而得以幸免。人生几起几落的跌宕过程和层层蜕变的轨迹成就了强大的提利昂。

比较第一次审判和第二次审判，也对我们思考法律的起源问题有所启发，一种著名的说法是"刑起于兵"。尽管军队的纪律和法律的体系具有一定的同构性，军队的纪律可能逐渐演变为法律的体系，但是"刑起于兵"之说的重要论证之一是对待和审判俘虏的程序是规则的重要源头。对提利昂的两次审判则可能提供一些否定性的理由，两次审判正好代表了审判自己的敌人与审判自己的亲人之别，最完善的法律规范一定产生于审判自己的亲人，要最大限度地避免冤假错案，谋求最完美的"公正"。所以，法律应该更多起源于内部审判而不是外部审判。尽管一开始像对提利昂的第二次审判一样，即使是完整的程序也不能保障一个完全公正的判决，但是完整的法律审判形式一定会产生深远的影响，成为保障公正"最不坏"的选择。

影视中的宪法文化

10

国家即国民——观韩国电影《辩护人》

2013年上映的韩国电影《辩护人》引发广泛的好评和讨论，观众惊叹于宋康昊的精湛演技、故事情节的跌宕起伏、多重戏剧冲突的巨大张力，以及韩国电影反思历史事件的内在深度等。事实上，从法律人的视角来看，这部电影也是一部极为深刻的法律文化电影。许多重要的法律文化话题都在这部电影中展露无遗，并做了深刻反思，值得我们细细品读。这些话题包括律师自由和新闻自由，公民权利和国家权力的相互关系，律师的商业性和社会责任，历史语境下的法治进程等等，这里则试图从国家与国民之间关系的角度窥探影片带给我们的思想冲击和深刻启迪。

非常国家语境下的国民奋斗史

宋佑硕律师的个人奋斗史，着实令人唏嘘不已和充满敬畏。"二战"之后，韩国经济十分萧条，其后，韩国在总统朴正熙的"经济发展"政策及美国的资助下，经济高速发展，并首次超越了朝鲜，但朴正熙总统却不容许任何民主化运动或示威活动，并且经常逮捕和严刑拷打异见者。正如托克维尔在《旧制度与大革命》中描述的那样，大革命和制度变革的激烈要求往往发生在社会经济条件有所改善、人们看到希望之时。依据电影中的情节,宋佑硕律师事业有所成就之后,搬到曾经做民工时盖的楼房,带着一家人去找七年前走投无路吃了霸王餐的小饭馆。1980年之前七年,大致就是韩国各方面急剧变革和发展的时期。1980年,韩国发生了著名的"光州事件"。同样由宋康昊主演的高分影片《出租车司机》(2017)就是以这一事件为背景的。

影片中的一个情节让人印象深刻,宋佑硕的儿子建宇出生时,高中毕业的宋佑硕还是一名建筑工人,苦苦复习着司法考试,竟然是岳母付了宋佑硕妻子产期的住院费用。在正要放弃司法考试时,他兜里还有500元(韩币),他是付小饭店老板娘的餐费还是选择购回已经卖出的司法考试书籍?他迷茫了,最终选择了后者,做出了令他愧疚良久的事。在生活的边缘,他做出了最无可奈何的选择,并在他建造的楼房上写下了"永远不要放弃"的自我激励。高中毕业能通过司法考试并最终成为一名法官和成功的律师,无论是在影片中还是在现实中,这一事迹都被传为佳话。然而,我们也不难体会到,国家的艰难时期会压缩奋斗者的上升通道,使他们生活状态的改善和个人的自我实现变得异常艰难。

国民无法逃遁的国家状态

这里不得不提到电影中宋佑硕与高中同学的一次聚餐。此时的宋佑硕已经小有成就,从一开始的不动产登记律师到后来的税务律师,宋佑硕都做得很好,具有了可以在同学面前夸耀的资本,并做了同窗会的会长。然而,一位在报社担任记者的同学却很不买他的账,甚至和他产生了冲突。全韩国已经充满了肃杀之气,讲真话的记者都被炒了鱿鱼,这位记者同学则悲哀于自己还在记者岗位上"胡编乱造"。宋佑硕则不这么看，社会虽然艰难但依然成就了他的奋斗故事，在社会场中摸爬滚打的多年经历告诉他，靠示威并不能改变这个社会。

宋佑硕是一个实用主义者，他不会关心，也不敏感于那些遥远而宏大的话题，所以当帮助过他的前辈律师找他来代理国家安全法案件的时候，他拒绝了。然而，国家和国民休戚相关，国民无法逃遁国家的整体状态。小饭店老板娘的儿子朴镇宇参与的釜山读书联合会被认定为左翼组织，要以国家安全法定罪量刑。他欠着老板娘的恩情，当老板娘求他代理时，他再也难以置身事外，而当他仔细了解这个案件的来龙去脉之后，他也深刻理解了前辈们坚守的正义所具有的内在价值，不想让自己的孩子们生活在"因这种荒唐的事踩刹车的时代"。

"即使岩石再坚硬也是死的，鸡蛋再脆弱也是活着的生命，岩石最终会碎成细沙，而鸡蛋终究会孵化，越过岩石。"宋佑硕也赋有实用主义者的美德——实心用事、注重实际，另外他也勤劳朴实、敢于担当、有恩必报，他成为那枚勇敢的鸡蛋。

"国家即国民"

国安法案件远没有他想象的容易。韩国法治现代化的过程也较多依靠法律移植，诸如"正当程序""无罪推定""孤证不立""禁止刑讯"等现代刑事诉讼的规则、原则和理念在当时韩国的法律条文中已经确立，但条文变成现实则还有很长的距离。

在韩国当时很多专门代理此类案件的律师看来，国安法案件是关于量刑的斗争，因为罪名已经确定不容争辩，然而，这在宋佑硕看来是难以想象的。同学之间互助的读书会本是应该鼓励的学习方式；前英国外交官撰写的《历史是什么》这样的书也不能被认定为反动书籍；逮捕朴镇宇也没有履行告知家长的正当程序；仅有刑讯逼供之下朴镇宇等人的自述书是不能定罪的……这个案件充满了漏洞，不是什么国安法案件，而是警察机关捏造事实和践踏人权的案件，他坚决主张无罪辩护。尽管宋佑硕律师竭尽全力，甚至取得了刑讯见证人（军医尹尚柱）的关键证言，但也因为证人身份问题（警方捏造证人逃营）而功亏一篑，最终也只能在量刑上和检方做出妥协。宋佑硕律师在这个案件中并没有失败，尽管他后来因为激进的抗议行为而锒铛入狱，但他的辩护人团体是釜山地区所有的律师，在审讯时法官念到场律师的名字时，宋佑硕律师流下了动情的眼泪。

这里想引用一段宋佑硕律师对警监车东英的质证词：

"国家，证人所说的国家到底是什么？大韩民国宪法第一条第二项，大韩民国主权属于国民，所有的权力都由国民产生，国家即国民。

图10 宋佑硕的质证

 看得见的正义：影视中的法治文化

但是证人毫无法律依据，一味强调国家安保，就把国民践踏在了脚下，证人所说的国家只是强制取得政权的一小部分。难道不是吗？你是让善良无罪的国家生病的蛆虫，军事政权肮脏的帮手而已。"

"国家的权力属于国民（人民），国家即国民"，这是一个振聋发聩的论证，前一个论证是"权力来源于权利"的社会契约论式论证；"国家即国民"是这个论证的升华，和马克思使用了相同的论证方式。马克思曾在《论犹太人问题》中指出："只有当现实的个人同时也是抽象的公民，并且作为个人，在自己的经验生活、自己的个人劳动、自己的个人关系中间，成为类存在物的时候……人类解放才能完成。"放在这里讲，"类存在物即个人"实现时，人类的解放才能完成。在《共产党宣言》中则说得更加明确："代替那存在着阶级和阶级对立的资产阶级旧社会的，将是这样一个联合体，在那里，每一个人的自由发展是一切人自由发展的条件。"我们应当从国民身上看到所有国家的应然属性，国家作为联合体是以每一个具体的国民作为文明的衡量标准；只有在每一个国民身上所体现的国家联合体，才是最真实的联合体；只有当国家即国民时，才是一个优良国家的实现状态。强调片面的国家性，把国家和国民分割和对立起来，则是国家的异化状态。可以说，《辩护人》中的这句台词事实上提供了一个理想国家的核心证成。

11

电影中的多样"政体"

电影中的政体是认识很多电影，尤其是科幻电影的重要视角，许多传统政体如君主政体、贵族政体、共和政体等都在很多电影中有集中的体现，如《星球大战》中事实上讲的就是帝国政体和共和政体在放大了的空间中的博弈，《V字仇杀队》《1984》《美丽新世界》等都是我们熟知的讲极权政治的电影，还有一些电影中会展示和畅想一些理想政体和新型政体，脑洞大开的同时又不失现实的启示。

独裁实验：《浪潮》（2008）

什么是"独裁"？纳粹有没有可能在德国重演？德国高中教师文格尔在电影中问的问题值得我们长久深思和警醒。世界离独裁可能只需要5天，需要的可能只是一个契机或被重新激活的特定环境。"纪律铸造力量""团结铸造力量"和"行动铸造力量"，独裁的统治机制在《浪潮》的教学实验中自然复活。文格尔是德国某所高中的老师，该学校正在开展"国家体制"的主题周活动。由于他最喜欢的"无政府主义"课被另一位老师捷足先登，因此他只能主讲"独裁统治"课程。文格尔别出心裁提出假想"独裁"的实验。在为期一周的实验中，文格尔

  看得见的正义：影视中的法治文化

被置于至高无上的领袖地位，学生们对他要绝对服从，称呼他"文格尔先生"。 文格尔要求学生们遵守纪律，譬如端正坐姿、提问时起立；着力提升班集体的荣誉，班集体的荣誉胜于一切；打破他们固有的小团体，差生和优秀生坐在一起相互帮助。这些学生从最初的玩乐心态到渐渐沉湎于这个名为"浪潮"的组织中，他们体会到集体和纪律的重要性，却在不知不觉中滑向了"独裁"的深渊。逐渐的，"浪潮"成员有了统一的着装——白衬衫和牛仔裤，有了自己的标志和特别的手势……"浪潮"组织成员和其他同学有了明显的区分，"浪潮"组织的影响力远远超过了一所学校，在全市蔓延。性情软弱、总被人欺负的"软脚虾"蒂姆在"浪潮"组织中找到了归属感，而狂热投身于"浪潮"活动之中，焚烧掉自己的新潮衣服，沉浸于集体活动，甚至制作了一把枪用于集体防卫。当"浪潮"领袖文格尔发现事情早已经不受他控制，选择结束这个实验时，蒂姆的精神也彻底塌陷，选择用枪结束了自己的生命。

基于时间的极权统治：《时间规划局》（2011）

忽略电影的剧情，电影的背景设置即能够带给人足够的震撼和思考。在一个虚构的未来世界，人类的遗传基因被设定停留在25岁，不管他们活了多久，生理特征都将保持在25岁。然而到了25岁，所有人最多只能再活1年，唯一继续活下去的方法就是通过各种途径获取更多的时间（如工作、借贷、交易、变卖，甚至抢劫）。于是时间就成了这个世界的流通货币，时间面前虽然人人平等，但有了操纵时间的时间规划局之后，时间就成为最为重要的统治工具，甚至可以称为"时间帝国主义"。就政体而言，像很多电影中所展示的，未来的政体核心可能不是传统的政府暴力机器，而可能是某个特定的企业，从特定的企业中生发出来一个政体结构。《时间规划局》中类似于银行的时间管理机构遍布全球，而时间守护者会像警察一样追踪并记录每个人所使用的时间和剩余的时间，一旦在时间银行中的存额所剩无几，就将被剥夺生命。有钱人可以长生不老，而穷人们的生存则变得很艰难，一旦手臂上的表清零，就代表着一个人的死亡。

执法和司法合一的警察国家：《新特警判官》（2012）

未来世界，地球爆发了惨绝人寰的核战争。曾经显赫一时的超级大国美利坚合众国，也在连番的自戕战争中灰飞烟灭。现如今，以当初华盛顿等地为中心，高高的围墙将被核污染的大地隔绝在外，仅存的8亿人类生活在这个名为超级城市一号的封闭空间内。只是人类从来不曾吸取教训，各种恶性犯罪层出不穷，鲜血染红大地。在此期间，名为"特警判官"的一群暴力机器代表者得到确立，他们既是警察，也是判官。事实上这也是一部重要的法律类电影，特警判官让人直接联想到英美法系的基层治安法官，既具有一定的司法权，也具有直接的执法权。其在政体方面的重要特点是政体架构各个部分的重新融合，执法、司法的国家机器合二为一，打破传统的权力分立状态，在公正、高效、权威等司法价值体系中，高效成为最重要的价值，权力拥有者则由不被信任的状态转化为人们高度依赖的对象。

 看得见的正义：影视中的法治文化

极端金字塔型政体:《雪国列车》(2013)

一场突如其来的气候异变让地球上大部分人类灭亡,在一列没有终点、沿着铁轨一直行驶下去的列车上,载着地球上最后幸存的人们。"雪国列车"成为他们最后的归宿、最后的信仰,也是最后的牢笼。在这里,受尽压迫的末节车厢反抗者为了生存与尊严向列车上的权贵阶层展开斗争。这列"雪国列车"也就成为整个人类社会的缩影,具有典型的政治隐喻。不同车厢也是不同的等级,政体就是金字塔型的集权结构。尾部车厢,象征着阶级社会底层的劳动者;蛋白质块生产车厢,象征着给底层社会提供生活最低保障品的下等服务阶层;维护列车秩序的军队,象征着国家的暴力机器;植物区、水族馆等,象征着技术劳动者构成的中间阶层;高级乘客车厢,象征着腐朽的统治阶级;引擎车厢,象征着阶级社会的最高统治者。反抗实力派最终发现,底层车厢的反抗派领袖和引擎车厢的最高统治者合谋,共同维护着"雪国列车"的运转,而真正的希望在于彻底摧毁列车本身,在现有条件下去建设一个新世界。

另一种理想国:《分歧者:异类觉醒》(2014)

柏拉图说不同阶层的人有不同的材质和美德,不同阶层的人各安其位就有了理想的正义。这大致也就是《分歧者:异类觉醒》背后的政体设计思路。一百年前,席卷全球的战争让几乎所有的国家都从地球上消失,幸存的人类聚集在破败的芝加哥。新世界的创始者为了谋求永久的和平,将幸存者们分成了无私派、诚实派、无畏派、友好派和博学派。

每个派系都有自己专门的社会职责，他们通力合作促进这个世界的进步。作为一部反乌托邦电影，其集中反思了这种理想政体设计存在的种种缺陷，以及基于设计而实践的思路会产生的实际困难，最为核心的就是难以纳入这几个派系的分歧者的出现对这个体制的最终摧毁。电影令人信服地论证了柏拉图式的理想国也可能并不是理想国，而有可能成为某种极权主义的制度起源。

12

科幻电影中的"自然状态"

"自然状态"是古典政治哲学的一个核心假设，也是论证宪法正当性的社会契约论的重要设想，影响深远。如思想家霍布斯的自然状态是一切人对一切人的战争状态；洛克的自然状态是一种"人们受理性支配而生活在一起，不存在拥有对他们进行裁判的权力的人世间的共同尊长"的状态。在科幻电影中，当人类因为气候、战争、疾病等而重新陷入无政府状态之时，也就可以看到人类返回自然状态。那么，到底谁的自然状态假设更具有说服力？自然状态在科幻电影中会有什么新的特点？如何走出自然状态？可以在众多科幻电影中进行检验，每部电影都会给出自己的回答，而把每部独立的电影组合起来，也就可以形成某种整体性的认识。

《未来水世界》（1995）

《未来水世界》可能是一部被严重低估的科幻电影，也有人说它是生不逢时，放在现在应该是一部优秀的科幻电影。凯文·科斯特纳是经典西部片《与狼共舞》中约翰·邓巴的扮演者，在《未来水世界》中同样有精彩演出。电影中对自然状态有深刻的讨论。

公元2500年，地球两极冰川大量消融，地球成了一片汪洋。人们只能在水上生存，建起了水上浮岛，泥土成了稀有之物。一天，来了一个孤独的海行者，他用一罐泥土换了淡水和番茄苗。正当他要离开时，当地人发现他竟然长着鳃和蹼，认为他是怪物，把他关了起来，准备过两天将他处死。海盗袭击了浮岛，海伦和她的养女伊萝娜没能赶上出逃的救生船，但她们救出了海行者。海行者凭着过人的机智和勇敢，带着海伦和伊萝娜逃了出来。没想到伊萝娜身上的文身图案招来了海盗们的追逐，因为那图案据称是找到陆地的示意图。于是，大规模的海战由此拉开序幕。

这里的自然状态接近丛林状态，弱肉强食，没有一个更高的立法者和执法者，只有强盗横行，谁掌握了资源（淡水和土等），谁就是王者。在这种自然状态下，虽然不存在整体的、普遍的公共主体（如统一的国家、特定的主权体等），但存在小共同体式的公共主体，人们基于互助合作建立小型社区，共同承担生产、防卫等生存职能，也具有基本的社会分工。不仅善良的人们形成了小共同体，强盗也形成了自己的组织和社区，以掠夺作为生存的法则。在小共同体社会，不同的小共同体之间的战争、掠夺就毫无道德原则可言，人类返回某种类似于部落社会的状态，每一个小共同体都有自己的特点。

《疯狂的麦克斯4：狂暴之路》（2015）

有人说这可能是《疯狂的麦克斯》系列中最经典的一部，是众人眼中很燃的一部电影，单从剧照中就可以看到这种狂暴的特点。未来世界，水资源短缺引发了连绵的战争。人们相互厮杀，争夺有限的资源，

 看得见的正义：影视中的法治文化

地球变成了血腥味十足的杀戮战场。面容恐怖的不死乔在戈壁山谷建立了难以撼动的强大武装王国，他手下的战郎驾驶装备尖端武器的战车四下抢掠，杀伐无度。在最近一次行动中，不死乔的得力战将弗瑞奥萨带着生育者们叛逃，这令不死乔恼羞成怒，发誓要追回生育者。经历了激烈的追逐战和破坏力极强的沙尘暴，弗瑞奥萨和作为血主的麦克斯被迫上路，而身后不仅有不死乔的追兵，还有汽油镇、子弹农场的重兵追逐。末世战争，全面爆发。这里的自然状态就是典型的一切人对一切人的战争状态。这里的战争状态有了相对于《未来水世界》的可能进化状态，因为已经有了一个比较强大的王国，有一个类似于君主的国王或暴君，并且形成了科层式的治理机制。

《The Book of Eli》（2010）

这是一部讲述在自然状态中找回信仰之路的电影。在不太遥远的将来——30年后，世界爆发了最后的战争，大部分人类在战争中死亡，大气层破了个窟窿，城市变成了一片废墟，环境破坏殆尽，没有文明，没有法律，没有高速公路，地表如火一般炙热。对于侥幸活下来的极小部分人类而言，他们面临着随时可能灭绝的危机。战前出生的一代文明人逐渐老去，而新生一代对文明事物毫无所知，甚至不识字。艾利独自踏上了危难重重的征程，向着心中所想的最后的文明庇护所前进。一路走来，他见到了太多失去文明与信仰的罪恶。在旅途里他经过了一个人类聚居的小镇，这里由控制着水源的卡内基掌握，他每天派出手下四处寻找一本书。一本自小伴随他长大，可以拯救人类心灵、给人力量的书。他的手下几乎都不识字，他也一直没有找到那本书。艾利在镇上换取水的时候与卡内基的手下发生冲突，展现了自己的强大武力，卡内基试图拉拢他为自己所用。卡内基不顾盲眼情妇的反对派出了她的女儿索拉拉勾引艾利，试图留下艾利。第二天，索拉拉在母亲面前展示了从艾利那学到的餐前祈祷，卡内基顿时意识到他寻找的那本书就在艾利身上。在这个危机四伏的小镇上，为了人类的明天，艾利要先为自己的今天而战斗。什么是艾利之书？艾利之书就是最后一本《圣经》，经过上帝的启示，艾利踏上了找回信仰之路，这里蕴含了人类所有的希望，基于信仰人类才能重建文明，走出自然状态。

《掠食城市》（2018）

在未来，一次核战争毁灭了全世界。数千年后，人类已经适应，并在废土世界中进化出了新的生存方式。经历了战争的洗礼，全新移动城市诞生，伦敦城是其中至高无上的存在。它化身为钢铁巨兽，疯狂地掠夺与吞噬小城市。为了抵抗伦敦城的侵略，反牵引联盟齐心协力，迎接一场殊死之战。来自大牵引城市伦敦底层的汤姆·纳茨沃西，遇到了逃犯赫斯特·肖后，不得不携手为生存而奋战。两个截然不同、本不该相遇的人，却意外结盟，他们注定将改变未来。这部电影可以看成对自然状态的丛林法则的深度诠释，移动城市版的弱肉强食，类似马基雅维利《君主论》中的暗黑君主统治一切。《掠食城市》中的内部政体已经具有更为高级的形态，伦敦城按照职能分为上中下三层：上层是最富有的高等居民的生活区，有漂亮的建筑和风景；中间是主要的动力系统和机械装置，算是核心工作区；底层是专门吞食和分解其他小城市的垃圾处理装置，也是底层人民寄生的区域，支撑伦敦运行的移动器械、坦克履带、抓钩等也都在这个区域。

从这几部电影中可以看到自然状态的某些共性：虽然自然状态更多的是一切人对一切人的战争状态，然而，自然状态也有自然状态的些许温情，人类的良知、情感、信仰、其他的文明因素并没有完全泯灭，善良的人们依然在坚守，依然试图创造一个更好的世界。自然状态中一定蕴含着走出自然状态的密码，在绝望中依然能够看到希望，经过绝望的希望才更加具有生命的厚度。众多科幻电影中的自然状态也一起拼凑出人类文明的整体演进过程，似乎像黑格尔所说的存在必然逻辑一样，又在重复着一个个逻辑环节，从而建立起一个类似逻辑体系的人类文明演进体系。

13

《曼达洛人》中帕济尔星球的民主实践及其启示

　　《曼达洛人》是星球大战系列的衍生剧，讲述了银河系中战斗民族曼达洛人坚持信仰、重建家园的故事。帝国秩序被打破，新共和国正在建立，一切还处于过渡阶段，一是帝国还有很多残余势力，试图重建帝国秩序；二是新共和国还处于建立初期，他们还没有实力治理整个银河系，因而出现了众多独立于帝国和新共和国的星球。《曼达洛人》（Ⅲ，2023）中帕济尔15就是这样的独立星球之一，他们雇佣部分曼达洛人当护卫，捍卫自己的直接民主。曼达洛人领袖布卡坦·奎兹和丁·贾林为了把曼达洛人重新凝聚起来，找回所有分散的曼达洛人，因而来到帕济尔。帕济尔星球的民主实践也就为我们提供了观察和思考民主的典型样本。

民主星球的优势

　　帕济尔星球的民主和法治相互配合，为直接民主体制的运行提供了详细的法治机制。吸取帝国时期的教训，为了防止滑入军阀政体，帕济尔星球选择用民主缔造长久的和平，订立了自己的宪章（科罗森协定）。帕济尔设置了明显的功能分区，科罗森协定第九条规定，必须由

 看得见的正义：影视中的法治文化

最高参议会同意，始得与维和区之自卫部队联系。因此布卡坦·奎兹和丁·贾林不能直接和帕济尔的雇佣军（曼达洛人组建的舰队）联系，必须首先会见帕济尔的领袖。

民主和独立的星球具有自己的优势，可以采取对自己有利的措施来建设星球。如在新共和国中，所有的帝国物品都要列入废弃物中，但在帕济尔，为了有效利用资源，帝国机器人得以重新助力和平用途。而且，帕济尔不用像新共和国一样建立冗余的官僚系统，而可以建设一个简单而高效的民主星球。帕济尔也不用把精力用于建设一支强大的军队来捍卫自己，宪章禁止帕济尔拥有军队，而是雇佣军队来保卫自己的和平，因而星球的资源都用于经济建设等。剧中帕济尔星球科技高度发达，人们过着富足的生活。

民主星球的另一优势就是可以选举最适合和称职的领袖。帕济尔是一个实行直接民主的星球，通过选举产生领袖。帕济尔保留了贵族制度，女公爵和布巴迪队长既是贵族，也是民选的领袖。布巴迪战时曾担任帝国的设施规划官，多亏新共和国的特赦计划，使得其能协助重建帕济尔，并在此过程中与女公爵坠入爱河。使用帝国机器人的计划就是他的杰作，他和女公爵一起精心治理着帕济尔星球。

《星球大战》的重要魅力之一即是想象出不同的星球和不同种族，每一个都有自己的独有文化特点和内在优势。帕济尔的民主体制也渗透着对多元文化的尊重，人们投票认可帕济尔是个多元社会，尊重每一个种族的文化。

一个独立的星球和新共和国具有平等的地位，因而具有更大的外交优势。在说服布卡坦·奎兹和丁·贾林为自己办事时，女公爵和布巴迪队长就可以拿出自己的外交优势，如可以自主承认未来曼达洛星球的主权地位，并请求新共和国一同认可。夺回曼达洛星球正是布卡坦·奎兹和丁·贾林的目标，因而也就迅速被说服。

民主星球的缺陷

帕济尔星球完全直接民主的体制也具有内在缺陷，如帕济尔官方只具有有限的治理能力，不能完全应对帕济尔出现的所有问题。剧中帕济尔出现了"机器人问题"，原来的帝国机器人被重新写入和平的程序，并由布巴迪队长亲自监督这个重写过程，保证它们被彻底改造。不过机器人经常出现程序异常，导致机器人功能失调，经常出现交通事故、设备故障等，甚至出现了机器人的攻击行为。帕济尔的警察权力受到了极大限制，本地机器人警力无法对付帝国的战斗机器人，帕济尔的宪章也规定禁止任何常备军进城（因此驻扎在城外的曼达洛雇佣军不能入城解决治安问题）。帕济尔也就只能求助于外来人员，宪章规定尊重多元文化，当曼达洛人丁·贾林与布卡坦·奎兹来到这个国家时，是被允许携带武器的，因为武器和盔甲就是曼达洛人文化的根本。因此，女公爵和布巴迪队长要雇佣这两个曼达洛人解决他们的"机器人问题"。

机器人出了问题，正常的思路是把机器人关停，但民众表决后，反对停止任何机器人服务，因为停用后人们无法正常生活。有了机器人，民众就不需要再工作，可以悠闲度日，从事娱乐、艺术以及参与直接民主。机器人一关闭，帕济尔的整个社会就会崩溃。可见，帕济尔的直接民主实践也可能成为滋生懒惰的温床，而不是激发人性中更具有创造力的成分。直接民主体制也需要承担人们的高福利，使得体制运行成本很高。直接民主也有可能很短视，从长远来看有益的政策，在直接民主中则不一定被采用。

　看得见的正义：影视中的法治文化

布卡坦·奎兹和丁·贾林的调查显示，失常机器人在机器人酒吧饮用了同一批忘忧剂（一种润滑剂，并可以提供协助机器人重新编程的次粒子），忘忧剂中含有的次粒子事实上是纳米机器人，机器人吸食后会迅速提高攻击性。为了保障安全，帕济尔所有的机器人配件都需要由官方统一采购，不允许任何个人私自购买。系统显示原来是保安处贺玠处长私自购买了这批忘忧剂，他是"机器人问题"的幕后黑手。贺玠处长是女公爵父亲治下的老臣，为帕济尔的发展做出了杰出的贡献，他不满于布巴迪队长的机器人计划，有意改变这种状况。贺玠处长采取的手段并不值得赞同，但他的行为理由蕴含着很大的启示。他赞成的民主是每一个人积极主动地承担自己的权利和责任，而不是帕济尔这种人人贪图享乐的民主异化状态。

　　剧中对帕济尔的民主实践展示并不是主要线索，布卡坦·奎兹和丁·贾林破获这个案件后得以会见曼达洛雇佣兵舰队队长艾斯沃夫，在丁·贾林的帮助下，布卡坦也得以击败艾斯沃夫而夺回舰队的指挥权，进而为夺回曼达洛星球奠定了基础。然而，《星球大战》的重要特色是对人类未来的畅想，这也使得这个星球级别的民主实践具有未来的意义。不难发现，民主和法治的相互配合也不能解决民主实践运行中的所有问题，帕济尔正好展现了民主异化的典型，人类逐渐失去自己的机能，而逐渐被机器人取代。民主和法治都需要人作为基础，制度设计时必须考虑能够依靠什么样的人，会塑造什么样的人，人才能决定人的未来。民主和法治是人类历史演进选择的优良公共治理模式，但远不是一种制度的完成形态，而是一种生成形态，需要基于人的生活实践和制度实践不断进行调整，每一个人都不能逃避自己的权利和责任。机器人一定会承担原本由人承担的很多工作，如剧中维护治安的警察较多就是由机器人来担任，这并不意味着人可以偷懒或堕落，反倒意味着人要更加积极地承担权利和责任。

影视中的犯罪与刑罚

14

警匪片中的警匪关系诠释

在法律调整的关系中，警察和匪徒之间的关系在诸多类型片（警匪片、犯罪片等）中是经常被描绘的关系，警察和匪徒之间既对立又"合作"，在影视中呈现出诸多有趣、微妙而丰富的形态。警匪关系在法律上比较明确，警匪片中对罪犯的处理也较少引起法律上的争议，但在事实层面则极为复杂。

警匪的二元对立

警察与匪徒水火不容、正邪两立、天然对抗，这种关系是诸多影视作品基本的建构，也是所有警匪片的叙事基础。警察爱岗敬业、尽忠职守、执法公正、坚守底线、守护正义、大义凛然、清正廉洁、笃定执着、甘于奉献、除暴安良、英勇无畏、不怕牺牲，匪徒则穷凶极恶、毫无底线、恣意妄为、打家劫舍、巧取豪夺、横行霸道、贪得无厌、心狠手辣、嗜杀成性、虎豹豺狼。经典警匪剧，如《插翅难逃》（2002）、《征服》（2003）等都以这种警匪关系为基本的背景。香港电影中如成龙的《警察故事》系列就是警匪二元对立的典型代表，警察守护正义，历经艰难险阻，甚至牺牲自己所珍爱的一切，匪徒则无所不用其极，为达目的不择手段，最终则是正义获得了胜利、罪犯被绳之以法、人心得到抚慰、大众情感得到宣泄。这些构成警匪片的基本故事情节，警匪对抗越是激烈，电影的戏剧冲突就越是吸引人，最厉害的警察和最凶残的匪徒一起才能造就经典的警匪片。如美国警匪片《盗火线》（1995）中洛杉矶警局重案组的探长文森特·汉纳（阿尔·帕西诺 饰）与职业匪徒尼尔·麦考利（罗伯特·德尼罗 饰）之间的对抗就是这种携手造就的经典演绎。另如香港经典影片《英雄本色》（Ⅰ 1986）中的警匪对抗，宋子豪和宋子杰之间的警匪对抗尤其精彩，为警匪关系附加了亲兄弟关系，使得这种对抗更加激烈和彻底。

在警匪二元对抗的基础上，电影中的警匪形象也可能多元化，有腐败、无能、犯罪的警察和坚守正义的警察，有罪大恶极的匪徒和坚守江湖道义的匪徒。坚守正义的警察和坚守江湖道义的匪徒之间的合作，也就成为很多电影的设定，如《喋血双雄》（1989）中奉命侦查有关命案的警探李鹰，在查案过程中发现小庄并非冷血杀手，而是一个仁义、智勇俱全的好汉，更发现他们两人虽在黑白两道却有很多共同点，他和小庄惺惺相惜。在汪海匪帮的追杀中，他们更结成生死之交。在联手歼灭汪海匪帮过程中，小庄不幸牺牲，李鹰把汪海杀死替小庄报了仇。甚至对匪徒某些正义形象的描述成为重头，犯罪片中，通过展现罪犯的爱恨情仇、成长轨迹、江湖道义，为匪徒的形象增加了更多正面的色彩。美国经典黑帮电影《教父》三部曲、《美国往事》（1985）、《美国黑帮》（2007）等即是如此，新近的大陆电视剧《狂飙》（2022）中张颂文扮演的高启强也具有这样的特征。警察的负面形象揭露则成为很多犯罪类电影的切入角度，如《洛城机密》（1997）中三个性格迥异的年轻警员一起调查一宗谋杀案，发现了一个色情、毒品、谋杀、贪污织成的黑社会网络，但最终意识到他们的局长达德利就是黑社会头目，这部影

看得见的正义：影视中的法治文化

片可以说从根本上颠覆了警匪对抗的二元叙事。

警匪的二元耦合

警匪之间相互作用、彼此影响、相互塑造，甚至必须作为一个整体来认识。更好地理解警察需要通过匪徒视角，彻底理解匪徒则同样需要警察视角。中国导演贾樟柯的电影《小武》（1998）描述的警察和小偷之间某些真实的生态关系——抓了放，放了抓，有时严，有时松，警察对小武极为熟悉，小武也清楚警局的运行逻辑——生动诠释了这种耦合。警匪的耦合关系有时候像一部电影的标题一样，是"猫鼠游戏"，猫捉老鼠有时候是为了生存，有时候是为了玩耍，不能把老鼠完全消灭，也不能任由老鼠过于猖狂。

《变脸》（1997）最好地诠释了另一种二元耦合。警察（西恩）为了查出炸弹地点，决定利用整形手术，将昏迷中的恐怖分子（凯斯特）的脸换在自己身上，假扮凯斯特去狱中向他弟弟套出真相。凯斯特并没有成为植物人，而是苏醒过来，装上了警察的脸并成功逃脱，杀害知道这一情况的FBI和医生，销毁相关材料后，他就成了警队的队长。西恩成了匪徒，为了揭露真相不得不越狱，并过了一周凯斯特的生活——吸毒、嫖妓、杀人，甚至还"认领"了儿子。凯斯特则在警察队长的岗位上风生水起，利用自己掌握的信息屡立奇功，并且进入了西恩的家庭。警察和匪徒的身份互换，更加巧妙地诠释了两者的耦合。尽管《变脸》中并不一定明显，但很多警匪片中的好警察都有几分匪气，"好匪徒"则具有几分警察的大义凛然。

警匪关系还可以通过强弱对比以进阶理解，警匪关系有时是"强警察弱匪徒"，有时是"强警察强匪徒"，有时是"弱警察弱匪徒"，有时则是"弱警察强匪徒"。"弱警察弱匪徒"的警匪片较少能够引起人们的兴趣，除非电影并不以警匪关系为主题，系非主流警匪片或具有更为深奥的表达（如《三狼奇案》中的警察和匪徒似乎都比较"怂"），大部分警匪片都是其他三种类型。"强警察强匪徒"一般是最为精彩的警匪片，前述警匪剧《插翅难逃》（2002）、《征服》（2003）、《狂飙》（2022）等之所以吸引人，原因之一就是警察和匪徒都很"厉害"。《猫鼠游戏》（2002）则可以算是"弱警察强匪徒"的典型，联邦探员卡尔在研究追捕弗兰克的过程中，领教到这个犯罪天才的过人智商，他屡次被弗兰克这个黄毛小子捉弄，心里怀恨又不得不佩服。《绝命毒师Ⅰ》（2008）中的警察汉克已然十分强悍，但每每被毒师怀特玩弄于股掌之间。《绝命律师Ⅵ》（2022）中，在吉米设计的那些"完美"犯罪中，警察也只是一个棋子。"强警察弱匪徒"同样是很多以警察为中心的影视作品的核心逻辑，如《犯罪都市Ⅰ》（2017）中马东锡扮演的警察从一开始就是武力担当，将犯罪分子打得落花流水。

警匪关系的动态变化

警匪关系处于不断的变化之中，这些内在演变也就成为众多电影诠释的核心。如警察并不是消极地等到犯罪发生之后再进行处理，而是积极地预防和减少犯罪，把犯罪集团纳入自己的掌控之中，积极主动地去推动匪帮的变革。

日本导演北野武的犯罪电影自成风格，《极恶非道》（2010、2012、2017）就是其中的杰出代表。电影中的北野武元素，如暴力美学与暴力幽默的结合、沉默寡语的表达方式、沉浸式的画面叙事、流氓与英雄合一的主题人物、暗黑节奏的音乐语言等，都富有特色。《极恶非道》中的警匪关系更为丰富、复杂，《极恶非道Ⅰ》中的主要警察片冈还只是偶尔从黑帮拿钱，和黑帮保持密切的关系，时刻观察山王会的内在变化。《极恶非道Ⅱ》中警察片冈则成为推动剧情发展最为主动的力量，在"以黑制黑"的逻辑之下，片冈深入黑帮内部进行操控。片冈首先策动山王会小头目富田结交另一个黑帮组织花菱会以反抗山王会会长加藤等人。在这一步棋失败后，片冈随即找来了曾被山王会覆灭的村濑组木村以及被山王会打压和出卖的大友组头目大友（北野武 饰），两人誓要将花菱会势力带入关东，上演了一出两强相碰的黑帮火并大戏。然而，在"全员恶人"的语境下，黑帮有自己的运行逻辑，并不受片冈的操控。火并之后，山王会尽管被削弱但依然存在，花菱会势力这一新的黑社会势力入主山王会，片冈的操控以失败告终。大友也厌倦了片冈将他当作工具进行斗争的把戏，最后枪杀了片冈。

韩国电影《新世界》（2013）与《极恶非道Ⅱ》有着相似的"以黑制黑"逻辑，不同之处在于《极恶非道》中片冈操控黑帮是真正借助黑帮内部的各种势力，而《新世界》中则是借助警察的卧底去获得警方想要的局面。影片中描述了金门集团会长、暴力组织在虎派大佬石东出遭遇车祸身亡，该事件在黑白两道引起不小震荡。为了遏制金门集团进一步向合法领域渗透并持续壮大，警方提出"新世界计划"，旨在干预金门集团继任会长的选举。而围绕会长头衔，金门旗下两位实力派人物丁青和李仲久展开了一连串的明争暗斗。在危机四伏的情况下，警方姜科长命令卧底十年之久的李子成协助操纵选举，拟由适合警方操纵的金门温和派领袖和他一起接任会长和副会长。警方先是为丁青提供了李仲久的部分犯罪证据，接着又把丁青和警方交易的照片提供给李仲久。李仲久涉案入狱，丁青也在李仲久的报复中失去了生命。只是警方的计划有一重大的漏洞——李子成六年前和丁青结识，并且得到丁青的器重和信任，他早已"变质"，成为一名真正的黑帮头目。他杀掉了金门温和派领袖、李仲久和所有知道他卧底身份的警察，出人意料地成为新任金门会长，金门也比以前的金门更加金门，"新世界计划"彻底破产。

法谚云，正义要实现，而且要以人们看得见的方式实现。可见，正义之体和正义之用并不能分离。同样，匪帮的内在变革或根本消灭，也只能以合法化的方式实现，并不能走捷径抑或采取非法的方式。无论是警匪的二元对立抑或二元耦合，都需要纳入法律体系之中。然而，理想与现实总有距离，警匪片中的描述既有理想也有现实，也就蕴含了对警匪关系的深刻反思，从而为更好地处理警匪关系提供了参考。

15

解读电影中的"另类"犯罪

犯罪类电影是一种比较兴盛的电影类型，这类电影基于打破现有的秩序，充分发挥犯罪者的想象力，契合人类某些具有普遍性的隐性思维方式，具有某种暴力和犯罪式的审美因素，也容易受到人们的欢迎。这类电影或赋予犯罪某些高尚的目的，或添加离奇跌宕的情节，或展现精致而优美的推理，或表现极客犯罪的高难度，或通过犯罪更加彻底地表现社会黑暗和人性丑陋，还有基于犯罪通向美好事物的阶梯……它们来源于现实又建构现实，充满了电影人的洞察力和创造性。我们不妨通过解读电影中的"另类"犯罪，了解犯罪类电影的奥妙之处。这里"另类"相对的即是刑法中对犯罪的各种划分，这种分类丝毫不同于刑法中的分类（重罪和轻罪、自然犯和法定犯、自然人犯罪和单位犯罪等），为研究犯罪提供了新的视角。

"非暴力"犯罪

现实中有很多犯罪本身就是非暴力的，如危害经济秩序类犯罪、高科技犯罪、贪污渎职类犯罪等就是不需要借助暴力实施的。这里说的"非暴力"犯罪则有所不同，主要是指通过非暴力手段实现的暴力犯罪，即抢劫罪等容易以暴力手段实现的犯罪，在电影中却是以非暴力的方式实现。犯罪类电影中，往往充斥着暴力场面，破坏、血腥、杀戮的暴力美学往往是犯罪片最直接的表现手法，暴力犯罪中的非暴力手段则凤毛麟角。《教父》（Ⅰ 1972）、《黑社会》（2005）、《美国黑帮》（2007）、《极恶非道》（2010）等经典黑帮电影中，暴力是必不可少的元素，毒品、赌博、风俗业和杀戮似乎是这类电影的标配。而某些犯罪电影的焦点不在于暴力，而在于其华丽的犯罪手段。比如《惊天魔盗团》（2013）就是这样一部影片，一群高智商的窃贼试图以魔术的方式，运用最尖端的技术，利用华丽的舞台作为掩护，于众目睽睽之下完成偷天换日。但是，由于盗窃犯罪本身具有更少的暴力性和内在的隐蔽性，该片难以算作这里的"非暴力"犯罪。

由丹泽尔·华盛顿、克里夫·欧文等主演的《局内人》（2005）是"非暴力"犯罪电影中的佼佼者。抢劫银行最可能的方式就是暴力方式，然而《局内人》中主要是以非暴力的方式实现。影片讲述华尔街一间热闹的信托银行，某日突然闯进了4名劫匪，挟持了包括银行员工在内的50名人质。这伙匪徒是在他们的首领道尔顿的指挥下行事的。道尔顿心思缜密、狡猾多疑，他让人质都穿上和匪徒一样的服饰，戴上和匪徒一样的面罩，以此来迷惑警方的狙击手和特种部队。警方一时亦无可奈何。奉命到场的探长弗雷泽试图和道尔顿进行沟通，让他释放人质，然而却被道尔顿玩弄于股掌之中。此时，银行的董事长阿瑟·凯斯也赶到了现场，密切关注案情进展。然而他关心的不是人质的安全，而是他的私人秘密。随着时间慢慢过去，匪徒除了简单的要求外没有提出其他要求，弗雷泽感到内有乾坤。原来，阿瑟·凯斯早年和纳粹做生意赚了第一桶"黑金"，后来成立了银行。这位银行家虽然一直致力于某些公益事业，但一直无法抹去这一灰色记忆。其中的关键记录就藏在银行第392

号保险箱内，里面有他当时和纳粹交易收获的钻石和签订的文件。道尔顿探知了这一内幕，并企图用抢劫银行的方式揭露这一内幕，他拿走钻石的同时，给警方留下了一颗关键的卡地亚钻石，探长弗雷泽最终发现了这颗钻石，揭开了银行家的面具。

当突击队强攻的时候，余下的人质一齐冲出，部分劫匪则消失在人质中。劫匪之前为了迷惑和威胁警察而进行的枪杀人质的直播原来是摆拍，劫匪的冲锋枪都是玩具枪。结果，没有抢劫，没有嫌犯，没有任何证据，没有受害人，甚至银行没有少一分钱，只是银行家的钻石被拿走了，但银行家哑巴吃黄连不敢声张。道尔顿则隐藏在银行的一个他们自制的密闭空间中，等到几天后银行恢复正常，才带着钻石大摇大摆地从银行中走出。可见，道尔顿一开始就打算用非暴力的方式实施这次近乎完美的银行抢劫。

谈起"非暴力"，人们一定会想到印度圣雄甘地的非暴力不合作运动。"非暴力"犯罪和非暴力不合作运动倒有几分相似。首先是两者都致力于以和平方式实现自己的目的。另外，两者都有自己的"高尚动机"，例如道尔顿揭开了银行家的伪面具，自己也收获了钻石，丝毫没有道德压力。这种存在于电影中，以非暴力方式实现的抢劫犯罪真是令人拍案叫绝。

"有品位"的犯罪

"有品位"的犯罪出自诺兰导演的蝙蝠侠三部曲之二《蝙蝠侠：黑暗骑士》（2008）中的小丑。小丑成功帮黑帮老大们拿回钱后说："你就只知道关心钱，这个城市配得上一个更有品位的罪犯。"随后，小丑将几千万美元付之一炬，继续他的有品位犯罪之旅。一般意义的犯罪充其量为满足自己的某些私欲，获取钱权色是最为常见的目的，小丑则丝毫不在乎这些。这里的"有品位"的犯罪也不是指为了某些正义目的实施的犯罪，而是更高级别的犯罪。小丑自称是"混乱的使者"，也可以看成是更加纯粹的罪犯，为犯罪而犯罪，不出于其他目的。"有品位"的犯罪是基于深刻洞察人性，如小丑在与蝙蝠侠的对话中指出："在他们看来你只是个怪胎，就像我一样。他们现在是需要你，但是等他们不需要了，就会像对付麻风病人一样把你赶出去，他们的道德准则，就是个冷笑话。一遇到麻烦就全扔到一边了，他们的优点是很有限的，我会让你看到，到了紧急关头，这些所谓的'文明社会的人'，就会互相吞噬。你看，我不是怪物，我只是颇有远见。"小丑自称不是恶魔，只是走在别人前面。他不讲规则，没有底线，认为自己的彻底的恶和蝙蝠侠所谓的正义和善处于同一层次，因此也要把高谭市的"光明骑士"——检察官哈维·丹特引向罪恶的深渊。

小丑进行了一次巨大的社会实验，他在整个高谭市制造恐慌，肆无忌惮地制造炸死女法官、毒死警察局局长、枪击市长、炸毁高谭综合医院等一系列事件，威胁整个城市的人，让全市都陷入了混乱。这已不是某种个人级别的犯罪，不是某个小范围群体的犯罪，而是整个城市级别的犯罪。小丑乘机在两艘离开高谭市的油轮上安装了炸弹，一艘油轮上是善良的市民，一艘油轮上则大部分是监狱的罪犯，每一艘油轮上都有对方油轮炸弹的遥控器，小丑定下规则——只有按下对方油轮的遥控器才能活命。这时人们会如何选择？善良的市民进行了投票，以396票赞成、140票反对决定按下炸弹遥控，但是没有人愿意执行；在罪犯的油轮上一个强悍的罪犯勇于承担责任，声称要自己来做出选择，果决地将遥控器扔出了窗外。小丑的人性测验尽管没有达到他想要的结果，却也足以震撼人心，小丑像一个"天生否定的精灵"，要用犯罪摧毁人类所赖以生存的文明底线。《蝙蝠侠：侠影之谜》（2005）和《蝙蝠侠：黑暗骑士崛起》（2012）都把这种"有品位"犯罪继续到底，一个是影舞者大师的人类减少计划，一个同样是城市革命。2019年的电影《小丑》将小丑作为主角进行了更为彻底的诠释，小丑有悲惨的身世和痛彻心扉的现实遭遇，他的犯罪逐渐引发整个高谭市的犯罪浪潮，更加具有自发性和必然性，因而也更加具有现实性。

图11　小丑，谢一菲绘

　　电影中的"有品位"犯罪可能前进得更远，或者具有更加丰富的角度。如电影《七宗罪》（1995）中，天主教的七宗罪——傲慢、嫉妒、暴怒、懒惰、贪婪、暴食和色欲——引发了一系列谋杀案，杀人和传道相互结合，电影中约翰·杜的犯罪品位不再局限于犯罪本身，而是"超越"犯罪。

作为"审丑"的犯罪

　　大奸似忠，大善似伪，如果把美和丑看成两极，美和丑在电影中经常有相互转化的情况。以大美开始可能出现大丑的结局，大丑也并不意味着对美的绝对否定，在艺术中可以对美和丑的关系进行更深入的诠释。电影中最常用的手法是将丑赋予美，将恶赋予善，或是将美赋予丑，将善赋予恶。美与丑，善与恶，是与非，忠与奸等不再以二元化的形式存在，而是交织、演化和转化。颇为吊诡的是，犯罪类电影中的审美较多为我们所挖掘和诠释，作为"审丑"的犯罪则不那么受到重视。犯罪的过程之美、犯罪的目的之美、犯罪的结果之美经常为人所津津乐道，如暴力美学屡屡被推到极致，前述暴力犯罪的非暴力实现展现某种过程之美，小丑的犯罪具有过程和结果意义的美，《七宗罪》则有某种目的之美。

犯罪本身是对法律的违犯，对道德秩序、社会秩序的破坏，对社会整体的伤害，本身就具有丑的一面。犯罪的丑隐藏在犯罪之中。许多电影即是从诠释丑出发的，如《钢琴教师》（2001）描述的年近40、长期禁欲的女钢琴教师，被年轻帅气男学生猛烈追求，两人展开了一连串病态暴力性冒险的故事就有一种摧毁性，摧毁了一个教师的职业伦理，摧毁了艺术本身的高贵。《美国丽人》（1999）揭示现代婚姻中的丑陋，床头睡着妻子，丈夫却在一边拼命性幻想和自慰，这种丑似乎也丑得彻底。日本电影《楢山节考》（1983）中将丑和苦难结合起来，更能表现丑的现实性。尽管这些还不是直接描述犯罪中的丑，但日常生活中某些常态化的丑似乎更加具有普遍性。

犯罪中的丑，似乎丑得更加纯粹和极端。如黑泽明电影《罗生门》（1950）中，强盗犯罪更为真实的版本可能是，他并不是什么凶猛的强盗，在武士妻子的嘲讽下，强盗和武士进行的是一场猥琐和丑陋的决斗，两人本领平平，刀法杂乱，强盗最终只是极为侥幸和偶然地杀死了武士。这里表现的是人性本身的丑陋，都只从自我的角度裁剪事实。由丑陋的人组成的社会也必定是丑陋的社会，电影的社会性审丑是一个永恒的主题，可以开出一个长长的影单，犯罪的社会归因也是犯罪社会学最基本的出发点。仅从经典来看，如电影《偷自行车的人》（1948）展现的是社会逼迫犯罪。电影《教父》（II 1974）中，在第二代教父迈克尔·柯里昂看来，他和议员并没有什么不同，他们都是伪善的人，甚至议员的伪善要比自己更甚。可见，社会的腐败、黑暗、不公等丑陋现象在犯罪中表现得更加彻底，甚至犯罪较多是以"正义"的面孔来呈现，杀戮等以暴制暴的手段在影视中丝毫不需要正当性证成。

美不经过丑的洗礼，似乎也难以具有美的意义深度，不对照丑也难以理解美，对丑的彻底展现也具有美的意义，从丑的对照中也容易发现新的认识美的角度。犯罪的丑根植于犯罪自身，作为"审丑"的犯罪似应成为认知犯罪类影视的出发点。不过，作为"审丑"的犯罪类影视同样具有审美的意义。

16

《三狼奇案》中的犯罪之路

1989年上映的电影《三狼奇案》根据香港轰动一时的"三狼案"①改编，虽已过去30多年，但现在看起来也一点不过时，尤其是电影中展示了几位罪犯真实的犯罪过程，有些是很难靠编剧编出来的。电影把黄氏父子刻画成尖酸刻薄的有钱人，把三狼刻画成可怜可悲的下层人，有自己的一些改编，更加具有戏剧性，下面主要基于电影的情节解读三狼奇案中的犯罪逻辑。

犯罪选择的机缘巧合

混迹于各种下层场所的无照化妆师马二强（郑则仕 饰）、驾驶教练邓子敬（徐锦江 饰）和商社服务生李怀（梁家辉 饰）三人年少时结为兄弟（后文简称"三狼"），如今靠马二强工作之便，他们时常坑蒙拐骗，然而三个底层市民的小把戏被李怀的商行老板黄锡金发现后每每

---

① 三狼案发生于香港，三狼是指该案的凶手马广灿、李渭及倪秉坚。1959年6月19日，富商黄锡彬之子黄应求被三狼绑架，黄应求曾一度逃脱，但不慎在逃脱期间被杀害。后来三狼把黄应求的耳朵割下并寄至黄宅。1961年2月10日，黄锡彬亦遭人绑架，后缴纳了赎金。不久，新界元朗居民邓天福又在石澳被三狼杀害。11月3日，警方将三狼逮捕归案。12月10日，警方在浅水湾一处山坡挖出黄应求及邓天福的骸骨。1962年2月19日，三狼案开审。3月14日，三狼被判死刑，于同年11月28日执行。

被当场拆穿并遭辱骂，三人心怀愤懑。这种坑蒙拐骗有时并不一定是为了钱财或是女色，而是三人的生活方式，他们也满足于在谎言中把自己塑造为成功人士。李怀把自己伪装成商行的襄理，穿着笔挺的西装，戴OMEGA的手表，抽有滤嘴的香烟，但是干的是服务生的活，挣的是微薄的工资。李怀因舞女情人阿丽与老板的公子求少爷（黄应求）发生冲撞。求少爷经常在歌厅性骚扰阿丽，因而阿丽对他十分反感，阿丽喜欢李怀，而李怀在求少爷父亲的公司里打杂，因而求少爷醋意大发辱骂李怀和阿丽，甚至发生肢体冲突，在旁人劝解之下才作罢。邓子敬经常从李怀老板的车里偷开教练车用的汽油，被发现后与黄锡金父子发生争执，李怀因此被开除。三狼借酒浇愁，喝得晕头转向，商量要教训一下黄锡金父子，马二强开玩笑式地提议将求少爷绑架，却立马获得了李怀和邓子敬的赞同，拖家带口的马二强当即反悔，但是结拜兄弟同生共死，要讲义气，要干就要一起干，马二强难以从兄弟关系中脱身。其实三狼心里都比较软，只能扔硬币决定，"人头去字不去"，可扔下的硬币正面偏就是人头。他们的谋划过程正好被小偷大蛇明听到，也要参与到他们的"大买卖"之中。

　　三狼为什么会做出并执行绑票的决定？首先是三狼与求少爷父子有长期矛盾，偷油被发现后李怀被开除成为一个重要的引子。但这种矛盾和绑票之间还没有决定性的因果关系，他们原本的意图也只是教训一下求少爷。其次是三狼兄弟情谊的羁绊，三个结拜兄弟要一起行动，谁不去谁就是胆小鬼，谁也不愿意在兄弟面前认怂，在兄弟面前也还是要些脸面的。相较于第一个原因，这个原因事实上作用更大，兄弟情感和其他情感比起来，似乎更具有影响力。另外，决定之后，三狼之中的李怀对绑票比较坚定，马二强几次要打退堂鼓，都被李怀顶了回去。小偷大蛇明听到三狼的计划要加入，也是促成三狼绑票的重要因素，因为此时已经"开弓没有回头箭",犯罪的准备已经造成影响。最后的原因才是三狼要改善生活,让家人过上好日子。总体来看,三狼的犯罪选择极具偶然性,他们在机缘巧合之下选择了一条走上绞刑架的道路。

犯罪升级的原因分析

三狼成功绑架了求少爷,绑架的过程也具有戏剧性。求少爷和一大帮人走出歌舞厅,三狼似乎没了下手的机会,但很快人群就散开了,求少爷迅速地坐上了自己的轿车,但喝多了又下车呕吐起来,这给了三狼绑票的机会。李怀和邓子敬从背后将求少爷打晕,但远处又走过来两个警察,慌乱之下,李怀将求少爷推到车底,抓起大蛇明一顿好揍,谎称大蛇明借钱赌博,自己正在要债,这在当时的香港似乎具有一定的正当性,大蛇明挡住了车底的求少爷,竟顺利骗过了警察。

三狼把求少爷带到荒郊野外,马二强给每个人都化了妆,但揭开箱子后求少爷已然苏醒,他一眼就认出了绑匪是李怀一伙人。这可炸开了锅,他对三狼没有丝毫的畏惧,三狼在他眼里就是"臭要饭的",他要报警抓三狼坐牢,并乘三狼不备要逃走。在一片混乱的追赶过程中,三狼失手将求少爷打晕了,但求少爷并没有死,在被掩埋时求少爷一把抓住李怀的腿拽入坑中,马二强、邓子敬和大蛇明一齐将求少爷乱铲砸死,整个过程极为狼狈。他们的犯罪也从绑票变成了撕票,按香港当时的法律是要判死刑的,三狼也逐渐从善良的普通人转变为彻底的亡命之徒。黄锡金是个葛朗台,一开始并不愿意出赎金,多次协商之下才愿意掏50万港币,但其实他早已报警,交接时警方被三狼发现。没有拿到赎金,三狼又计划了第二次绑架。警方将三狼设想为非常厉害的犯罪团伙，但是警方仍然声称有能力破案，警督甚至向黄锡金索要奖金，不过电影中的警察无能得很彻底，在警察的眼皮子底下，黄锡金又被三狼绑架。百般威吓之下，黄锡金最终给了100万港币赎金。

可见，三狼案远不是计划中的完美犯罪，犯罪的计划赶不上犯罪的变化。犯罪自我运行，不以罪犯的主观意志为转移。三狼一踏上犯罪道路，事情就超过了他们的控制能力，"过河小卒，只能往前，不能回头"，一开始的偶然犯罪一步步升级为极端的主动犯罪，三狼也成为杀人魔王。因为分赃不均怀恨在心（大蛇明只分得5万港币赎金），加上嗜赌如命，大蛇明很快花光了赎金，他又撺掇另一人鬼见愁向三狼勒索钱财，鬼见愁称知道了三狼的罪要十万港币的掩口费。在经历了第一次和第二次绑架之后，三狼已经成为老练的罪犯，哪里肯受这种勒索，为了掩盖犯罪也不得不进行新的犯罪，从而陷入犯罪的深渊。他们计划除掉大蛇明二人，然而又事与愿违，三狼杀了鬼见愁，但是大蛇明逃脱，后转为警方的污点证人，事情彻底败露。三狼后都被抓住，被判处环首绞刑，兑现了三狼作为结拜兄弟"不求同年同月同日生，但求同年同月同日死"的诺言。

犯罪中的情感纠葛

三狼有一个共同点，就是为了家人而犯罪。马二强作为化妆师，和妻子阿娇育有五个孩子，日子虽然艰辛但却幸福，夫妻恩爱。阿娇和他分食一块小面包作为早餐，每天为柴米油盐操心，忍受生活的苦难却毫无怨言。马二强拿了赎金唯一的奢侈行为就是为自己的妻子摆了酒席庆生，席间他为妻子演唱了一首由打油诗写成的情歌，阿娇感动落泪。马二强身上有着生活的重担，本来最不可能犯罪，然而正是这样的马二强走上了犯罪道路。马二强犯罪被判处死刑，阿娇带着五个孩子去看马二强，她依然教育自己的孩子不要丢父亲的脸，要有家教，她依然把马二强当作自己一生的丈夫。

邓子敬有一位疼爱他的母亲，他是一个孝顺孩子，对自己的母亲嘘寒问暖，无微不至。邓子敬拿了赎金后最奢侈的行为就是换了新车，然后带自己的母亲去旅游，让自己的母亲在街坊邻居面前很有面子。邓子敬被判处死刑，去看他的也只有他的母亲，但他却没有颜面见她，母亲写给他的信成为他走向刑场最后的精神支柱。

三狼中最有主见的李怀有一位相爱的情人阿丽，阿丽已然怀上了李怀的孩子，他们正准备结婚。李怀拿了赎金后都花在阿丽身上，他们去吃高档的西餐，他们计划去欧洲旅行结婚……事情败露警察追来，李怀要逃跑，阿丽推倒凳子阻挠警察，要李怀快跑，诠释了妨碍公务、包庇等罪的典型样态。李怀行刑前，阿丽本要去见李怀最后一面，无奈匆忙中跌落台阶，住进了医院，也失去了孩子。没见到阿丽，李怀最不甘心，行刑时成了三狼中最厉的那头狼。

《三狼奇案》中的犯罪分析最适宜进行犯罪的社会归因，三狼在生活的边缘挣扎，不管怎样努力还是只能维持原状，三狼作为罪犯自是需要受到惩罚，但整个社会也有责任。但这只能作为更为深层的逻辑，和一个说明性的理由，而做纯粹客观的分析，丝毫不能以此为三狼辩护。为了改善家人生活也并不是三狼犯罪最为直接的促成因素，一切都没有经过深思熟虑，在生活的重压之下，三狼似乎也丧失了深思熟虑的能力。三狼也并不是什么穷凶极恶的亡命之徒，他们作为善良的普通人一步步坠入犯罪的深渊，这带给普通人更多的警醒。对三狼的处置也远不能解决这些问题，法律所反映的社会问题也难以仅仅通过法律来解决，还需要依赖社会整体的努力。

看得见的正义：影视中的法治文化

17

《大卫·戈尔的一生》中对废除死刑的证成

在法律人的电影列表中，有一部神奇的电影——《大卫·戈尔的一生》（美国，2003），它和凯文·史派西的演绎相关，和他演的另一部电影《七宗罪》（史派西饰演片中的杀人犯）有着某些相似的风格，两部电影最后都有神奇的反转，史派西饰演的角色也都是殉道者。两部电影中殉道者的"道"不一样，一个是废除死刑，一个是上帝之道，但都带给人内心巨大的震撼。《大卫·戈尔的一生》以废除死刑作为最核心的主题，废除死刑也成为诠释电影本身最重要的视角。

《大卫·戈尔的一生》中总结的废除死刑理由

电影中史派西饰演一位大学教授大卫·戈尔（也有译作盖尔），以讲授拉康哲学作为自己的开场白。戈尔和他的同事康丝坦斯一起参与并领导了死囚守护者组织，为废除死刑而斗争。康丝坦斯是更为坚定的领导者，戈尔则拥有公开辩论等方面的才华，在电视上和州长辩论死刑的存废，也是由戈尔出镜。他们都冲锋在废除死刑游行的一线。电影借戈尔、康丝坦斯和其他死囚守护者组织成员之"口"，讲了一些重要的反对死刑的理由。

衡量我们生命的唯一标准……

是你如何看待他人的生命

图12 戈尔讲授拉康哲学

第一个重要的理由是宗教，几乎美国所有的宗教都反对死刑。如电影最后借采访者之口，表达了一个重要的理由：该隐杀死亚伯，上帝将他驱逐出去，并没有处死他。上帝反对死刑，上帝不用死刑。但这样的理由同样充满争议，赞成死刑的理由也充斥教义。"以眼还眼，以牙还牙"，《旧约》中那位正义的上帝一定会赞成用死刑维护正义。而对《圣经》中这句话，甘地有不一样的意见："以眼还眼的旧法律，使我们盲目。"

从死刑的社会效果来看，正如康丝坦斯所提到的，美国十个州已经废除了死刑，其凶案发生率低于全国的平均水平。可见，保留死刑并不具有更好的效果，死刑本身的威慑力也是值得怀疑的，杀人凶手也并不会因为死刑而胆怯。从死刑制度的实际运行来看，戈尔在辩论时提到一个案例，一个为死刑犯辩护的律师在交叉询问时睡着了，律师并没有尽到辩护的责任，而这并不构成重审的条件。可见，制度是有瑕疵的，甚至是不理想的，有瑕疵的制度可能会滥杀无辜。还有一个重要的反对死刑的社会学理由，美国实行死刑的州黑人与拉丁裔遭受死刑判决者，大约是白人的5倍。

戈尔和州长辩护时用了一个小策略，先引用一句话——"一个健康

看得见的正义：影视中的法治文化

的社会必须不择手段扫除邪恶"，州长赞成这和他表达的观点具有内在的一致性，但戈尔立马告诉他这是希特勒的观点。这也是反对死刑的一个重要的理由，即只能用正当的手段扫除邪恶，死刑（剥夺他人生命，不管以什么理由）本身就是恶的，不能以恶制恶。这在康丝坦斯的演讲中有进一步的证成。

17岁的青年杀死一个警察，面临死刑的结果。康丝坦斯和戈尔领导的死因守护者组织为拯救这个青年而上街游行，康丝坦斯发表了慷慨激昂的演讲："当你杀了某人，你就掠夺了他全家。不仅仅夺取了他的爱，也夺走了他们的人性。你让他们的心肠因为仇恨而变硬，你夺走了他们接受文明的能力，你逼迫他们热血沸腾，这是一项残忍而恐怖的事情。但沉迷于仇恨中也于事无补，损害已经造成，一旦开始人吃人，就永远不会满足。我们继续在死囚牢房里打毒针，正投合他们的喜好，到最后，一个文明的社会必须接受一个残忍的事实，复仇者先挖好两个墓穴……"

死刑本身即是残忍而恐怖的。康丝坦斯们并没能拯救这个青年，尽管他还只有17岁。在康丝坦斯看来，这些所谓的杀人犯是最值得同情的对象，你看看这些可怜虫（loser），他们是低级劳工、贫民窟痞子、瘾君子、精神病病人！他们是杀人凶手，但谁关心他们的死活？

在戈尔和州长就死刑辩论的过程中，尽管戈尔旁征博引，貌似占据上风，但州长也很快使出了撒手锏，他说："说出一个人的名字，发生在德州，我任期内遭误判被处死的例子。有100多个死刑案子供你选。找出一个能证明清白的人，我立刻要求他们延迟处决。"一时间，戈尔竟然哑口无言。事实胜于雄辩，州长的这一提问立马扭转了辩论的局势。州长的反问也蕴含着保留死刑的重要理由：一个良性运转的司法体制并没有那么不堪，哪有那么多的冤假错案，不能用极为个别的理由否定整个体制。

一个疯狂的废除死刑证成

与州长的辩论促使戈尔等人策划了一个疯狂的废除死刑的证成。既然州长说在他的治下没有出现过死刑错案，那他们就创造一个"货真价实"的错案。

电影的一大特色是借助记者贝茜的采访揭晓悬念。贝茜逐渐从一个中立的采访者变成一个戈尔的同情者，相信戈尔是无辜的，从而变成戈尔案件中网友笔下的"两次半"被执行死刑的那半个。[①]她也成为戈尔选择的最终公布真相的"自由之钥"，也成为一个重要的"死囚守护者"。

戈尔策划了一桩强奸杀人案，对象正是自己长期的战斗伙伴康丝坦斯。康丝坦斯因病将不久于人世，用贝茜的表达，既然要死，为什么不死在自己为之终生奋斗的死刑废除事业上。戈尔和康丝坦斯从灵魂到肉体走到了一起，成为伪造强奸的重要前提。康丝坦斯自杀前在自己的身体里留下了戈尔的精液，伪造了非常残忍的杀人场面（用塑料袋把康丝坦斯的头套住，双手用锁链反拷，全身赤裸，塑料袋中的氧气逐渐消耗完，康丝坦斯在地上不断翻滚），只有如此残忍才能成就戈尔的死刑，而这也意味着康丝坦斯的自杀过程是一个极为痛苦的过程。不止有康丝坦斯的痛苦，还有戈尔目睹她自杀的痛苦，还有达斯第的痛苦（如此痛苦以致达斯第沉迷于歌剧才能获得某种疗愈）……

诠释这部电影时还是存在一些争议：到底这个废除死刑的计划是什么时候形成的？有哪些人参与？这好像是一个临时的计划。然而，从参

---

① 参见网友袈裟ET：《两次半死刑和从死刑中"复活"的女记者贝茜——关于女记者存在必要性的一点看法》，载https://movie.douban.com/review/7578199/，最后访问日期2023年6月21日。

  看得见的正义：影视中的法治文化

与者来看，不仅仅有康丝坦斯和戈尔，还有康丝坦斯的园丁达斯第，戈尔的律师贝利欧。达斯第的参与在录影带中已经有所体现。贝利欧的参与则体现在他尽管完全有机会为戈尔争取终身监禁，却选择默不作为。甚至戈尔的学生波琳也有可能是一个重要的参与者，波琳引诱戈尔与之发生性关系，这本身也可能是戈尔计划的一部分，先让自己身败名裂，并且有强奸的"前科"，才有可能让自己对康丝坦斯的强奸杀害显得更加真实。这也有一个逻辑上说得通的理由，那就是波琳既然是要向戈尔复仇，到最后为什么又要撤诉，因为种种证据都对戈尔不利，只要波琳坚持就能坐实戈尔的强奸，相反只有撤诉戈尔才有可能完成这个计划。如果把波琳也纳入这个计划，那这就是一个精心谋划的伟大的献祭和殉道。戈尔为这个计划付出了他的一切，他的哲学教授的地位，他和儿子的亲情，他自己的全部声誉，直至他自己的生命。

电影的证成是否有说服力

在电影中，贝茜公布录影带之后，就在德州引起了巨大的影响，极大地推动了废除死刑。戈尔和康丝坦斯实现了生前未能实现的夙愿，在德州废除死刑指日可待。戈尔用实际行动回应了州长的质疑，然而这种回应是否是有道理的？

首先，面对戈尔的疯狂回击，州长的回应也是有说服力的。"死刑在德州依然存在，因为它有效，不能因为个人恩怨问题，个人做出疯狂的举动而责怪体制，不能因噎废食。"死刑制度在德州依然是一种有效的惩治犯罪的手段。电视报道中显示，66%的人赞成死刑。反对死刑的声浪一浪高过一浪，但死刑制度并没有风雨飘摇，依然具有群众基础和现实基础。

这里可以从戈尔和康丝坦斯反对死刑的逻辑做进一步的说明。他们反对的首先是整体抽象的死刑，其次才是一个个具体的特殊的死刑。如果整体抽象反对，似乎很难说服坚定的死刑支持者，因为有更多的对死刑的证成，如黑格尔所说，对一个人的刑罚是对一个具有自由意志的人做出不法行为的内在尊重，对一个人施行死刑也是对其选择的最高尊重。

还有另一条重要的路径，普通人反对或支持死刑，首先是从一个个具体的案件出发。如在电影中民众赞成死刑的意见，"他先强暴后又杀死那位可怜的女子，我认为他该死！"人们更容易被一个个具体、生动、鲜活的现实案件说服。戈尔用自己生命讲述的故事就是一个具体的特殊的证成，如此才在电影中具有现实的影响力。抽象层面的证成尽管具有很强的说服力，但有说服力并不一定有影响力。

戈尔和康丝坦斯的证成尽管具有电影的凄美，但也存在可质疑之处。电影中戈尔一直引用苏格拉底之死，苏格拉底不逃走的一个重要的理由就是不能以恶制恶。这也是戈尔和康丝坦斯借以反对死刑的理由，即存在死刑之恶。但是，戈尔的证成过程却存在严重的以恶制恶的因素。戈尔等人需要一位优秀的律师贝利欧违背自己的职业伦理，需要一位园丁达第斯完全放弃自己的生活，甚至面临刑事指控，需要一群人操控整个司法体制。这种反对也只能算作一个具体的反对，在普遍抽象的论证方面并没多少进展。尽管这种证成也具有献身和殉道的性质，但总归只能存在于电影中，和纯粹善良的献祭和殉道（如耶稣之死）有所区别。其对戈尔的儿子不一定公平，对参与这个事件的每一个人不一定公平。这也意味着，只有在电影中才能讲出如此惊人和震撼的故事。

18

《少年法庭》中的司法路线之争

Netflix 2022年制作的韩剧《少年法庭》，主要通过6个核心案例[①]，集中展现了韩国少年犯罪问题之严重，诘问少年犯罪背后的原因，充满现实性，并直面社会痛点，不仅仅有对问题的展示，也具有对相关问题的深度反思。总体剧情紧凑、内容丰富、主题集中，而为网友所津津乐道，在豆瓣中一度获得接近9分的高分，而成为一部发人深省的法律电视剧。这部剧在少年犯的社会根源、少年犯的法律制度、少年犯的司法裁判、少年犯的社会矫正、少年犯的持续关注和保护等方面进行了全面的思考。对未成年犯罪应该采取何种司法路线，这是少年刑事司法领域一个核心问题。电视剧中几位法官持不同的态度，剧中的沈恩锡法官和车泰柱法官似乎代表了两个极端。司法路线成为解码这部电视剧的一个重要视角。

沈恩锡法官的严厉路线

沈恩锡法官号称"十恩锡"，因为韩国《少年法》中规定了10种保护处分，她在自己独任审理的案件中总是给出最严厉的十号处分。电视剧一

---

①延和小学学童凶杀案、虞犯少年家庭暴力案、青少年恢复中心委托案、集体舞弊泄题案、未成年无照驾驶交通事故案、延和集体性侵案。

开始就有沈法官在接受访谈时的立场宣示，她对少年犯厌恶之极。

沈恩锡和车泰柱法官开场时的争论比较集中地反映了全剧的司法路线之争。曾经因偷盗被教育的少年犯雪雅被人指控偷了钱包，雪雅矢口否认，车泰柱表示相信并支持雪雅，但沈恩锡则直截了当提出要报警处理。正在这个时候钱包却在邻座的桌子下面找到了，失主正式向雪雅道歉，雪雅要求沈恩锡也必须道歉，但沈恩锡非但没有道歉，还指出了雪雅偷了另一个人的钱包就装在口袋里。在沈恩锡的指控下，从雪雅口袋里当场翻出了钱包，雪雅哑口无言，而沈恩锡却告诉雪雅这就是她厌恶少年犯的原因，因为没有人会改变，教育毫无用处。沈法官认为，少年犯一半的话是谎言，不值得相信。车泰柱法官则指责沈恩锡过于武断，没有顾及"无罪推定""孩子的申辩权""孩子们的人格和人权值得被尊重"……没能设身处地为孩子们着想。在这个事件中，沈恩锡占据了上风，因为她目睹了雪雅偷窃的过程，基于客观的证据做出判断，并不是以成见左右判断。剧中沈法官每每能在和车泰柱法官的较量中胜出，一个重要的原因就是她坚信真相，不畏浮云遮望眼，每一个案件都力图发现真相，在此前提下做出判决。

少年法庭的裁判目的是教化问题少年，问题是怎样才能形成最好的教化？在剧中延和地方法院少年法庭第二任部长罗瑾熙法官看来，少年司法审判最重要的就是效率，应该速战速决，拖得越久对孩子伤害越大，也可能形成对被害人的二次伤害，讲求效率对少年犯或被害人似乎都有益处。然而这种效率却难以形成真正的教化。白度炫和黄仁俊曾为玩耍的目的在高楼上将砖块丢下砸死了一个小男孩，当年白度炫和黄仁俊都只有11岁，且都已经道歉，罗瑾熙法官从宽处理自认没有错误。然而追求速度的罗法官审判只用了3分钟，让少年犯们更加轻视法律，在未得到教化的情况下继续成长，最终变成真正的恶魔。剧中白度炫和黄仁

　　　　　看得见的正义：影视中的法治文化

俊最终成为延和集体性侵案的元凶，并组织起集性侵、拍摄相关视频、敲诈勒索等犯罪为一体的犯罪小集团，而那个被砸死的小孩正是沈恩锡法官的儿子小灿。"断肠之哀"的教训使沈恩锡法官形成一个重要的信条——每个人都有可能成为被害人，只有严厉才能更好地实现对少年犯的教化。少年犯需不需要特殊对待？法律面前人人平等，年轻并不是犯罪的借口，做错事就该接受惩罚，对少年犯过于仁慈可能造成对社会更大的伤害。

在严厉的基础上，沈恩锡法官在判决之后常常会附一个长长的对少年犯及其家长的说理和训诫，努力让孩子知道事情的严重性，让家长和孩子知道错在什么地方，这也成为这部剧最耀眼的地方之一。如韩睿恩、白成友碎尸杀人案中，最后事实证明白成友并没有杀人，但是也被判处十号处罚，成友的母亲跑来质问法官，沈法官立马进行了回击："因为孩子死在你的家里，而且你的儿子不但没有报警，甚至帮助了韩睿恩，而且你的儿子对调查过程造成干扰，甚至顶罪自首，因此你的儿子必须负责任才行……成友九岁时你为他做了什么事？知熙（受害人）九岁时，知熙妈妈失去了她的孩子，因为你儿子的关系。"加害人的母亲可能只会寻求对自己儿子最佳的结果而忘记深刻反省，也不一定明白自己的孩子到底在法律上错在什么地方，沈法官的说理具有针对性，为成友母亲日后的反思奠定了基础。

车泰柱法官的宽和路线

剧中车泰柱法官是所有少年犯的"知心大哥"，对待少年犯细心周道、宽和仁慈、善意体谅，注重从正面积极引导，以最大善意解读少年犯的行为和思想，以少年的最大利益为考量标准。车法官是少年犯出身，深知少年犯的特点，他由一位少年法庭法官引导走上正途，因此对少年法庭法官职业充满热爱，对少年犯充满了怜悯和同情。这些正好和沈恩锡法官形成鲜明的对比，两条路线相互对立，甚至是相互斗争，但也相互配合、相互融合、相互成就。

就社会整体而言，法官（少年法庭）是少年保护的最后一道防线。车法官主张，任何人都可以指责少年犯，但能给予少年犯机会的只有法官。剧中体现了韩国处理失足少年有较为完善的体系，包括少年院（少管所）、少年分类审查院、青少年恢复中心等。法官是判断者，裁断对失足少年采取何种处罚，法官决定了一个孩子未来很长一段人生，所以少年法庭的法官必须事事谨慎。

《少年法庭》中一个重要的理念是我们不仅要惩戒、规训这些问题孩子，更需要反思每一个问题孩子背后的家庭和整个社会的问题，"教养一个孩子，需要整个村庄的努力"，也就是说必须进行少年犯罪的社会归因。解决少年犯罪问题，让少年重新融入社会，也需要整个社会的努力。车泰柱法官深知：在那些少年罪犯的档案中，你根本看不到一个健全的家庭。杀害儿童的韩睿恩患有被害妄想症和精神分裂，她杀害了一个8岁孩子后，在法庭上也见不到她的监护人，只能看见用钱堆砌出来的金牌律师团；援交少女徐有悧，其实长期以来一直承受着父亲的家暴；逃出青少年恢复中心的崔焕娜，被母亲抛弃……"遭受家庭暴力的孩子们，在受害之后不再长大了，即使过去十年、二十年，那也只是时间流逝而已，他们会被独自囚禁在过去的日子里。"正是作为左陪护的车法官所提供的理解，让作为右陪护的沈恩锡法官和部长法官的处理更加合理。

给予少年犯持续的管理和监督是法律对法官的内在要求，但车泰柱

  看得见的正义：影视中的法治文化

法官投入了最真实的情感，认真地对待每一个他审判过的孩子，知道每一位孩子的情况，给每一位孩子提供力所能及的帮助。他深知孩子们渴望有一个人在自己"不能长大"时拉他（她）们一把。车泰柱法官也深得孩子们的信任，孩子们困难时他是第一个被想到的求助对象。如剧中的道晳，在他的帮助下逐渐回归正轨，他为道晳精心准备了一本自己喜欢的书，道晳也为他准备了可爱的礼物，他和道晳成为朋友。在道晳再次犯错，无照驾驶撞死一人的情况下，车泰柱法官坚定地相信这一定另有缘由。道晳车祸后成为植物人，车法官彻底不能自已，因为他渴望道晳能走上他的道路。这些都使得车泰柱法官成为一名非常优秀的少年左陪护法官。

两种路线的交融：严厉的爱与宽和的严

仅仅有严厉和厌恶，少年法庭会变成毫无情感的暴力机器，仅仅有宽和，少年法庭则会生出溺爱，反倒会对相关法律的推行产生不利的影响，所以宽和与严厉必须相互配合。如果进一步地诠释两位法官的司法路线，可以看到它们的相互交融，从沈恩锡法官身上可以看到一种严厉的爱，从车泰柱法官身上则可以看到一种宽和的严。现实中法院在少年刑事案件中一般坚持"教育、感化、挽救"方针，落实"教育为主、惩罚为辅"原则，严厉的爱与宽和的严则是落实这些原则和方针的具体路线。

沈恩锡法官本身是少年犯的受害者，她表面严厉，内心对每一位被害人都有无以复加的同情，怀着深深的责任感，她把每一位受害小朋友的照片都放在她的法官席显眼的位置，时刻提醒她这是像她儿子一样的受害者，她应该主持公道，甚至主动承担一些不应该由法官承担的责任，屡次身犯险境。她虽然对少年犯充满厌恶，但为了导正少年犯，她也全力以赴。严厉的司法具有震慑效应，让孩子们受到应有的惩罚，得到教训；关爱则是底色，在每一个案件细节处自然流淌。

有悯受到家暴的案件中，有悯并不喜欢沈法官，但当沈法官说出这些话语，"我把你关起来的原因只有一个，就是让你站在法庭上，我想让你看看，受害者不会被关起来，施暴者才会被关起来，被害人可以留在家里，加害人会受到惩罚"，并最终做到的时候，有悯流下了感激的眼泪。

沈法官为发现真相一往无前，即使这个真相对自己的部长很不利。集体舞弊泄题案中她对企图自杀被救回的信宇说："人生在世，每个人都会犯错，可是信宇，真正重要的是在那之后的事，你犯错之后的处理方式，将决定你会成为什么样的人，你想借由这次选择让自己变成这样的人。"这是真的从信宇的立场来考虑，信宇的父亲同时也是少年法庭部长的姜源中法官也可能不知道自己孩子的最佳利益。

车泰柱法官身上也并不只有宽和，如在延和小学学童凶杀案中，对于纯粹为了杀人而杀人，杀人并碎尸的韩睿恩，他坚持必须给出最严厉的处罚，对白成友则可以考虑给予更加宽和的处理。尽管合议庭并没有采纳他对白成友的处理意见，但是《少年法庭》第一季的最后一个镜头，白成友满身文身又一次站在了法庭上，也预示着对第一季中的判决有所反思。车泰柱法官也有法律内和法律外的区分，在法律之内多严厉，在法律之外则有更多的宽和。

两种路线的交融都需要在少年法庭的司法实践中进行更多的检验。如少年法庭需要应对"少年犯一犯再犯"的问题。剧中一位讲师这样说道："在家受到伤害的孩子们往往会有自虐倾向，他们会做出反常的犯罪行为，他们希望自虐带来的痛苦，也能对家庭造成伤害，他们想引起注

看得见的正义：影视中的法治文化

意，希望别人不要忽视自己，其实大部分的不当行为都源自家庭，想传达自己的痛苦。"剧作者虽然给出了自己的思考，但远远不够。法律也有自己的边界，法庭讲究证据，法律有不近人情的一面，它保护不了所有人，即使是被害人。实现最好的少年司法效果，还需要由每一位司法工作的实际承担者，基于自己的权利和责任做出更为具体的选择。

附：

《韩国少年法》第32条对于受保护少年的10种保护处分[①]

处分类型	处分内容	执行期限
1号	将有关未成年人委托其监护人或者可以代为保护未成年人的其他人照顾、监护	6个月（可延长1次，在6个月内）
2号	听课命令	100小时以内
3号	社区服务	200小时以内
4号	将有关未成年人置于保护观察官的保护观察下	1年
5号	将有关未成年人置于保护观察官的保护观察下	2年（可延长1次，在1年内）
6号	将有关未成年人委托给儿童福利机构或其他未成年人保护机构进行照料及监护	6个月（可延长1次，在6个月内）
7号	将有关未成年人委托给医院、疗养院或未成年人医疗保护机构	6个月（可延长1次，在6个月内）
8号	送至少年院	1个月以内
9号	移送少年院	6个月以内
10号	移送少年院	2年以内

---

① 《韩国少年法》，刘蕊译，《财经政法资讯》2014年第6期。

律师职业的影视演绎

19

律师形象的现代转型

在古希腊，和律师最相近的职业是智者学派所从事的事业，他们教人辩论（法庭辩论）的技艺，并以诡辩和炫技著称于世，而为苏格拉底和柏拉图所鄙视。关于智者学派的代表人物之一——普罗泰戈拉，就有一则反映人们心中智者形象的有趣故事。据说普罗泰戈拉教过一个学生艾瓦忒卢斯，约定艾瓦忒卢斯如果在第一次诉讼里获得胜利，才交学费，否则就不交。而艾瓦忒卢斯的第一次诉讼就是普罗泰戈拉控告他，要他交学费。这样，如果普罗泰戈拉胜诉，按照判决，艾瓦忒卢斯应该交学费；如果败诉，按照双方的约定，艾瓦忒卢斯应该交学费。总之，按照师傅的逻辑，艾瓦忒卢斯怎么着都得交学费。反过来，艾瓦忒卢斯也可以依照同样的理由拒绝交学费。律师的形象如此，难怪莎士比亚要说："我们所要做的第一件事情，就是杀光所有律师。"

在中国古代，孔子说："听讼，吾犹人也，必也使无讼乎！"在无讼、贱讼的观念影响下，也有"讼棍"一说，像春秋末期的"操两可之说，设无穷之词"的邓析等人在当时就饱受诟病。《吕氏春秋·离谓》中记载了这样一个故事：洧河发大水，郑国有一个富人被大水冲走淹死了。有人打捞起富人的尸体，富人的家人得知后，就去赎买尸体，但得尸者要价很高。于是，富人家属就来找邓析，请他出主意。邓析对富人家属说："你安心回家去吧，那些人只能将尸体卖给你，别人是不会买的。"于是富人家属就不再去找得尸者买尸体了。得尸者着急了，也来请邓析出主意。邓析又对他说："你放心，富人家属除了向你买，再无别处可以买回尸体了。"从这个故事来看，邓析对买卖尸体双方所说的话，确实有一点诡辩的嫌疑，但是，邓析在这件事情中只是一个中立者，所以他没有义务站在某一方的立场来说话。而且，得尸者和赎尸者各有正当的理由，邓析也没有理由偏袒任何一方。因此，双方在向邓析咨询的时候，他就只能为咨询者出有利于其权益的主意。邓析的行为和观点可以看作律师职业和律师伦理的雏形，当然故事本身有一定的贬义色彩。

可见，律师在中西文化的源头中并没有很高的地位。律师形象的扭转是伴随着现代性的确立而实现的。

分权和制衡是现代政治的重要原则，三权分立是分权和制衡的一种典型形式。孟德斯鸠认为，每一个国家有三种权力：立法权力、有关国际法事项的行政权力、有关民政法规事项的行政权力。第三种权力为司法权力，即惩罚犯罪和裁决私人讼争的权力。如果司法权不同立法权和行政权分立，自由也就不存在了。如果司法权和立法权合而为一，则成为对公民的生命和自由施行专断的权力，因为法官就是立法者。如果司法权同行政权合而为一，法官便将握有压迫者的力量。[1]分权和制衡学说在世界范围内产生了广泛的影响，法国《人权宣言》中提道："凡权利无保障、分权未确立的社会，就没有宪法。"美国更是按照三权分立的原则设计了政府及其制度框架。至此，司法的地位极大提高，司法成为制约行政权力、维护和保障人权的重要制度架构。正是因为司法功能

---

①[法]孟德斯鸠：《论法的精神》，张雁深译，商务印书馆1961年版，第155—156页。

的增强，法律人的地位水涨船高，律师的整体地位得到极大的提高。托克维尔对美国观察后提出，美国是一个极其平等的国家，如果有谁是贵族，那么这个贵族就是法律人。司法的内在构成类似于等腰三角形的架构：法官居中裁判，原告和被告两造之间相互对立和博弈，以及法官和原告、被告之间相互对立和博弈。律师作为法律职业人充当原、被两造的代理人或辩护人，在英美法国家，尤其是在对抗制兴起以后，对律师职业的社会依赖性极大地提高。随着专业性的加强，律师还教当事人在法庭上如何举证、如何言谈、如何表现才能赢得判决，律师似乎成了当事人的法律导师。

一般认为，马伯里诉麦迪逊案确立了美国的违宪审查制度。美国违宪审查制度的特色是附加于个案的违宪审查，这使得律师在其间也可以发挥极为重要的作用。律师也不再只是传统的诉讼事务的代理人或辩护人，而具有公法上的功能。律师业务的扩张，使律师成为正义的斗士、民主的捍卫者、民权运动的先锋，律师成为推动社会进步的重要力量。如美国电影《杀死一只知更鸟》中，为黑人辩护的芬奇律师的形象就绝

图13　《杀死一只知更鸟》中芬奇律师为黑人辩护

不仅仅鼓舞了律政界人士，他已经成为一个普遍意义上的正义英雄。如果放在历史背景下说，美国著名演员格里高利·派克和他所扮演的芬奇律师对20世纪60年代的美国黑人运动也起到了正面的影响。1958年的电影《控方证人》中，伦敦著名刑案辩护律师威尔弗里德爵士是一位德高望重的人物，在律师业务和个人人格方面近乎完美。可见，这时候，律师具有极高的声望，律师职业一般意味高薪，处于社会中上层。在为当事人伸张正义、维护法律正义的过程中，律师职业更是被套上了一层神圣的光环。

律师擅长辩论和演讲，极为适合竞选机制；律师具备渊博的知识、敏锐的洞察力和一定的口才；法律人严谨、中立、客观的思维方式，使得他们更能做出审慎的判断。律师的这些内在气质使得他们更容易成为政治家，像美国1787年宪法通过之后的托马斯·杰斐逊、亚历山大·汉密尔顿、詹姆斯·麦迪逊、约翰·马歇尔，以及美国内战时期的亚伯拉罕·林肯、史蒂芬·道格拉斯、威廉·西沃德、萨蒙·蔡斯等等都是极为优秀的律师政治家。律师政治家在美国的崛起也极大地提高了律师的职业声望和职业形象。

这些都使得律师形象在现代性剧场中完成了转换，从和其他职业混合到独立，从负面的、消极的、诡辩的职业形象到正面的、积极的、雄辩的职业形象。

20

律师职业与律师公共精神

法律商业主义困境与职业主义的失落

以现代美国为例，种种以"律师职业危机""迷失的律师"等为题的文章或著作充斥出版市场。正如美国学者克罗曼所描绘的那样："美国的律师界正处于失去其灵魂的境地。"[1]另一位美国学者罗德（Rhode）教授同样认为，这是一个律师面临职业危机的时代。危机的罪魁祸首则是法律的商业主义。美国律师之所以无法聚合起来改善他们的工作环境，部分应归因于以财产多寡来评价成功与否的职业文化。与之伴随的是，律师事务所都把重点放在维持和扩大规模、使合伙人获得更多的利润上，并将之作为成功的标准。这造就了规模越来越大的事务所，以及其内部的金字塔结构和特权阶层、官僚主义，律师的相互疏远等。

按照罗德（Rhode）的描述，在美国这样一个诉讼爆炸的国家，大部分的美国人因为缺乏足够的信息和资源而无法通过法律手段，特别是诉讼来维护自己的权益。她引用的有关实证资料表明，80%的低收入者

①[美]克罗曼：《迷失的律师——法律职业理想的衰落》，田凤常译，法律出版社2010年版，第1页。

和60%的中等收入家庭的民事法律争议都没有通过合理的法律手段得到解决。具有讽刺意味的是，美国拥有世界上最多的律师，却无法满足普通民众对法律服务的需要。她的描述并非危言耸听，按照一些学者的调查，在美国，9000个低收入家庭才拥有一个公益律师，但每240个中等收入或者高收入的家庭就拥有一个律师。而由于其他原因，贪婪、不讲信用、欺诈成了普通美国民众评价律师的常用词汇，美国律师协会1995年所做的社会调查显示，三分之二的美国人对律师的诚实表示怀疑。①

律师的自我认同同样出现了问题。依据罗德（Rhode）教授提供的数据：大部分律师提出如果他们还能够重新决定的话，他们将选择别的职业，而有3/4的律师不愿意让他们的孩子成为律师。有1/3的美国律师遭受忧郁症、酒精或者药物上瘾的折磨，比一般人要高出2到3倍。大约1/3被调查的律师相信执业者们更加"唯利是图"，有一半认为他们更缺乏文明举止，而有1/3的人说他们比以前更可能撒谎了。②这种自我认同危机与传统的崇高的律师政治家理想形成鲜明的对比。

改革开放之后，中国的律师职业经历过比较大的转变。律师从国家的法律工作者，转变为为当事人提供法律服务的执业人员。中国的律师职业同样也陷入了商业主义的困境，金钱至上，以挣钱为第一要务，甚至成为司法掮客，为了打赢官司走后门。③律师职业整体也没有什么好形象，诸如不负责任，丧失原则；弄虚作假，诚信缺失；行贿受贿，恶性竞争；业务不精，素质不高；私自收费，漫天要价；自身修养不够，道

---

①ABA. Young Lawyer Div. Surv. Career Satisfaction , 1995.
②Deborah L. Rhode , In the Interests of Justice : Reforming the Legal Profession, Oxford University Press, 2001, p. 8—9.
③江平：《为权利而斗争的中国律师——漫谈律师形象与使命》，《中国律师》1998年第9期。

德严重滑坡……形容中国律师形象的常常是这些负面词汇。

律政剧和法律电影中的律师形象也不再是早期的英雄形象，而是商业利益导向的市侩小人。在《魔鬼代言人》（1997）中，优秀的青年律师凯文·罗麦斯在纽约的执业经历成为受撒旦诱惑一步步滑向黑暗深渊的过程。美国律政剧《金牌律师》（2006）也呈现了利益至上的律师形象，该剧围绕洛杉矶附近的一个大牌律师事务所展开，这个阵容豪华的律师团队最擅长的就是替社交名媛和影视明星出庭辩护，律师成为操控法律和陪审团的专家，尽管正义是律师追求的重要价值，但是常常让位于律师事务所的利益或者商业利益。正如剧中所描绘的："如果你找对了律师，我们就拥有了世界上最好的司法体系。"可见，现代律师的形象更加多元，律师也仅仅是社会中的一个普通职业而并没有什么特殊性，律师血统中的贵族气质早已经没有多少踪迹。如在《波士顿法律》（Ⅰ 2004，共四季）中，无论是顽固好色的传奇律师丹尼·克瑞恩，还是尖酸刻薄却又才华横溢的男主人公艾伦·肖恩，都游走在社会道德的边缘，挑战着法律的极限。日本律政剧《Legal High》（Ⅰ 2012，共两季）中的名言——胜者即正义，更是体现了律师为达胜诉之目的可以不择手段。律政剧和电影中的律师形象充满了一些戏谑的成分，和现实的律师形象有很大差异，但也可以窥见律师形象不佳之一斑。

综合来看，当代的律师确实陷入了职业理想堕落、形象不佳、社会评价愈加低下、执业环境恶化的困境。从上面可以看出，律师在法律的现代性剧场中所积累的正面形象逐渐被丑陋的现实抹平。律师更多地考虑现实的利益而非理想或正义。律师成为精致的利己主义者，从自己的利益出发，律师的公共性被抹杀或忽视。律师更多扮演的是利用法律的角色，为达目的不择手段。在法律的场域当中，律师以坏人的视角来相互揣度，精于算计。传统的律师理想，为正义、权利而斗争的内在满足感不再具有职业激励作用，律师理想遭遇现实的挑战而变得十分脆弱。

为了走出商业主义的困境，重拾律师失落的公共精神成为不得不做出的选择。一时间，律师理想、律师精神与律师文化、律师公共精神、律师的社会责任等重新成为热门话题。律师应该找回自己的律师政治家的理想，为了正义，应该重整律师职业；律师应该复兴自己的公共精神，应该承担更多的社会责任。

律师公共精神与公益案件

律师制度是国家司法制度的一个重要组成部分，就其功能而言，律师要向社会提供法律服务；而从性质上看，律师提供法律服务，与法院提供司法一样，是在为全社会提供一种公共性的保护，且这种职能不能被某些人排他性地占有，因此律师制度的产品即法律服务本身属于公共物品——这一点对于我们定位法律职业至关重要。然而长期以来，在中国关于律师制度的研究中，对于法律服务的公共物品属性与法律职业的公共性一直缺乏充分的认知。①

学者们对公益诉讼的概念存在争议。一般认为，有公共利益、人权保护和社会变革意义的诉讼，都是公益诉讼。②如环境公益诉讼，早年有北大法学院教授以松花江以及生活在松花江的鱼类的名义起诉松花江污染制造者，开启了中国的环境公益诉讼。四川大学周伟教授所代理的"身高歧视案""乙肝歧视案"等则属于人权公益诉讼。目前中国民间法律援助组织所代理的诉讼大多可以看成法律援助型公益诉讼。"火

---

① 徐卉：《重新认识法律职业：律师与社会公益》，《中国司法》2008年第3期。
② 林莉红：《公益诉讼的含义和范围》，《法学研究》2006年第6期。

车上索要发票案"等推进社会公共意识变革的诉讼也是公益诉讼。尽管我国现今确立了检察机关提起公益诉讼的制度，公益诉讼制度也日趋完善，但依据前述广义的公益诉讼定义，律师加入公益诉讼依然具有较大空间。

公益诉讼并不是一种单独的诉讼形式或制度，而是一个以被代理对象和诉讼目的为基准确定的审视和改变现今社会制度的视角和进路。往往由公益律师代理那些无人代理的个人或团体展开诉讼。公益诉讼要求法律制度对于弱势族群有更多的回应，并使法律的解释和实施对弱势族群更加敏感，帮助他们实现权利，从而解决因不公平的机会分配和授权分配而产生的社会、经济问题。公益诉讼的终极目标在于实现公共利益方面的社会与法律改革，成功的诉讼将推进现行法律执行或者政府履行其责任，成功的诉讼也会导致对特定法律的解释发生变化，成功的诉讼会带来医院、学校等提供公共服务的机构的改进和重组，成功的诉讼会对立法程序或者公众意见产生影响，而这些都可能相当大地影响法律和社会的改革。

律师承担公益诉讼是一个重要的电影主题，也是律师获得自我救赎或赢得人生的重要方式。如美国电影《民事诉讼》（1998）讲述一位当红律师，因接手一个水污染案件而失去了一切；但与此同时，他才有机会认清法律真义及生命价值。他在一无所有的窘境下，继续研究该案，上诉长达八年，最后终于胜诉。美国电影《永不妥协》（2001）中则主要讲述了"弱女子"埃琳决定用她柔弱的肩膀和律所共同担负起为受污染损害的数百名居民讨回公道的重担。改编自美国律师布莱恩·史蒂文森所著《正义的慈悲：美国司法中的苦难与救赎》中真实案例的电影《正义的慈悲》（2019），核心故事即一个黑人律师为死囚申冤。相较而言，中国由律师承担公益诉讼而转化为影视作品的案例还比较少见，甚至《我不是药神》（2018）这样具有制度变革意义的电影中也基本看不到律师的影子。在打拐电影《亲爱的》（2014）中有帮助李红琴要回孩子抚养权的律师高夏，但并不是主角。

公益诉讼制度给发扬律师的公共精神提供了制度平台。承担更多的社会责任，参与更多的公益诉讼，进行更多的法律援助，可能是律师重整职业形象的关键。在英美法中，律师无偿公益服务的模式已沿袭多年。在中国，律师也有每年承担特定的法律援助的义务。

总之，律师公共精神的重整成为律师形象重塑的必然选择。

法治中国律师大有可为

中共十八届三中全会提出了全面深化改革，建设法治中国的命题，四中全会更是把全面推进依法治国作为会议的主题，法治被提到了前所未有的高度。律师在这样的宏观背景下，大有可为。

美国学者费里德曼教授提出内行法律文化和外行法律文化的区别。[1] 在社会转型期，律师应该首先坚守自己的内行法律文化，成为促成法治的先锋。那么，什么是律师的内行法律文化呢？律师的内行法律文化应该包括法律至上的法律信仰精神、与时俱进的专业精神、坚守职业道德的自律精神、不为利益驱动的诚信精神、同行相敬的公平竞争精神。[2] 法律必须被信仰，否则它将形同虚设。律师应该在不怀疑现行法的情况下，在法律内部谋求当事人利益的最大化。这是在当代中国实践律师公共精神的前提。或者说，内在法律文化就包含了律师公共精神的内容。

---

①[美]弗里德曼：《法律制度——从社会科学角度观察》，李琼英、林欣译，中国政法大学出版社1994年版，第223页。

②薛云华主编：《律师文化研究》，法律出版社2008年版，第6页。

看得见的正义：影视中的法治文化

好律师和好法官一起可以办出经典的案件，律师作为司法制度的重要参与人在法治的进程中发挥着重要的作用。律师按法律办事，办出让当事人满意和社会满意的案件，可以真正起到法治播种机和宣传队的作用。

律师也必须具有积极的参政议政意识，有崇尚自由的独立精神，有不畏强权的抗争精神，有援助弱者、倡导公益的人文情怀。改革开放以来，随着物权法等法律的颁布，人们的私权意识觉醒十分迅猛。但是，普通民众参与政治的意识还比较薄弱，从私法之治到公法之治还有很长一段路要走。律师应该积极推动公法进入人们的日常生活，应该推动基层民主法治的建设。

律师应该成为防止公权力滥用的重要力量，而不是和某些有权者合谋，侵害普通民众的合法权益。律师的美德在变革时期显得尤其珍贵。

律师在中国面临着职业声望下降的困境，对于很多法学院的毕业生来说，律师通常是最后一个职业选择，很多人在没有其他职业选择的情况下才选择做一名律师。律师要承担起更多的社会责任，才能真正提高职业声望。在民主法治成为大势所趋、人心所向的当代中国，律师更应该走在民主法治事业的前列。变革时期通常也是重要的机遇时期，律师应该抓住机遇而有所作为，确立新的律师形象。律师公共精神在当代中国的复兴，不仅仅是为了社会，更是为了律师职业本身，为了律师自己。

21

一位律师的自我修养——观《控方证人》

　　1958年的《控方证人》是影史上一部伟大的法律电影，讲述了一位德高望重的老年出庭律师威尔弗雷德（Sir Wilfrid Roberts）在重病初愈后出山为一位杀人嫌疑人辩护的故事。电影伊始就出现了影院的友情提示："为了保证您没有看过这部电影的朋友有机会获得更大的观影乐趣，请您不要向任何人透露这部电影的结局。"而电影的一个核心卖点，为诸多观众所津津乐道的地方即是电影在最后高潮处的彻底反转。同样吸引人的还有电影中律师职业魅力的优雅展现，威尔弗雷德爵士是一位非常成熟的律师，甚至可以代表律师的"类存在"，从他身上可以完整地看到一位律师的自我修养。

成熟的气质

　　历史上的律师形象尽管是诡辩和智慧并存、魔鬼和天使合体的张力性存在，但也着实透着一种高贵的气质，无论是古希腊的智者学派，还是中国的邓析，都至少是学问精深的有闲阶层。俗话说相由心生，观一个人的举止可以解读出诸多信息，电影中威尔弗雷德一出场就展现出强大的气场，尽管是大病初愈，且被照顾自己的护士严格管制，

  看得见的正义：影视中的法治文化

但有些肥胖的身体、笔挺的西装、睿智明亮的眼睛、尖酸刻薄的语气，富有权威且略带傲慢。律所的同事为他准备了欢庆康复的仪式，甚至还作了一首小诗要给威尔弗雷德诵读，但威尔弗雷德则直接让同事回去工作，"下班后您在自己的时间想背出来都行"，但工作时间容不得做这种私事。这是威尔弗雷德的常态和"老样子"，工作一丝不苟，公事和私事严格区分，直言不讳，不留情面，丝毫容不得多愁善感，理性主导所有行为选择。

威尔弗雷德无比想念这个又脏又旧还有些发霉的工作室，想念自己的下属，想念自己的律师假发，想念自己工作的每一个环节。他已经是一位工作了37年的律师，从一位经常出错的青年律师，成长为律师界的"老狐狸"。对威尔弗雷德来说，做律师就是他的"志业"，他能时刻感觉到它的召唤，只有干这个才有瘾，干这个才能沉浸其中，干这个才能激发他的无限潜能，才能获得内心的愉悦和满足，干这个才能感觉到意义感、责任感和使命感。他的成熟气质很大部分来源于其忠诚于律师职业，对律师本业的专注、笃定和执着。医生不再允许威尔弗雷德接刑事辩护案件，但当事务律师梅休和他的当事人伦纳德·沃莱登门拜访时，威尔弗雷德立马倍感兴奋，因为这是一个谋杀案，相比于那些更能赚钱又不用费多少心思的离婚案、税收案、海上保险索赔案，谋杀案的辩护才是他的律师本业，几经周折，他还是决定接下这个案件。案件中，嫌疑人沃莱结识了贵妇弗伦奇夫人，两人相谈甚欢，虽然贵妇的仆人对他发明的打蛋器充满鄙夷，但是弗伦奇夫人却对他充满爱意，甚至为他修改了遗嘱，把8万英镑留给了他。然而，贵妇却惨遭毒手。于是，沃莱成为警方的头号嫌疑人。他的唯一证人是妻子克里斯汀。

卓越的能力

职业能力是律师安身立命的根本，威尔弗雷德则是"律师中的律师"，甚至是处理那些毫无希望案件的翘楚。与涉案当事人交谈，他总爱掏出单边眼镜端详当事人。镜片于此的功能，不是看清事物，而是借屋外阳光反射，直晃对方面部，按大律师的话说，通过观察被晃者的瞬时反应，他可以判断出对方是否在说谎。威尔弗雷德是一位善良的人，在"镜片测试"后他愿意相信沃莱是无辜的，但后面证明远非如此，沃莱是如此擅长表演，以至于可以骗过如此精明的威尔弗雷德。在沃莱被逮捕时，威尔弗雷德非常细心地提醒沃莱，被逮捕并没有什么丢人的，国王、首相、大主教甚至出庭律师都上过被告席。还提醒另一位出庭律师穆尔，在告诉沃莱夫人时一定要非常谨慎，要做好她可能失控甚至昏厥的准备，尽管后来证明他有点杞人忧天。他最大限度地去了解自己的当事人，案件中最后的辩护手段即是让沃莱为自己辩护，这正是基于对他"演技"的充分信任。在庭审前威尔进行细致的法庭推演，设想每一个公诉人可能提问或反驳的细节，让沃莱有所准备，也让自己有所准

图14　威尔弗雷德在法庭上盘问沃莱

　看得见的正义：影视中的法治文化

备……这些细节都足以证明威尔弗雷德具备卓越的职业能力。

威尔弗雷德在法庭上极具存在感，尽管因疾病治疗延误了出庭，但一出场就给了公诉人一个下马威。英美法系的庭审中律师刷存在感的最重要的方式就是"我反对"，威尔弗雷德一进法庭就高声表示"我反对"，指出公诉人是自己陈述事实而非让证人陈述事实，直接让公诉人撤销了第一个提问。威尔弗雷德也具有非常强的语言能力，甚至是借助文学进行诗意表达的能力，如在传讯克里斯汀的过程中，她完全推翻了一开始的证词，但威尔弗雷德则冷静沉着地选择继续庭审而非中断，用了一段非常优美的表达——"这个恐怖小说设定的悬念引人入胜，分段听让人难以忍受"——指责克里斯汀在说谎。威尔弗雷德抑扬顿挫的说话方式也更好地实现了语言本身的效果。

在充分准备的基础上，威尔弗雷德在法庭上是如此淡定从容，一切都好像在他的掌控之中。每当他人发言，威尔弗雷德就好似穷极无聊地在桌上摆弄着护士给他的二十几个药片，摆成横竖齐整的方阵。威尔弗雷德指出控方的证据都是一些间接证据：总督察说明了对案发经过的推测；管家做出不利于沃莱的证人证言，是因为沃莱的出现使她受到了惨痛的损失（不能由她来继承财产），因此其证言也不足采信，且正在申请助听器的管家也难以听得那么清楚，而只是希望杀人的人是沃莱。对法庭上突发事件的良好应对也是律师的必备能力，克里斯汀推翻证言是一个突然袭击，证明其丈夫存在作案时间，并有衣物血渍佐证。威尔弗雷德则反应敏捷，指出克里斯汀的证人证言尽管能作为直接证据，但需要考虑她是一个恣意违背自己誓言的人，需要充分考虑妻子不能提供不利于丈夫的证言等方面来仔细判断克里斯汀证言的真假。对法律规定（相关判例）的熟悉是律师的基本功，当威尔弗雷德获得新证据后，要重新传讯证人时，他早已准备好一大堆判例应对法官的质询，其中甚至有法官亲自参与的案件。

高尚的操守

无论是国外还是国内，很长一段时间律师培养似乎都比较忽视职业伦理教育，《控方证人》中的威尔弗雷德则不仅具有优秀的职业能力，也是职业伦理的坚定遵守者。

在法律允许的范围内为当事人提供辩护是律师职业伦理的底线要求，遵守规则是律师职业伦理的第一要义。威尔弗雷德自称从不阻挠警察的行动，只是在法庭上偶有例外，但那也是在法律允许的范围之内。整个诉讼看不到威尔弗雷德有什么严重违反律师职业伦理的行为。甚至电影还有意设置了威尔弗雷德律师始终坚信自己的当事人是无辜的，避免了现代职业伦理中经常讨论的是否应该"为魔鬼辩护"的话题。但这应是导演和编剧有意为之，连另一位出庭律师都不能确定沃莱是无辜的，这位狡猾的律师又凭什么仅凭一个"镜片测试"就如此笃定沃莱没有杀人？这或许是电影的一个不小的漏洞。如果威尔弗雷德知悉沃莱杀人，就少了重要的戏剧冲突。电影要把威尔弗雷德塑造成既职业素养良好，又道德高尚的人。在威尔弗雷德赢得诉讼的时候，公诉人向威尔弗雷德致敬，威尔弗雷德也向公诉人回以敬礼。简单的礼仪性对话则展示了两位同行对彼此的认可，同行相敬是一个健康的法律职业共同体应有的状态。尽管有输有赢，但彼此都在法律允许的范围内做了最大的努力。

电影里还有一个重要的职业伦理问题就是律师与当事人之间的关系。律师和当事人之间既合作又斗争。善良的威尔弗雷德受到了沃莱的愚弄，因为克里斯汀最后告诉他，沃莱本就在说谎，她因为爱沃莱才选择了一条成为"控方证人"的道路。克里斯汀坚信:"公众更愿意相信一个浪荡的婊子在说谎,而不愿相信一个贤惠的妻子在为丈夫作证。"克里斯汀假扮他人提供给威尔弗雷德的关键信件"证明"她有一个与之通信的情人,而把自己塑造成浪荡的婊子,为了和情人在一起而污蔑自己的丈夫杀人,从而使自己控诉丈夫的证词失去了证明力。法庭宣判沃莱无罪后,沃莱略带嘲讽地向威尔弗雷德承认了自己杀了人,并和自己的新情人准备着一段美妙的全球旅行。看到这一幕的克里斯汀被彻底激怒了,她为沃莱的付出化作了梦幻泡影,拿起原是法庭证物的一把刀"处决了"沃莱。克里斯汀的行为正好验证了威尔弗雷德的内心信念:"正义的天平可能偶尔会倾斜,但终究还是会平衡,愚弄它的人必将付出代价。"威尔弗雷德决定为这个案件负责到底,要放弃旅行继续为克里斯汀辩护。威尔弗雷德的决绝以及坚守职业伦理的背后或许正是这种正义的信念——律师不仅要为当事人提供法律服务,也是法治共同体必不可少的一部分。

图15 威尔弗雷德对沃莱之死的评价

22

律师的非职业能力为何重要——观《永不妥协》

《永不妥协》（2000，美国）是根据20世纪90年代一个真实的环境侵权案件改编而成——太平洋瓦斯和电力公司（后文简称PG&E）在清洁过程中使用对人体伤害极大的六价铬，并因省去一些污水处理步骤而使之侵入地下水，导致对周边居民大面积伤害。电影中的艾琳是倒霉鬼中的典型，她结过两次婚，但每次婚姻都没有给她带来幸福，反而令她成了一位拖着三个孩子的单身母亲。屋漏偏逢连夜雨，艾琳在遭遇一场交通事故后，连志在必得的赔偿官司也因为她在法庭上的粗暴言论而输掉了。为她辩护的律师埃德半是同情半是因为帮她打输了官司心感内疚，收留艾琳在他的律所里打杂，这位女性法律人就这样出道了。她在一次整理案件材料的过程中，发现PG&E一案不像常规的房地产案件（因为混入了诸多病情检查结果报告单），而进入这个案件的调查之中。

《永不妥协》可以算作令人耳目一新的律师电影，甚至作为女主的法律人并不是一位职业律师，而是律所半路出家的"档案整理员"。艾琳作为一个法律外行的一些行动则成为推动案件进展的关键因素，《永不妥协》也为我们提供了观察律师非职业能力的绝佳素材。

律师的亲和力

律师有专业的法言法语，独立的知识体系，好辩与严谨的职业风格，总体是一个职业性非常强的行当，和老百姓的日常生活有距离感，具有亲和力一般也并不被当作律师的美德。《永不妥协》中艾琳的亲和力在胜诉过程中却发挥了关键作用。

"姿色改变命运"，作为"选美皇后"，高颜值是艾琳具有亲和力的核心原因之一。当律所老板埃德问她为什么可以直接去水利会查资料："为什么你就认定自己可以大摇大摆走进去，为所欲为？"艾琳直言不讳地回答道："因为我有大咪咪。"水利会的工作人员史考特看到艾琳这位大美女要进他这个"冷衙门"，立马站在门边迎接，当艾琳赞美他的绅士风度和穿着时，他就彻底打开了心理防线。可见，颜值只是亲和力的基础，恰当的语言和行为才是艾琳亲和力的主要源泉。

埃德和艾琳一起去说服两位当事人聘请他们做代理律师，在当事人提出现在的合同中并没有指出他们要出多少费用时，埃德告诉他们是当事人最终获得赔偿金的40%。这么高的比例吓坏了当事人，艾琳立刻补充道："我了解你们的想法，受伤害的人是我，凭什么让你们这些坐办公室的小丑拿走近一半的赔偿金，但是，如果没有拿到赔偿金，他一分也拿不到，还得赔上自己的时间，也是孤注一掷。"第一句话拉近了和对方的距离，设身处地为当事人着想，"坐办公室的小丑"是自我嘲弄和自我贬低，彻底放下身段，最后才是解释风险代理的核心内涵。还有一个令人回味的细节：签完代理合同之后，当事人提出要给律师们煮一壶咖啡，职业律师埃德的习惯是立马拒绝，因为还有很多的事情要做，没有时间和当事人闲聊，艾琳则提醒要喝完咖啡再走，埃德才反应过来。

艾琳的亲和力还表现在她的直接和坦诚，你不给当事人设防，当事人才会不给你设防。她第一次去拜访当事人唐娜·詹森的时候，自我介绍是律师事务所的艾琳，唐娜反问她："你是律师？"艾琳则直接回答："当然不是，我讨厌律师，我只是为他们工作。"律师的高大上头衔反倒不如这么一句直接的话来得亲近，无须伪装，真诚是亲和力的源头。艾琳在和当事人打交道的过程中，也不是全然顺利的，同样吃过不少闭门羹。在影片中她曾三次拜访和唐娜情况相近的当事人露丝。第一次连露丝的门也没能进，露丝似乎看穿了他们这些律师的本质——并不是关心他们而是关心能够得到的。第二次才进门，是因为艾琳带着她的一个儿子和两个女儿去拜访露丝。第三次才最终说服露丝加入他们的当事人队伍。露丝见艾琳同样是一位母亲，基于母性本能才和她共情。

律师的共情力

"当一个法律人开始同情的时候，他（她）就要小心了。"在规范意义上，同情常常被当作理性的对立面，常常和偏私、恣意等非理性因素放在一起，似乎情感是盲目的，情感和特殊性紧密相连，容易阻碍公正，所以要铁面无情、法不容情。在柏拉图、伊壁鸠鲁、希腊和罗马的斯多葛派哲学家，以及斯宾诺莎那里，当情感和判断紧密联系在一起时，就是将重要的价值赋予外在的人和事，而这些人和事并不能完全由人的美德或理性意志所控制。简言之，情感或许在私人生活中比较重要，但在公共审议中则需要排斥。当代著名哲学家努斯鲍姆则主张诗性正义，认为情感有时就是理性的，基于明智旁观者的情感是被信任的，"旁观者的同情心完全产生于这样一种思考，即如果自己处于同样悲惨的情形会是什么感受，同时，如果自己有能力以当下的理性和判断力来考虑，又是什么感受"，这是一种基于情感的正义。^①律师同样需要这种普遍性的情感（旁观者的情感），需要和当事人的共情。艾琳加入这个案件的诉讼，首先即源自她对当事人无以复加的同情，以及对PG&E公司所作所为的彻底愤怒。

艾琳会见女儿已经受到六价铬伤害的当事人，她还是很平和地和当事人拉着家常，但内心中已然不能自已，她自己也是三个孩子的母亲，她要为这些受到伤害的孩子和母亲讨回公道。他们所把初步调查的结果传真给PG&E公司的理赔部后，立刻收到了PG&E公司的回复，并派一个"小兵"与他们商讨，埃德气炸了，觉得自己被小瞧和歧视，平常温文尔雅的埃德也爆了粗口："Fuck you."艾琳立马顶了一句："Fuck you back！"这成就了电影中的经典片段，但是，这个片段之所以精彩，可能正是因为它展现了真实的情感，也正是真实的情感在推动着整个案件。

埃德是理性的，他意识到已经有四百多人加入当事人队伍，可能官司要持续多年，代理的难度巨大。首先，案件法律关系复杂、证据难以收集：如怎么证明PG&E总公司也知晓分公司六价铬的使用情况，怎么归结因果关系，怎么确定精确的赔偿数额等。其次，官司花费巨大，前期每个月的花费可能就要十几万。还有，委托人内部如何统一，委托人也可能为诉讼策略选择、诉讼费承担、赔偿金分配等争论不休。再者，文件牵涉宽泛、数量庞杂，他有过代理航空公司集体诉讼案件的经历，光是文件就已经将他"埋了"，最后以败诉告终。尽管他们基于已有的证据提起的诉讼获得了法官的初步支持，使案件得以继续，但如果这个案件败诉他估计就要破产了，因此他决定拉入一个更大的律所（波特的律

---

①[美]玛莎·努斯鲍姆：《诗性正义：文学想象与公共生活》，丁晓东译，北京大学出版社2010年版，第83—116页。

所）。这时有了作为职业法律人的女律师泰瑞莎和艾琳之间的比较。

泰瑞莎质疑艾琳做的案件材料有很多纰漏，如当事人的电话号码都没有标明，而这立刻遭到了艾琳的反驳。在进行了18个月的努力后，艾琳能流利地背出634名污染受害人的情况：电话、得病症状，甚至这些人之间有怎样的亲戚关系。这使得泰瑞莎哑口无言，她法律人的"丑陋"穿着也遭到了艾琳的无情调侃。事实上没有标电话号码的确是一个很大的漏洞，因为不只是艾琳要看案卷，还有其他律师要看，其他人则不一定有艾琳的本事。不过，这也显示了这个案件对泰瑞莎和艾琳而言完全有不一样的意义，对泰瑞莎来说，这个案件或许只是一段时间的重要工作，但对艾琳来说，这个案件就是她为之奋斗的事业。艾琳在这个案件中所展现的很多情感都是理性的，如对当事人的深切同情，如在案件受理后与PQ&E律师团协商时对方只报价赔偿两千万美元后所表现的愤怒，如她在案件办理过程中被边缘化后的愤怒，等等。此时，基于情感的正义也就是基于理性的正义。艾琳的付出也换来了委托人的信任，她因病请假1天，委托人就着急打电话说怕被别的律师骗，这是来自委托人最真挚的爱戴。身着西装革履、满口法言法语、讲话细声细语的泰瑞莎在和艾琳的对比中彻底败下阵来。

律师的意志力

法学院提供的教育一般侧重于知识教育，事实上，情感和意志也是需要培育的。积蓄和调动生命动能（行动力），既需要情感，也需要坚定的意志。

艾琳的强悍性格和坚韧意志也让她成为对抗PQ&E这样市值几百亿大

公司的秘密武器。在小律所对抗大公司的过程中，性格强悍的艾琳有强大的气场，不唯唯诺诺，表现出和对方正面对抗的勇气。她在这个案件中所展现的坚韧意志，成为案件可以进行下去的决定性因素。艾琳在进行了一些调查之后，就收到了来自PQ&E的威胁，对方知道艾琳是三个孩子的母亲，劝她谨慎参与这个案件，以免对她的家人造成不利影响。艾琳没有因为这一通威胁电话就放弃这个案件。但艾琳的男友也劝她不要自找麻烦，两人也逐渐心生嫌隙，并最终造成了第一次分手。艾琳意志坚强，认定了的事情就坚持要做。用电影中的话表达，或许她"不懂那么多关于这个案件的法律，但她一定懂得什么是对和错"，她坚信自己做的是对的，朴素的正义感使她大义凛然，不管这个案件会让她付出多大代价。她的坚持也不是盲目的，这份工作，让她第一次感受到被人尊重的滋味，在辛克利（案件发生地）人们都等着艾琳发表意见。她也足够聪明，她不怕这个电话威胁，是因为她一开始就听出来这个电话来自水利会的史考特，第二天她立马找到史考特进行"回击"。

案件有两次快要走上绝境。第一次是她的上司埃德犹豫是否要代理这个性质转变的案件时（案件一开始是一个房地产案件，后来才变成一个大规模环境侵权案件）。埃德已经是一个中老年律师，小有成就，快要退休享受人生，他很犹豫是否要为这个案件赌上自己的一切。正是艾琳的坚持，持续做当事人的工作，顺利接受400多位原告的委托，才坚定了埃德继续下去的决心。

第二次是PQ&E公司要求进行具结裁决（Binding Arbitration，没有陪审团，单由法官预审并判决，而且做了裁定就是终局也不能上诉），没有陪审团和公开审理，案件估计也不会对PQ&E造成更大的舆论压力，所以愿意支付五千万到四亿美元的赔偿金。埃德团队也认为这是一项合适的选择，因为进入公开审判可能会拖十年以上的时间。最大的困难就是埃德团队难以迅速地实现PQ&E要求的90%以上的原告同意进入具结审判的程序，而且波特所写的裁判企划书委托人根本难以理解，委托人方面对波特所已经不再信任。埃德接过这项工作，把委托人召集到一起，试图说服大家。但此时当事人关心的问题是：自己不满意法官的裁定怎么办，五千万到四亿也是个非常大的范围；这笔赔偿金应该怎么分配；等等。而对于这些埃德几乎难以做出明确的答复，但是埃德提出了压倒性的理由，即如果进入公开审判程序有可能会拖上10—20年，并且有相关案例支持，1978年的案件在十几年后依然没有拿到赔偿金，在座的很多委托人可能等不了这么长时间，进入具结审判程序的确是最佳选择。受召集的委托人基本上都同意了埃德团队的意见，但还远远不够，艾琳和埃德开始了挨家挨户的说服工作。这次发挥作用的先是埃德的职业能力，他为这项说服工作准备了诸多的案例，艾琳也对埃德大加赞赏。委托人对艾琳的爱戴，以及艾琳的坚守也是获得委托人同意的决定性因素。案件关键证据的获得，也是职业能力和非职业能力配合的结果。艾琳有强大的亲和力、共情力和意志力，一个关键的证人找到她，但艾琳并不知道怎样让当事人陈述才对他们最有利，怎么样获得他们最需要的东西，她先咨询了埃德，埃德告诉她不要问当事人太多问题，要尽可能让当事人客观陈述……这位证人能够证明PQ&E总公司也知道分公司使用六价铬的事，并且保存了总公司试图销毁的写给分公司的内部材料，成为获得更高赔偿的胜负手。

受害者最终获得三亿三千三百万美元的赔偿，这一案件成为美国当时赔偿金额最高的案件，埃德登上了洛杉矶律师杂志的封面，艾琳也获得了200万美元的律师费，一举改变了自己的窘境。总体而言，职业能力和非职业能力相互配合，理性能力和非理性能力相互辅助，才能相互成就。

23

彻底为权利而斗争——观《杰伊·比姆》

　　《杰伊·比姆》是印度2021年的一部高分电影作品，故事改编自1993年泰米尔德邦一个著名的真实案例。

　　"杰伊·比姆"并非人名，纵观全片，其实也并没有与之相关联的直接台词或情节。所谓"杰伊·比姆"（Jai Bhim），直译成中文，是"比姆万岁""胜利比姆"的意思，这是印度人民为纪念一位伟大的种族平权者而流传的一个口号。此人便是比姆拉奥·拉姆吉·安贝德卡尔。他出身卑贱，是"不可接触者"，俗称"贱民"①，他一生都在为提升"贱民"的社会地位而做斗争，推动并主持印度独立后第一部宪法的制定，确立了印度宪法的基本原则，被誉为"印度宪法之父"和"印度共和之父"。安贝德卡尔将改变"贱民"社会地位的努力与印度民族主义运动紧密结合起来，尝试通过宪政改革的方式改变"贱民"的地位。②电影《杰伊·比姆》虽然讲的完全不是这位"印度宪法之父"的故事，但本质上却息息相关，它是一种斗争的延续，更是一种精神的传承。

　　"法律的目的是和平，而实现和平的手段则为斗争。只要法律必须防御不法侵害，为权利而斗争就不可避免。法律的生命在于斗争，在于

---

　　①四大种姓（婆罗门、刹帝利、吠舍、首陀罗）之外的第五种姓，即达利特人，是印度种姓制度的最低阶层。
　　②《印度政要 | 安贝德卡尔：为"贱民"奔走的宪法之父》，《澎湃新闻》2018年1月26日。

国民的斗争、国家的斗争、阶级的斗争、个人的斗争。……权利不是单纯的思想，而是活生生的力量。"①德国法学家耶林《为权利而斗争》的开场白，鼓舞了一代又一代的法律人。《杰伊·比姆》也可以看成一个为权利而斗争的故事。

拉贾坎努夫妇的斗争

拉贾坎努夫妇过着贫穷但十分幸福的生活，彼此恩爱，拉贾坎努工作努力，妻子森加尼贤惠安分。拉贾坎努承诺一定要让妻子住进砖房，他们已经制作好了第一块砖，按下了拉贾坎努的手印。但现实总是残酷的，他们作为"贱民"，只能从事最为卑微的工作，诸如捕蛇、捕鼠、砖厂苦力等，工资极低，住在窝棚之中。就在拉贾坎努重复承诺之时，他们家的一面墙在大雨中轰然倒塌，但他们依然能积极面对。

一次村主席家进了毒蛇，请拉贾坎努捕蛇，也正是这一次捕蛇改变了他的命运。蛇是顺利捕到了，但村主席家的珠宝后来失窃，失窃地点正是拉贾坎努捕蛇的房间，他被认为有重大嫌疑。为了抓捕他，警察先把拉贾坎努的家人抓了起来，他的妹妹、妹夫、弟弟等都没能幸免，他最终也落入警察之手。印度是全世界少有的还支持刑讯的国家，拉贾坎努一家都遭遇了严酷的刑讯（用辣椒水涂抹伤口，吊打，甚至强迫拉贾坎努一家乱伦等，无所不用其极，远远超出合法的范围）。这也可以看到印度电影批判现实彻底的地方，演员本身没有雕琢之感，原汁原味，声嘶力竭，撕心裂肺，极为逼真，表现手法几近白描。弟弟伊鲁塔帕都快要放弃了，拉贾坎努则坚持不认罪："这些伤口几天就会愈合，一旦

---

①[德]鲁道夫·冯·耶林：《为权利而斗争》，刘权译，法律出版社2019年版，第1页。

我们被贴上小偷的标签，那是一辈子的烙印，再坚持下去吧……"拉贾坎努对刑讯的抗争非常顽强，但是换来的并不是好运，在后来更重的刑讯中拉贾坎努直接被打死了。

拉贾坎努被刑讯致死后，森加尼并没有直接收到死讯，而是被告知拉贾坎努三人一起出逃了。森加尼开始了为自己丈夫奔走呼告的抗争之路，先是找了村长，他们部落的领袖，后来找到了人权律师钱德鲁。他们的案件在钱德鲁的推动下由钦奈高等法院受理了，但这也激怒了警察。警察想把森加尼抓到警局威逼她接受私下和解，甚至先抓了森加尼的女儿，但森加尼坚持要为自己的丈夫讨回公道。幸亏当时她正准备和律师钱德鲁通电话，告知了律师警察的行径。钱德鲁通过钦奈高等法院联系了他们省的警务处处长，警务处处长命令下面的警察把森加尼送回家。愤怒的森加尼也有和自己丈夫一样的倔强性格，她坚持自己走回家，警车则在一旁护送。随着钱德鲁推动案件的进展，对印度警方的不利影响越来越大，警方更想私下解决，因此警务处处长主动找森加尼和解，告诉她一是这个案件她很难赢，二是许诺给她一大笔补偿金。森加尼的回答非常果决："还没出生的婴儿，我不能给他看亲生父亲，但我却有很多钱，用这些钱购买我要养活孩子们的食物，如果他们问起食物是怎么来的，则要告诉他们是把你们爸爸活活打死的人送的，我们就要这样生存！长官，您要让我这样教育孩子吗？虽然当我们被杀的时候没人在乎，但我们绝不会靠从凶手那里获得的救济金生活。我不在乎输了官司，但我可以骄傲地告诉我的孩子们，虽然失败了，至少我们没有放弃抗争！"

圣雄甘地本人反对社会对"贱民"的歧视，他称"贱民"为"哈里真"，意为"上帝之子"。拉贾坎努和森加尼或许是"贱民"，或许只能从事最卑微的工作，但是他们内心的高贵不容践踏。

23　彻底为权利而斗争——观《杰伊·比姆》

钱德鲁律师的斗争

《杰伊·比姆》被中国观众誉为印度版的《辩护人》，事实上并不准确，《杰伊·比姆》中的钱德鲁律师比韩国电影《辩护人》中的宋佑硕律师更加典型，他就是一位人权律师，他是在街头抗争中冲在一线的主导者。

电影一开始就描述了20世纪90年代印度警务界的黑幕——把低等种姓的人拉去顶罪以换取破案率和升职机会，制造了一系列的冤案，正在审理的就有12个低等种姓民众被警察诬陷的案子，钱德鲁正是这些案件的代理律师之一，并通过提供不在场证明帮他们洗刷了冤情，但在过去的几周就有7000多人在印度泰米尔纳德邦因为同样的情况被匆忙逮捕。这样的数字的确比较惊人，我们也可以窥探20世纪90年代印度警务界的黑暗程度。能请到钱德鲁担任拉贾坎努案件的代理人，确是森加尼的幸运。

钱德鲁初步了解案件之后认为，尽管森加尼的陈述非常清楚地指向警察可能在掩盖真相，但目前的证据则对拉贾坎努不利，村主席家有拉贾坎努的指纹，有证明他们逃跑的证人，有进入小诊所开处方的证据，有在药房抓药的记录，有他们出卖珠宝的收据……如果这些都是假的，那钱德鲁需要对抗整个体系，整个案件极为复杂并充满了困难。钱德鲁首先向法院申请拉贾坎努的人身保护令以寻找他的下落；人身保护令案件中本不能交叉询问证人，钱德鲁在庭审中援引了印度著名的拉詹案，在紧急情况下盘问人身保护令案中的证人。英美法系中的交叉询问是审判的核心环节，只要证人造假，在交叉询问中就容易露出破绽。警方证据链上的诊所和药房竟然分别在警局的东边和西边，按常理推断三个逃

看得见的正义：影视中的法治文化

犯不可能在警局门口走来走去。而且涉案警官的调查记录竟然是伪造的，并不是这位警官自己的笔迹，这位警官也承认自己造假。警方要伪造证据似乎非常便利，诊所的医生是无证行医，他只能按警察的要求做伪证。这或许也是一切有权力的人都容易滥用权力的重要原因，因为他们的权力滥用成本极低。这是钱德鲁取得的第一个胜利，顺利戳穿了警察的伪证。

随着诉讼的推进，钱德鲁的对手也升级了，这次是印度一个邦警局的总法务长。法务长传讯了一位新的证人——拉贾坎努的弟弟伊鲁塔帕工作的米厂的老板，他曾接到伊鲁塔帕的电话说他们已经逃跑，过几日风头过去就可以回去工作。这几乎将钱德鲁击溃，因为森加尼隐瞒了这一关键事实，这让钱德鲁毫无准备，只能请求法官宽限质证的时间。然而，时间也确实可以戳穿一切谎言。关键是伊鲁塔帕不识字，连数字都不认识，不知道怎么打电话，这也就成为一个重要的突破口。钱德鲁找到打这个电话的地方实地考察，真就发现了警察再一次伪造证据的证明。这个电话是从一个电话亭打来的，而经营这个电话亭的老板清楚地看到打这个电话的人是几个警察。寻找拉贾坎努三人的程序也就得以继续下去，并且可以引入一位更加值得信任的警官调查案件。

现实中，钱德鲁接手的人权案也是从不收费的，他6年间主持了96000多起案件。为了工人，为了印度低种姓人群的人权，钱德鲁投入一次次的法庭斗争。

佩鲁马尔萨米警官的斗争

高等法院要印度警局高级督察（IG）佩鲁马尔萨米警官参与这个案

件的调查，在钱德鲁会见佩鲁马尔萨米警官的过程中，佩鲁马尔萨米警官坦承自己是刑讯支持者，他有自己的理由，即警察不走到那个极端，小偷是不会招供的。他办过一个案件，一个女大学生写信告诉他，当地的一个暴徒每天都骚扰她，如果她告诉家人，她担心他们会把她从学校拉出来，没有人知道这件事，没有投诉，没有调查文件，警察不能采取任何法律行动。所以佩鲁马尔萨米警官凭良心去了，打断那个恶棍十根手指，恶棍连自己的妻子也摸不着了。根据法律他或许做得不对，但如果连一个女学生的安全都保障不了，他就没有资格穿警察制服。佩鲁马尔萨米警官的讲述显示出20世纪90年代印度治安的混乱，"刑乱国用重典"，非常时间可以用非常手段。

钱德鲁并没有直接反驳他。钱德鲁带佩鲁马尔萨米警官走访了一些警察滥用职权造成的冤假错案的当事人，以及拉贾坎努的妹妹，在血一样的事实面前，佩鲁马尔萨米警官深受触动。

案件事实在佩鲁马尔萨米警官和钱德鲁律师等的共同推动下得到揭示——古鲁副警督等三个警察殴打拉贾坎努致死，并伪造了拉贾坎努三人逃跑的假象，把拉贾坎努的弟弟和妹夫关在一个熟人控制的监狱，拉贾坎努的尸体则被扔到泰米尔德邦的边界，使得尸体很难被发现，发现后也没有人能够认得尸体。钱德鲁发现警官说谎的证据，警官说晚上9：50告诉副警督，但整个警察局在晚上9：10之后就再也没有呼出电话的记录。佩鲁马尔萨米警官和钱德鲁律师以古鲁警官的服役记录查出了摩萨库蒂和伊鲁塔帕被关的监狱，他两人也成为揭露古鲁等人罪行的直接证人。佩鲁马尔萨米警官查出了盗窃案的元凶拉维，原来古鲁副警督在明知道罪犯另有其人的情况下收受贿赂，并抓了拉贾坎努作为替罪羊。

在这个案件中，佩鲁马尔萨米是警察系统的自我革新者、内在监督者，是为印度警察系统挽回一丝颜面的警官，他也是一位和警察内部系

 看得见的正义：影视中的法治文化

统性腐败进行彻底斗争的警界英雄。

　　钱德鲁律师一生信奉马克思主义，并且为劳苦大众的权利而斗争。马克思说："理论只要彻底就能说服人。"[1]同样，为权利而斗争只有彻底才更有力量。然而，为权利而斗争如何才能彻底？同样可以借助马克思本人的表达，每一个人彻底斗争是一切人彻底斗争的条件。拉贾坎努夫妇的彻底，钱德鲁律师的彻底，佩鲁马尔萨米警官的彻底，所有人的彻底才是一个彻底的完满形态。

---

[1]《马克思恩格斯选集》第1卷，人民出版社2012年版，第10页。

中国法律实践生态的
电影表达

24

被高估的"秋菊问题"——基于《秋菊打官司》与《我不是潘金莲》的比较

自从《我不是潘金莲》（2016）被冯小刚导演拍成电影，它就成为一部可以比肩张艺谋的《秋菊打官司》（1992），进而引起法学界广泛讨论的法律类电影。两部电影的比较也成为很有意思的话题，如巩俐和范冰冰演技之争就颇有噱头。当然我们并不关心两者的艺术性比较，仅注重故事情节的对照给人的深刻启发。

《秋菊打官司》和《我不是潘金莲》的相似"气质"

两部电影都以底层女性为中心人物，秋菊是典型的陕北村妇形象，壮实、质朴而善良，但也有自己鲜明的特点，倔强、坚韧而有主见；《我不是潘金莲》无论是刘震云的原著还是剧本都有意隐去了故事发生的地点，但从电影中所展示的雨水状况可以推断，李雪莲的故事应该是发生在南方的某个村镇，李雪莲也有和秋菊相似的村妇特征，如勤劳、坚韧、倔强等，但多了南方女子的妩媚和秀气。两部电影都以打官司和上访为主要情节，《秋菊打官司》把"官司"推到了极致，描述了完整的法律程序，一开始的行政审批引起庆来和村长王善堂之间的纠纷，双方协商，之后又经历了派出所李公安和县公安局的行政调处、市公安局的行政复议、基层法院和中院的行政诉讼等。秋菊的官司之所以能够持续下去，除了她个人的坚持，也与得到市公安局局长的大力支持密切相关。《我不是潘金莲》中也有一个"诉讼群"，一开始李雪莲到法院打官司是为证明离婚是假的，要跟秦玉河结婚再离婚，后来因不满意法官王公道的判决和上访时受到的法院院长、县长、市长的不公正对待，又要起诉这一干人等。李雪莲的官司似乎是一场闹剧，因为从事实和证据来看，法院可能并没有判错。这也可以看出两部电影的不同，《秋菊打官司》中侧重打官司，而《我不是潘金莲》侧重上访以及由上访所展现的"官场现形记"，这也是李雪莲被称为"当代小白菜"的原因。

两部电影都展示了相似的乡土结构和文化特色，秋菊、王善堂、李公安、李雪莲、秦玉河、赵大头等各色人物都需要迎合熟人社会的面子、人情和关系。《秋菊打官司》中李公安处理案件时和秋菊、王善堂的对话尤其体现了这一点：

李公安：秋菊你看是这，他打人不对，我也把他批评了，可你庆来说的那话也不好听，双方要各自多做自我批评，调解结果是个这：医药费、误工费由王善堂负责，一共二百元，你看咋样？

秋菊：我就不是图那个钱。我就是要个说法。

李公安：那是个孽人，又是个村长，你得给一些面子。再说你庆来那伤也没啥。

秋菊：那还是没个说法。

李公安：他把钱都掏了，那就证明你对他错，这就算个说

看得见的正义：影视中的法治文化

法了。

县公安局的裁定下来后，李公安在市场上碰到了村长，告诉了他裁定的相关内容，想让村长说些软话，息事宁人。

李公安：这回你听我的，回去给秋菊两口子说些面子话，这事就了了。

村长：面子话，那面子话咋说呢？

李公安：你看你看，大家都忙忙的么，为这事我都跑了几回了。刚才县上裁决你又不是没看么，你不丢面子么。

村长：李公安，你说，有啥事乡里解决不了，凭啥到县里臭我的名声。再说，我大小是个干部，以后我在村里没法工作么。

李公安：她也不想把你怎么样，她就是要个说法，你回去就给她个说法。

村长：钱我给，说法，我想不通。

面子、名声、说法是这些对话中最常使用的词汇。"讨个说法"而不是"争取权利"，秋菊的行为似乎和现代公民权利意识的觉醒并没有太大的关系，她在乎的是熟人社会的名声和面子，为的是争一口气。这些都是电影带给我们的启迪。

《我不是潘金莲》中李雪莲和王公道的开场白，更是展露了熟人社会的关系特点。

李雪莲："马家庄马大脸是你表舅吧？"

王公道挠着头想了想，点点头。

李雪莲："马大脸他老婆娘家是崔家店的你知道吧？"

王公道点点头。

李雪莲："我姨家一个表妹，嫁给了马大脸他老婆她妹妹婆家的叔伯侄子，论起来咱们是亲戚。"

王公道后来成了县法院院长，要劝阻李雪莲上访，和她套近乎，采取的也是相似的说话方式，并尊称李雪莲"大表姐"，王公道和李雪莲事实上分享相似的熟人文化和关系特性。另外，李雪莲不断寻求摘除"潘金莲"的帽子，秦玉河不愿意和李雪莲和解等，都是为了摆脱熟人社会的巨大压力。

《秋菊打官司》和《我不是潘金莲》的内在差异

行文至此，两部电影的相似"气质"跃然纸上，这也使得找出两部电影的不同变得更有意义。

一个明显的差异是《我不是潘金莲》放大了的格局。《秋菊打官司》中是乡—县—市的结构，秋菊接触的是派出所民警、县公安局民警和市公安局局长等；而《我不是潘金莲》中则是县—市—京的结构，李雪莲接触的是法院院长、县长、市长、首长。这种格局的放大源于人们眼界的扩大和社会的变迁，不再是坐一次市公安局局长的车就可以在村里无限说道的时代，人们变得更加实用和精明，李雪莲进城也不再有秋菊的违和感，处事也更有计划和方寸。这种社会变迁也在李雪莲身上有其他的影响，如秋菊身上的质朴和善良，在李雪莲身上更少体现。李雪莲在上访没有实现目的后，首先想到的是杀人，要杀掉秦玉河，甚至要杀掉上访过程中遇到的法院院长、县长、市长等，想找自己的弟弟帮忙杀秦玉河，想到和贪恋自己的屠夫老胡做交易。李雪莲的信息渠道也较为通畅，她能打听到自己所需要的关键信息，如法院院长在哪里吃饭，县长的车什么车牌。这些都表明，李雪莲更像是一个精致的利己主义者，已经远不是传统的村妇形象。

从《秋菊打官司》到《我不是潘金莲》经过了24年的时间，社会急剧变迁，人们的法律意识也发生了显著的改变。秋菊对法律运行过程充满了的困惑：为什么官方的制度不能给她一个说法；为什么她可以全权委托律师代为处理；为什么好人公安局局长要和她对簿公堂；为什么案件的性质会发生变化；为什么在她孩子满月要请村长喝满月酒时村长却被抓走了……相较之下，李雪莲虽然对法律还是有一些困惑，如为什么她和秦玉河打官司时他可以不到场而只委托律师，但是，李雪莲更多的是在利用法律来实现自己的目的。她和秦玉河假离婚，事实上就是要规避计划生育的政策；她知道自己的官司难办所以先找的是和自己沾亲带故的法官王公道；王公道拿了她的香油和腊肉，她清楚地知道这是可以指责其"贪赃枉法"的重要依据……从秋菊的不懂法到李雪莲的利用法律，真实展现了大众法律意识的变化。这或许表明之前很多法学家过于替"法盲"秋菊担忧有点杞人忧天，他们高估了"秋菊问题"的分量，法律体系的运转自会改变秋菊对法律的认识，需要的只是时间，不能低估制度的力量。

老百姓是看实际的，有用的法律自会受到老百姓的信赖。然而，法律只能以相对独立和闭合的方式回应老百姓的诉求，法律系统只能提供某些有限的价值。村长是否真心跟秋菊道歉，法律难以触及。李雪莲的官司也是这样，破除假离婚再结婚再离婚，这同样是法律不能承受之重。结果李雪莲似乎还是"信访不信法"，甚至上访成了她十几年的生活方式，当秦玉河出车祸意外死亡，上访也就失去了最初动因，她的生活也就彻底坍塌了。但是这并不是法律本身无用，而是这两个官司都触及法律的边界，法律人只要坚守法律运行的核心地带，法律本身的有用性自会展现。这个转型过程中会出现秋菊们和李雪莲们，但这只是法治进程中的阵痛，我们终将迎来法治的滚滚洪流。

25

从《马背上的法庭》看基层司法的三重困境

　　《马背上的法庭》（2006）是根据真实故事改编，是纪录片式的电影，真实感十足。电影中哪些情节是虚构的，哪些又是真实发生的，事实上难以分清楚。因为对中国基层司法实践的深刻展现，这部电影在法学院一再被提及，在当代依然具有典型意义。电影讲述了云南西北山区一个马背上法庭的故事，一个大国徽，一匹老马，两件行李，三个人——五十几岁的法官老冯，即将因政策变动而离开工作岗位的摩梭人书记员杨阿姨，第一次下乡参加马背法庭的彝族大学生法官阿洛，这就是这个流动法庭的全部家当和人员。他们在和当地村民的碰撞中生成了一个个生动的法律故事。我们可以这部影片展现的故事为线索，进行更为深入的思考。

民间法与国家法的冲突

　　影片中涉及的一个重要案件是猪拱罐罐山案。按照普米族的习俗，家家都要将祖先的骨灰放在罐罐中，置于山坡上。原告家的罐罐被被告家的猪拱了，他因此觉得会"五利不顺了"，要求被告赔一头猪，再做一场法事。阿洛先是这样处理的：猪是在山上放养，猪也不知道是谁家的罐罐，也没造成多大损失，而且案件涉及的是封建迷信，因此裁定不予受理。老冯得知阿洛的处理方式，知道一定会出问题，立马赶过去重新处理，最终判定被告赔一头猪，在阿洛的提醒下才驳回了做一场法事的诉讼请求。老冯并不是按照罐罐的价格计算损失，而是加上了"精神损失"，体现了国家法对民间法的尊重，但做一场法事这样的请求是不能写进正式的判决书的，因为这是封建迷信，体现了国家法对民间法的舍弃。

因为阿洛的疏忽，法庭的行李和马都在夜里被偷了。在老冯眼里，国徽丢了是最重大的事，以前从来没有发生过。老冯对摩梭人说："你们不是烧香拜佛吗？它就跟你们心中的佛一样重要！"国徽代表国家，代表公家人处理村寨里面的案件有合法性，并且是依据国法去处理这些案件。后面国徽虽然找到了，但被扔进了沼泽地，摩梭人费了很大劲才把"神"请到了，并围着这个公家的"神"跳起了欢快的舞蹈。这是电影中极富隐喻的情节，象征着公家的"神"和摩梭人的"神"的一次和解。然而，现实的和解则更为曲折。对于摩梭人，马被偷是重大的事情，最终通过摩梭人的方式找到了马。要怎么处理偷马的人？老冯说要找公安的同志来，摩梭人的长者"阿妈"说不行，偷马的人不能交出，因为已经按照摩梭人的方式惩罚了一次。这里再一次以民间法为准，国家法退后，因为民间法是更为强势的规范体系。

相对于前面的历史习惯法，村规民约在乡里是另一种社会规范。阿洛岳丈所在的村庄制定了一项村规，羊偷吃了谁的庄稼抓到的羊就归谁。从效力上来说，这项规定在村里实行并没有问题，因为是村民大会通过的，是"民主"的体现。隔壁村的羊吃了这位岳丈的庄稼，这项规则再适用于隔壁村就成了"霸权"。老冯是绝对不允许这样的事情发生的，国家法在这时一定要强硬，杀了羊属于不当占有，岳丈理亏必须赔。阿洛作为公家人必须说公道话，同样如此主张。这位岳丈可不听了，你们竟然胳膊肘往外拐，女儿也不让嫁给法院的人了。阿洛则认为他和妻子领了结婚证，是合法夫妻，没有经过彝族完整的婚礼就带走了妻子。但当地人并不这样看，他们认为阿洛就这样带走未婚妻是私奔，"法院的人"破坏了彝族的规矩，彝族人不打官司了，再也不打官司了……他们不承认法院了。国家法在和民间法的冲突中再一次落败。

基层司法职业性与人民性的争议

电影中，杨阿姨是最后一次跟随法庭下乡。20世纪70年代末，杨阿姨通过少数民族干部选拔成为法院的人。21世纪，实行司法职业化改革，一刀切，要求法官必须有大专以上的文凭，于是杨阿姨被大学生法官阿洛挤掉了。电影中，杨阿姨和阿洛形成鲜明的对照。杨阿姨具有地方性知识，如通晓当地的语言、地形地势、风俗民情。她赞成老冯的很多做法，也深知老冯的不容易。阿洛是一个受过法学院教育的现代法官，使用法言法语，以国家法为准绳处理各种纠纷，反对老冯的很多做法，也反对老冯在村民中所树立的法官形象。在前述的猪拱罐罐山案件中，老冯要原告牵着猪也去把被告家的罐罐给拱了，以此来证明罐罐对原、被告同样重要，因此被告需要赔偿和做法事。阿洛则觉得这在根本上就是违法的，法院根本没有权力决定这样做。在执行中，老冯从被告家牵着猪送到了原告家，显得极为狼狈。这些都不是阿洛心中的法官形象和法官应该做出的行为。

然而，老冯的办事方式在村寨里行之有效，阿洛的职业法官形象则屡屡碰壁。老冯亲民，遇人必打招呼，尊重少数民族的风俗，和当地百姓心连心，处理案件也体现了司法的人民性，深受当地群众爱戴。所以，阿洛结婚时，他的岳丈一听到他带来的礼品中有冯法官出钱买的小猪仔，就一定要向同村人大声宣告，因为有面子。

其实，老冯同样上过大学，受过良好的法学教育，熟悉现行法律制度。然而，多年的磨炼让老冯成为一个既具有职业性又具有人民性的法官。在马背上法庭所管辖的村寨，老冯常常便宜行事，职业性常常让位于人民性，老冯的亲民行为依然是收拢基层民心的重要手段。这样的司法实践形态让我们不得不提出一个颇值得思考的问题：某些基层人民法庭的职业化真的那么重要吗？

法官职业伦理的困境

村子里，两妯娌分家，因为一个泡菜坛子的分割而争执不下，都不愿意让步，杨阿姨百般调解依然没有效果。老冯砸碎了坛子，自己掏出5块钱，让两妯娌各自买一个坛子，纠纷就这样"解决了"。

被告欠原告150元，但被告并没有现钱可归还，只有一头小猪仔，一头小猪仔在当时的市值可能连100元都不到，法官老冯以150元的价格买下了这头小猪仔，成功解决了这起民间借贷纠纷。

在这两个案件中，老冯是一名极具德行的基层法官，为了解决公家的事情，竟然自己掏钱。仔细分析一下，这两个案件的逻辑并不一致。第一个案件，两妯娌在乎的可能并不是一个泡菜坛子，而是心里的气没有理顺，杨阿姨劝说时让当事人各让一步，而老冯的方案，并不在于确定坛子的归属，却正中谁都不想让步的靶心。可见在这类家庭争议中，"止争"可能要优先于"定分"。第二个案件中，原被告债权债务关系明确，老冯出钱解决纠纷既是"定分"也是"止争"，并且要先"定

 看得见的正义：影视中的法治文化

分"后"止争"。不过老冯的行为却模糊了司法救助和私人行为之间的界限，或者说老冯也并没有意识到要在公和私之间做清晰的区分。对他来说，案结事了更为重要。因此，法官的魅力性行为并没有激活司法救济的制度形态，使得法官的行为只能是一个私人的行为而非一个公共的行为，只是打着国徽的旗号在干私事，树立的不是公共的权威而是"老冯们"个人的权威，阿洛就对这种现象深恶痛绝。在电影中，老冯跌下山崖，老冯的继任者阿洛则可能难以继续拥有这种权威，因为乡亲们信任的是老冯而不是法院。

在中国这样一个大国搞法治会面临诸多困境，基层司法的困境就是这种困境的典型展现。尽管这只是电影当中的两个小案例，但也可以窥见一斑。中国基层司法中，常常需要用法官高阶的个人德性救济法律整体的制度德性，但时时处处应该小心谨慎。这两个案件中，法官的个体德性（尤其是高阶的德性）对制度的德性可能并不一定起积极的作用，法官的个体德性还可能对制度德性造成消解。司法实践中常常容易混淆制度的德性和个体的德性，制度的德性常常为个体的德性所取代，而这反而可能妨碍司法权威和司法公信力的确立。

尽管电影是在2006年上映，如今社会已经发生了诸多变化，存在于"马背上"的法庭随着现代司法的推进会逐渐退出历史舞台，但依然可以从这部电影中发现基层司法实践中的多重困境，值得我们细细品味，认真对待。电影背后的这些深层次的困境可能依然具有现实性：国家法和民间法的冲突如何解决，基层司法中的职业性和人民性之间的关系如何拿捏，转型期依赖高阶德性救济制度德性的困境如何解决等，这些都需要认真思考和解决。

26

从《真水无香》看司法的社会之维

2006年上映的电影《真水无香》，以北京海淀法院宋鱼水法官为原型。尽管是以宋鱼水法官的个人事迹为基础，但正如电影中演员宋鱼水和真实宋鱼水的对话所表达的："当以艺术的方式拍成电影，《真水无香》就具有了某种客观性，她不仅仅是在演宋鱼水个人，也是在演以宋鱼水为代表的中国广大基层法官的形象。"电影着重以反思的态度透视案件背后的社会原因和法理争议，因而也具有更高的普遍性和更久的有效性。电影把基层法院遇到的问题推到某种极致，用一种构建冲突的方式展现了基层司法理念及其实践的内在困境。我们可以从以下几个方面进行法理透析。

满足社会需求的公正

电影中，张先生开发的产品侵犯了另一厂家的权益，而这个厂家正是张先生干了七八年的地方，厂家没有认真对待张先生对产品的贡献，张先生就愤而出走，并开发了和原厂家相似的产品，宋鱼水法官判他败诉。原告自是感激法院主持了正义，被告张先生则并不服气。宋法官叫住了张先生要和他谈谈，张先生断然拒绝，宋法官却坚持给张先生打电话，直至打了几十通电话，张先生也不胜其烦，主动找到宋法官。这当

看得见的正义：影视中的法治文化

然是比较夸张的情节设置，然而却展现了宋鱼水法官的一个重要司法理念——辨法析理，胜败皆服。案件判决后，不仅要给当事人判决书，还要向当事人详细说明法院为什么这样判，败诉和胜诉的理由是什么，以消除当事人对法院或法律的误解，达到胜败皆服的效果。电影中的宋鱼水法官有一段让人印象深刻的话："我一辈子可能要办几千个案子，而您（指张先生）可能就经历这一次，如果让您带着对法律的怀疑和不解离开法院，您可能对法律永远失去信心。作为一个法官，这是我最不愿意看到的现实。"让败诉的当事人带着对法律的信任离开法院，这似乎过于理想。屁股决定脑袋，当事人在意的是判决背后的理由，还是实际利益，值得进一步讨论。这里想提另外一个问题：为什么以宋鱼水为代表的中国基层法官要坚持这样的司法理念，这么在意法律的社会效果，尤其在意对败诉当事人的效果？

电影中演员宋鱼水和真实宋鱼水的对话中，真实的宋法官指出："法律需要社会的土壤，法官寻求的公正是社会需求的公正，离开中国国情，不可能构建社会需求的公正。"这是对她的正义观的宣示——正义要落地，要满足社会需求的公正。这里有两种公正，社会需求的公正和法律的普遍性公正。在宋法官看来，法律实践追求的是具体的历史的公正，而不是某种永恒的普遍性公正，需要在法律普遍性公正的基础上回应国情的需要，谋求社会真正需要的公正。法官在意司法对败诉当事人的效果正是要使这种社会需求的公正得到最大限度的满足。

社会转型的成本承担

高中汉案件是电影描绘的又一个重要的案件，高中汉所在的工厂购买了一个锅炉，锅炉的运行对温度要求较高，而锅炉又被安装在室外（常常零下一二十度），运行一段时间就出了问题。出问题之后高中汉并没有按照协议要求厂家维修，而是自己修了一通才给厂家打电话要退货，厂家则拒绝退货。在高中汉眼中自己是被生产伪劣产品的奸商给骗了；在法官眼中，高中汉没有按照锅炉的说明书使用，也没有按照合同要求维修，因为他的过失造成的损失，理应由他自己承担，因此法院判决高中汉败诉。至此，在高中汉的理解中，不仅有无良商人坑害消费者，还多了法官枉法裁判，法官让好人败诉，不凭"良心"办案。最终高中汉采取非常极端的行为，爬上广告牌跳了下来，造成终身瘫痪。中国基层司法实践中，这种现象并不少见。尽管某些当事人在法律上理亏，但以命相威胁，这成为重要的"弱者的武器"。媒体一报道，又会成为扑朔迷离的公共事件。老百姓是看实效的，高中汉的行为真的有效。当地政府给他补偿了十万元，法院也要对主办法官进行调查。"按闹分配"的逻辑似乎在现实中屡试不爽，法治则相应短暂退场。

比起《秋菊打官司》等电影，《真水无香》所描绘的案件更具有典型意义。另一个重要案件是一件争夺商标权的案件。东城荷香园源自西城荷香园，但是东城荷香园在十几年前抢注了荷香园的商标，东城荷香园起诉要求西城荷香园停止使用荷香园的名称、包装、装潢，并赔偿损失。电影中可能存在法律错误，电影中描述的情节并不能完全排除商标在先使用权，也就是说西城荷香园在其原有范围和样式之内可以继续使用荷香园的商标。这里姑且按照电影中的设定，法院判决的话会判西城荷香园败诉，因此法官不断地在当事人中调解，并且希望原告给被告一定的经济补偿，案件最终也以调解结案。

人有怜悯之心，人天生会同情弱者，但是，当一个法官开始同情的时候就要警惕了。人们会同情高中汉和西城荷香园，法官也不例外。高中汉认为诉讼要讲"良心"，法院则主要讲法律，高中汉不懂法律又不愿意请律师，结果败诉。西城荷香园不具有现代商标意识，不具备现代法律知识和眼光，结果不仅面临官司打输的风险，也面临工厂倒闭的绝境。社会转型是有一些成本的，需要培育现代的法律意识，打官司讲法律讲证据，不能仅仅凭"良心"。然而，正如电影中借宋法官之口提出的问题：难道这些社会转型的成本都需要让社会的底层来承担吗？依据前述社会需求的公正，法官需要在这个过程中，在法律允许的范围内回应社会底层的公正诉求。

法官承担的社会期待

在中国基层司法的语境中，事实上存在一个悖论：

一方面，法官被赋予了很高的社会期待，法官不能仅仅是一个居中裁判者，仅仅依据证据和法律进行裁断，社会期待法官做的事情要远远超过这些。法官不能高高在上，需要放下身段，耐心倾听老百姓的诉说和要求。电影中的宋鱼水法官就需要耐心地倾听一位七十多岁的老太太去诉说她的生命故事，这个生命故事甚至和法律并没有直接的联系。法官需要一而再再而三地在当事人之间居中调解，判决或许会比较容易，但可能并不能真正解决问题。诉讼只是社会上多种纠纷解决机制的一种，但是现今多样化的社会纠纷都向法院袭来，整个社会都希望法官能守住正义的最后一道防线，希望法官做为民作主的青天大老爷，对法官的德行和能力有非常高的期待。

另一方面，和这种极高的社会期待并不相称，法官在法律人从事的各个职业中，并不是最具有职业声望的，整个社会并没有给予法官和其社会期待相称的社会荣耀感，法官只是公务员队伍里极为普通的一分子，看不出有什么特殊性。在晋升、工资待遇等方面，法官相对于律师、检察官、其他公务员，并不具有多少优势。甚至在公检法中，法院在资源配置、履职条件、职权范围等方面也相形见绌。那么，我们如何就能要求法官一定得承担起这种极高的社会期待？

　　我们需要对中国基层司法有更多的同情式理解，这样才能深刻体会《真水无香》所展示的困境。我们需要从整体的角度去理解中国司法，永远不能忽视司法的社会维度，即司法所能回应的社会需求的公正、普通民众对于法官的期待等。

27

《十二公民》中陪审员的法意识分析

中国电影《十二公民》（2015）是对美国经典法律电影《十二怒汉》（1957）的改编，改编肯定存在原有影片意义散失的情况，不过也加入了一些新内容，自然而然地将中国的现实状况和历史文化融入其中。如两部电影背景设置明显不一样，中国不是普通法国家，没有陪审团制度，所以只能设置为一次有家长参与的法学院学生的普通法补考。案情细节也不一样，一个是贫民窟长大的男孩被指控谋杀了自己的生父，一个则是20岁"富二代"涉嫌谋杀了向自己不断索要钱财的生父。中国版本明显倾向于把案件设置成一个社会关注度极高的"公共案件"，并且有"富二代"这样的主题元素，容易激发大众对案件的关注。《十二怒汉》可能更强调案件本身的推理过程，《十二公民》中影响案件推理过程的社会心理和社会结构因素则被放大。

不同社会阶层和职业的法意识

不同社会阶层和职业的法律观点和说理态度迥异，这不是什么新鲜观点，但通过电影艺术的形式展现则显得更加鲜明。12个陪审员，12个不同职业，处于不同的社会阶层，呈现出明显不同的法意识。

1号陪审员是法学院的助教，主持整个陪审团的运行程序，一开始强烈主张"富二代"有罪，并且难以轻易被说服。不过1号陪审员的性格似乎有些奇怪，导演和编剧有意让陪审团做出决定的过程更加具有戏剧性，所以这位陪审团主席也有几次因陪审程序无法进行而拍桌子。本该有客观理性等素养的法学院助教，却常常被激情和愤怒冲昏了头脑。

2号陪审员是一位数学教授，一开始主张从"反证法"角度认识案情，即"没有办法证明这个人不是他杀的"。这立马引起了8号陪审员检察官陆刚的反驳，即不需要证明不是他，而只要证明这个案件存在疑点。2号陪审员在法律知识方面虽有所欠缺，但有数学思维的支持。案件的推理过程毕竟是一个科学而严密的过程，所以当案件的细节呈现出来时，他早早地就被8号陪审员说服。

4号陪审员是一个房地产商，和法学院女生一起追求爱情，引发了陪审团的重大关注。他事实上比较理性，也讲究说理，他的每一个判断都有相应的证据来支持，应该是这些陪审员中法律意识较强的陪审员之一，他也是未来公民理性培育所需要的主体类型。4号陪审员温文尔雅，不容易愤怒，但当他的发言被10号陪审员四次打断之后，也忍无可忍，而且最受不了社会上的仇富心理，懂得法律是保护自己财富和权益最有力的武器。除了3号陪审员，他最后才被说服，并且是因为自己做出判断的理由被推翻才"幸福地向真理低头"。

8号陪审员是法律专业人士，是情节的主要推动者。他认为这个案件存在诸多疑点，负责向几位陪审员普及"排除合理怀疑"等英美法常识，维护陪审团裁断的神圣和法律的尊严，并引导陪审团走上正确的轨道。他购买了一把与遗留在犯罪现场一样的刀来引起大家的怀疑；细致地演绎老年证人的步伐以确定老人所需要的时间。他坚持真理，即使在"以1票无罪敌11票有罪"的情况下；敢于认错，和3号陪审员产生争执

　　　　　　　看得见的正义：影视中的法治文化

而摔东西后主动认错；严谨细致，甚至"吹毛求疵"。在陆刚的眼里，这个审判的过程，是一个极好的普法过程，他自己就是一个积极的推动者和参与者。

特殊经历作用下的"被说服"

特殊经历对人们法律意识的影响是巨大的。5号陪审员曾经蹲过冤狱，被判处了八年刑罚，坐牢一年六个月时被无罪释放，深深懂得"万一"和"一万"的道理。刑事审判必须排除"万一"，因为即使小概率事件也可能成为犯罪嫌疑人的"一万"，而这种错案即使被纠正过来，也会对受冤者产生终身不可逆的影响。这段冤狱经历也使他受到了法治教育，他是陪审员中较为客观和理性的一个。丰富的用刀经验也告诉他，凶案现场的刀具也不大可能使出"向下向内"的角度，从而说服了更多的陪审员投向无罪。

6号陪审员是一名急诊大夫，医者仁心，多年的急诊经验更加坚定了他尊重生命的信念。在他眼里，道德远高于法律，因为有些时候急诊家属已经请求放弃，尽管没有法律障碍，但要他同意放弃急救，他依然觉得十分艰难。他一开始虽不同意陆刚的结论，但赞赏陆刚严谨求实的态度。这种对真相保持开放性的态度，以及高尚情操也使得6号陪审员较早被陆刚说服。

9号陪审员是陪审团中的最年长者，也是一位具有智慧的长者。他明白案件中老年证人想引起大家注意的心态，也知道这位老人并不一定是在说谎，虽然老人在地铁经过的轰鸣声中听不清楼上的争吵内容，但他"只是让自己相信自己所说的那些话"。9号陪审员的法律理性具有经验理性的支撑，他经历过严酷的岁月，是一个隐约的声音"挺挺就过去了"让他放弃了轻生的念头。特殊的经历告诉他，应该给这个"富二代"一个机会，所以他最早投票支持8号陪审员。这种支持是极为有力的，9号陪审员观察细致，最早察觉女目击证人的近视特征，从而说服了最难以说服的4号陪审员。

11号陪审员是大学保安，早年曾两次报考过政法大学但落榜，这个经历使他具备基本的法律素养，在法律知识方面除了检察官陆刚和法学院的助教，相较于其他陪审员，他具有优势。他也熟悉法律的运行程序。11号陪审员经历丰富，还干过快递员，曾一天只买一张票留在地铁给人送快递，这使得他知道一节车厢有多长、地铁的时速等，补充了计算地铁经过一个定点所需要时间的关键知识。他的法律知识有了其他知识的支持，这些因素决定了他也较早被说服。

内心"潜见"的根本性影响

3号陪审员是陆刚最直接和坚定的对手。3号陪审员之所以如此坚定地支持有罪，是因为早年他和儿子有过一段冲突，儿子一气之下离家出走7年未归而且音讯全无，妻子也因为儿子的出走而跟他离婚，这使得他内心深处对儿子杀害父亲的行为充满了痛恨，这也成为左右他判断的根本性的因素，他的说理都是为他的这个根本性观点寻找理由。他具有一定的说理能力，出租车司机的职业身份也使他"见多识广"。他是陪审团中最难以被说服的类型，因为"根本性判断"+"有限的说理能力"容易产生执拗的主张。他的说理能力在4号陪审员之下，但4号陪审员没有他的"根本性判断"。尽管最终在"1票有罪对11票无罪"的情况下，他

看得见的正义：影视中的法治文化

经过一番情绪宣泄之后很不情愿地举起了投向无罪的手，但总体而言，3号陪审员还是属于立场先行，固执于自己的原初判断，并且认知不向真理和法律开放的主体。

7号陪审员是校外一个小卖部的老板。他内心深处的潜见是——来参加陪审团只是为了讨好校方，因此应该尽早结束，别耽误了他做生意。很明显他秉持一种实用主义的态度，本来并不在乎陪审的走向。然而，7号陪审员也维持了普通人的理性判断能力，表面上他赞成无罪的理由是"烦了"，实质上他也觉得8号陪审员等主张无罪一方的理由更加充分。这种类型的主体需要补充法律知识，接受更多的普法教育，培育更为积极的法治情感。

10号陪审员是一位"吃瓦片"的老北京，靠收租子为生，他的"潜见"也十分典型。他说："一辆公共汽车，上面全是大学生和教授，只有一个外地人。车上丢一钱包则肯定是外地人拿的。"这位老北京的言语中具有明显的地域歧视和阶层歧视，12位陪审员中他的主张可能最没有法治色彩，最不讲究权利和说理。他也不遵守说理的程序，经常在别人还没有说完时就任意打断。可以说，10号陪审员是作为法治思维最直接的对立面出现的。然而，人们会天然寻求一些更为正当的理由，他的发言引发了陪审团的集体抵抗，这个过程也彻底暴露了他的无理，最终他选择向真理妥协。

12号陪审员是一位保险推销员，他的潜在特点是没有根本的看法，最容易摇摆，他也是唯一在陪审过程中在有罪和无罪之间不断摇摆的陪审员。12号陪审员更像普通人，人们往往会在不同的正当理由间犹豫，难以深入挖掘背后的法理依据。这种主体需要专业法治思维的引导，如在电影中他受到检察官陆刚的引导而走向坚定。

《十二公民》以电影艺术的形式对法意识状况进行的极化和类化，也给现实提供了借鉴。透过电影，我们也更容易理解陪审团规则的正当性，即必须以全体一致的方式通过，以及一人一票的内在平等性。这可以保障每个人意见的充分表达，形成丰富的答案，充分展现法律的内在价值。

看得见的正义：影视中的法治文化

香港电影的法治文化
透视

28

香港黑帮电影中的"规则文化"

香港电影曾有过辉煌的黄金时期,各个电影类型都诞生了诸多经典的影片,黑帮电影是其中的重要类型。那些沉淀在我们记忆中的电影展现了香港黑帮电影的发展轨迹,耳熟能详的就有《英雄本色》(1986)、《江湖情》(1987)、《我在黑社会的日子》(1989)、《跛豪》(1991)、《五亿探长雷洛传》(1991)、《岁月风云之上海皇帝》(1993)、《古惑仔系列》(1996始)、《O记三合会档案》(1999)、《龙在边缘》(1999)、《无间道》(2002始)等等,其中的快意恩仇、暴力美学、儿女情长等都使得香港的黑帮电影具有自己的风格,在世界黑帮电影中占据重要的位置。俗话说"家有家法,帮有帮规",黑社会是有组织的犯罪团伙,要很好地组织起来就需要依靠一定的内部规则,每一个黑社会的规则都可能具有自己的特点,"规则文化"也成为理解黑社会及黑帮电影的重要视角。杜琪峰导演的《黑社会:龙城岁月》(2005)、《黑社会:以和为贵》(2006)是香港黑帮电影的经典代表,被网友誉为"华语黑帮史诗",甚至可以自己的特色媲美《教父》(Ⅰ 1972)、《极恶非道》(2010)等国外经典黑帮影片,我们可以这两部电影为中心考察黑帮电影中的"规则文化"。

黑帮中的显性规则

《黑社会》两部曲主要讲述了香港最大帮会"和联胜"举行两年一度的话事人①选举,第一部中阿乐与大D作为两大地区领导,暗地里争夺宝座,一众有投票权的元老亦为自身利益而明争暗斗,选举因此相当不顺利。结果,阿乐获选成为话事人,满心不服的大D决定挑战帮规,他要抢夺象征最高权力的信物"龙头棍",组织新帮会。五名小头目参与其中,为争夺龙头棍展开连番内斗。第二部中阿乐手下的小头目逐渐成长起来,其中吉米因为很能挣钱而具有威望,东莞仔则以"武力"见长,多人展开了选举的争斗。

"和联胜"通过选举来确定话事人不同于很多电影中黑帮老大的产生过程。黑帮中头目的确定一般更强调"能力",崇尚"霸道",以"力"和"钱"为中心,要么很能打,要么心狠手辣,要么有很多上层关系,要么能给黑帮赚取经济利益,要么给黑帮做出其他贡献(如顶罪、杀人等)等,一般是以深孚众望为基本条件。一般是原有老大直接指定,或者老大确立规则,如《水浒传》中是由晁盖确立的规则,即谁替他报了仇,谁就能老大,尽管晁盖的规则并没有被遵守,而是最终服从了谁有能力和威望谁做老大的规则。也有通过世袭确定的,如《我在黑社会中的日子》中就主要是基于世袭的合法性,《教父》中也主要是通过世袭规则确立老大。事实上,老大的确定规则也分动荡时期和和平时期,在动荡期或者帮会刚成立的时期,一般崇尚"霸道"。在和平时期,一般崇尚"王道",更讲究合法性和正当性,如通过选举或前任老

---

①话事人相当于"轮值的黑帮老大",具体代表本社团,处理与其他黑帮、警方谈判开战等重大事宜,领导发展本社团,协调处理本社团内部矛盾。

　　看得见的正义:影视中的法治文化

大直接指定。"和联胜"的
选举也有自己的特点，其不
是每一个帮派成员一人一
票，也不是现有的帮会大佬
内部选举，而是帮会的老人
进行内部选举，具有一定的
私密性。这些老人都是帮会
中有头有脸的人物，要么曾
经做过话事人，要么给帮会
做出过重要贡献而有崇高的
威望。这样的选举规则一定
会给私下的交易留下巨大的

图16　《教父》中第一代教父与第二代教父为父子

空间，帮会的老人可不是仅仅基于公心去选择一个话事人。而且，"和
联胜"每两年就要进行一次帮会选举，这个时间间隔可能并不合理，因
为两年时间新任话事人可能还没能施展他的"雄才大略"，所以现今很
多任期以4年或5年为标准。"和联胜"的选举规则还有一个重要的特征
就是不需要经过多少人提名，一般头目都可以站出来参加选举，所以
《黑社会：以和为贵》中就有更多的候选人参选，吉米、东莞仔和飞机
等都想要站出来参选，《黑社会：龙城岁月》中则只有两位（阿乐和大
D）。从黑帮选举中同样可以看到确定候选人规则的重要性。

　　黑帮中最为重要的显性规则可能是江湖道义。《黑社会》影片一
开始就宣誓了洪门三十六誓的前六誓，第一誓：自人洪门之后，尔父母
即是我父母，尔兄弟姊妹即是我兄弟姊妹，尔妻是我嫂，尔子侄即是我
子侄，如有不遵此例，不念此情，即为背誓，五雷诛灭。第二誓：倘有
父母兄弟，百年归寿，无银埋葬，有绫飞到求兄相帮，必要通知各兄

弟，有多帮多无钱出力，以完其事，如有诈作不知者，五雷诛灭。第三誓：各省外洋洪家兄弟，不论士农工商，以及江湖之客到来，必要留其一宿两餐，如有不思亲情，诈作不知，以外人相看者，死在万刀之下。第四誓：所有洪家兄弟，未相识挂牌号，说起情由，必要相认，如有不认者，死在万刀之下。第五誓：洪家内事，父不能传子，子不能传父，兄不得传弟，弟不得传兄，以及六亲四眷，一概皆不得传，凡讲说以及私传衫仔腰平以及本底，私教私授，贪人钱财者，死在万刀之下。第六誓：凡我洪家兄弟，不得做眼线捉拿洪门兄弟，倘有旧仇宿恨，必要传齐众兄弟，判其是非曲直，当众决断，不得记恨在心，倘有不知者，捉错兄弟，须要放他逃走，如有不遵此例者，五雷诛灭。这些反映的"洪门宝训"是孝、悌、忠、信、礼、义、廉、耻，其说明儒家价值观不仅是官方意识形态，也是江湖的基本道义原则。谁不遵守这些江湖道义，谁就是自绝于江湖，人人得而诛之。黑帮电影最"大快人心"的内容，正是这些江湖道义的最终胜利。

隐性规则

相较于显性规则，隐性规则一般并不摆在台面上，而隐藏在文化背景中，因此也更能突出文化的深层特点。黑帮中一个非常重要的隐性规则就是"我老大的老大不是我的老大"，这有点类似于封建社会的特点，"我领主的领主不是我的领主"或"我附庸的附庸不是我的附庸"。如《黑社会》中，帮助阿乐上位的五个小头目都只是忠于阿乐而不是"和联胜"，吉米或东莞仔的小弟也并不直接服从于阿乐。在电影中有一个直接的证明就是阿乐的儿子也参加了比较底层的青少年黑帮，

看得见的正义：影视中的法治文化

而这个帮会肯定是隶属于阿乐的帮会的，但阿乐的儿子作为帮派的成员则和阿乐并没有直接的联系。帮会中下线的发展具有封闭性和相对的独立性，你只有一个效忠的对象就是你的嫡系老大，至于老大的老大是谁，许多下线小弟则并不一定关心。阿乐和大D同属于"和联胜"，但是阿乐和大D的小弟们都彼此不从属，不以级别论，不是大D的小弟就必须尊重和服从阿乐，他们只是忠于和服从大D，大D才是他们的"衣食父母"。这意味着帮会必然是"山头"主义的，各个"山头"互不隶属，相互竞争，甚至相互杀戮。因此，团结的帮会，其团结所依靠的不是公共性而是私人性，依靠的是私人关系的严密性。

黑帮中还有诸多的隐性礼仪，如话事人要有龙头棍才能指挥众帮会成员，龙头棍是帮会最为重要的礼器，是话事人身份最为重要的证明，也是帮会权威的象征，龙头棍的交接也是帮会最为重大的仪式。一开始龙头棍的证明意义比较强，因为帮会一大，又缺少通讯，自己堂口的兄弟也未必都认识，就需要一个权威的证物。后来这一规则也成为对话事人能力的某种考验，首先是必须能够争取到龙头棍，因为龙头棍的交接和话事人的选举并不是同步的，龙头棍需要经历争夺的过程。其次，如何保存好龙头棍也是颇费脑筋的，如阿乐竟然把龙头棍藏在存放自己妻子骨灰的隔间里。无论在东方还是西方，丧礼都是重大的礼仪。黑帮老大去世后的吊唁无论是在中国、日本、韩国，还是在美国、意大利、德国、法国等国的黑帮电影中，都是最为重要的情节。一个黑帮老大的去世就意味着一个新的动荡期的开始，要重新确定老大，还得面对其他帮派的虎视眈眈。传统的礼仪出于对死者的尊重，丧期一般不会进行很多实质性的行动，但黑帮电影中常常把丧期（丧礼）变成扼杀新老大或寻仇的最佳时期，因此丧礼中常常留下更多的尸体。

阿乐和大D达成协议之后，也有就职的仪式和立约仪式。杜琪峰的

《黑社会》之所以拍出了文化味道，一个重要的原因正是电影中充斥着历史感和仪式感。阿乐和大D等九个区的代表重温洪门历史和三十六誓，重温最基本的江湖道义，问："爱兄弟还是爱黄金？"答："爱兄弟。"然后滴血焚香，结为异性兄弟。

可以恣意挑战和改变的规则

规则文化遵循"规则就是规则"的信条，形成稳定的规则文化，是法治社会形成的重要体现。黑帮的规则文化迥异于法治社会的规则文化，一个重要的方面即黑帮的规则是可以恣意挑战和改变的规则。

《黑社会》两部曲中，选举是最重要的显性规则，然而电影中描述的却是对选举规则的彻底践踏。阿乐和大D都在拉拢参与选举的帮会老人，贿选是主要的手法，尽管贿选本身意味着至少每一票都比较重要，但如果贿选过于严重，选举就会变得毫无意义。电影中第二种对选举的破坏是大D采取的绑架和恐吓帮会老人这一行为，把两位帮会老人关在木箱子里，然后从陡峭的山坡滚下，可能是电影中才会出现的恐怖手法。这或许也是理解《黑社会》的重要进路，选举并不是真的选举，而黑帮大佬破坏选举才最能展现黑帮选举的魅力。当电影中大D提出应该有两位"话事人"之后，阿乐彻底愤怒了，极为残忍地杀害了大D及其妻子。《黑社会：以和为贵》中对选举制度的破坏也是惊人的，阿乐想连任，绑架了吉米最重要的生意伙伴以逼其就范，吉米的反击则是"买通"了阿乐身边的小弟，最终直接杀死了阿乐。没有其他候选人，吉米直接当选。选举本是为了避免动荡而采取的和平变更领导人的方式，黑社会的选举则变成了比战争更恐怖的过程，原来专注于做"正当"生意

　　　看得见的正义：影视中的法治文化

的吉米，也变成了杀人不眨眼的恶魔，但似乎又是"人在江湖，身不由己"。

维护江湖道义是所有黑社会的旗号，也是任何帮会所要做出的"正确性宣言"，不过以兄弟情谊为中心的黑帮江湖道义，常常是被背弃的对象。在寻找龙头棍的过程中，五个小头目相互争夺，并不顾及洪门三十六誓第十誓：兄弟托运钱与杂物，必要尽心交托递到，如有私骗者，死于万刀之下。阿乐和大D是结拜的兄弟，阿乐的五个小头目都称阿乐为干爹，但他们相互杀戮时并没有什么情谊。阿乐为了连任，甚至直接杀害了一直以来最照顾他的平伯，不断刷新着人们的认知下限。吉米为了威胁阿乐的手下，将其中一个人的尸体用机器搅碎，给狗做晚餐。黑社会估计是最讲究实际的，一切以情势变更为转移。那些隐性的礼仪规则就更是破坏的对象，遵守礼仪规则是要顾及脸面，黑帮电影中的戏剧冲突却正是要撕破脸皮。黑帮遵守规则只具有表面的维度，丝毫没有意义深度，当以任何的理由打破规则时，规则本身就变得一文不值。毫无下限，没有底线，这正是黑帮"规则文化"的特点。这种"规则文化"，对人来说会带来更为恐怖的异化，会不断地激发人性当中恶的一面，会不断有更为恐怖的人为了上位而无所不用其极，或者是把本身善良的人变得更为恐怖。当然这只是《黑社会》两部曲中的体现。在《英雄本色》《我在黑社会的日子》《古惑仔》《江湖最后一个大佬》等黑帮电影中，兄弟情谊、江湖道义则得到了彻底的伸张。这代表两种纯粹类型，或许现实分有了这两种纯粹类型或者更加复杂。

29

电影中的"下流"表达

　　香港电影之所以能在世界电影史上留下浓墨重彩的一笔，一个重要的原因就是它的语言往往不拘一格，或是调皮，或是嘲讽，或是痴癫，嬉笑怒骂，没有那么多条条框框。其中语言风格，是接地气的"下流"表达。老百姓的语言里面，没有那么多高贵的表达，不需要那么多诗意，不需要那么官方和正式，真实、质朴，甚至是"下流"。

"下流"的表达

　　电影中"下流"的表达有时比较隐晦，有时则比较直白。如根据余华的小说改编的电影《活着》，主人公富贵赌博输掉家产成了贫民，反倒"因祸得福"，躲过了对地主的批斗，唱皮影戏成为富贵的主要职业。电影中的经典唱段："奴和潘郎宵宿久，宵宿久，象牙床上任你游。"其描述的性事为老百姓所喜闻乐见，又不失隐晦，具有很高的艺术性。这种隐晦或许是很多大陆影片的重要特点。像2012年的电影《万箭穿心》，直白地描述女性的性需要，那或许是一个另类。香港电影中的"下流"表达往往是比较直接的，这是香港电影为大众喜爱的一个重要原因，最杰出的代表可能是周星驰的电影，《功夫》（2004）、《食神》（1996）、《大内密探零零发》（1996）、《九品芝麻官之白面包青天》（1994）、《唐伯虎点秋香》（1993）、《审死官》（1992）等都比较典型，以下仅仅举几例：

一乡二里共三夫子不识四书五经六艺竟敢教七八九子十分大胆。十室九贫凑得八两七钱六分五毫四厘尚且三心二意一等下流。——《唐伯虎点秋香》

唐伯虎对答华夫人片段："我爷爷跟他来翻脸，惨被他一棍来打扁；我奶奶骂他欺善民，反被他捉进了唐府强奸了一百遍，一百遍。"——《唐伯虎点秋香》

"介绍Pizzad的男朋友给你认识，他的发型又衰又难看，又没什么钱，也没读过书，性能力又马马虎虎，不过还算一表人才啦。"——《千王之王2000》

"老公，我昨晚陪你XXOO到天亮！才知道老公那条XX好厉害！"——《审死官》

"看你也最多3分钟，猪肉佬。"——《国产凌凌漆》

"你还是那么细皮嫩肉，来转个圈。你想不想升职？""我不想做鸭。""我问你想不想升职？""想的，但我不想失去我的贞操。"——《逃学威龙》

"阿杰的颈涂了印度神油，硬得不能想象。印度神油涂颈的吗？当然了，否则涂哪里？"——《整蛊专家》

黑帮电影中的"下流"表达最是令人瞠目结舌，"吃醉鸡""泻火""秒射""检查身体"……日常生活中很多粗鄙的语言，可能都能在香港黑帮电影中找到。如《O记三合会档案》中，1959年到1974年左右，香港九龙城寨号称三不管地带，赌场、妓院应有尽有，吸毒、杀人遍地都是，警察更是腐败堕落，是流氓中的流氓，用电影中的语言，"包娼庇赌，管他老爸还是老母"。

有些电影的表达甚是"粗鄙"，但生活中不只有诗和远方，还有粗鄙、下贱、堕落，电影中的"下流"表达反倒具有切合生活实际的戏剧性效果，让人好不爽快。用网友的话说："你的日常语言系中可以最大限度地表达你思想感情与精神状态的话语中，如果适当加上一些粗口，效果就会大增，可谓画龙点睛。"

"下流"的权利

启蒙思想家狄尔泰有句名言："我不同意你的说法，但我誓死捍卫你说话的权利。"同样，我们也可以推导出：人性当中的崇高一定是人性中最为高贵的成分，下流、粗鄙在道德上不应该被推崇，但在不违法的前提下，人民有下流的权利。美国1996年的电影《性书大亨》以艺术的形式将这一主张推到极致，因为电影中的拉里·弗林需要捍卫他的色情表达。

《性书大亨》根据美国色情大亨的真实事迹改编，描述了拉里·弗林跌宕的一生。他出生于肯塔基州一个贫苦的农民家庭，没受过什么教育。他曾靠产销私酒谋生，后成为"好色客"夜总会的老板。颇具商业头脑的拉里思索着如何拓展自己的事业，他瞄准了社会大众偏爱奇闻轶事的心理，认为从事出版有利可图，于是主办了色情杂志《好色客》。几经波折，《好色客》一跃成为全美闻名的通俗读物，拉里也成为美国出版界的新贵。事业上如日中天，个人生活也锦上添花，拉里迎娶了相

看得见的正义：影视中的法治文化

爱多年的脱衣舞女奥尔西娅。然而，正当他沉浸在事业与家庭双重幸福中时，灾祸却不幸降临了。1972年，警方以涉嫌指使他人卖淫并参与有组织犯罪等罪名将拉里逮捕。一个小流氓与一群高尚人士的战争，拉开了序幕。辩护律师艾伦·艾萨克曼代表拉里出席法庭辩论。一审裁决时，拉里被判有罪，入狱25年。幸得多方援助，拉里的罪名才在5个月后得以洗刷。拉里重获自由并不意味着《好色客》杂志就不再被人关注和攻击，试图再禁该刊、惩治拉里的大有人在。6年后，拉里因公开销售《好色客》而再度被捕。在乔治亚州立法院门外，拉里与律师艾伦被人开枪击伤，导致他腰部以下瘫痪，作为色情大亨的拉里失去了性能力。拉里出院后，与奥尔西娅移居好莱坞贝弗利山庄。1987年，拉里将自己争夺言论自由权的案卷递交到高等法院，最终得到空前的支持，《好色客》的言论自由获得了美国宪法第一修正案的保护。①

拉里·弗林和他的律师有几个重要的为他辩护的理由：

拉里·弗林："上帝创造了男人和女人，那么同一个上帝也创造了她的阴部，不能违抗上帝的命令。"拉里的重要理由即人的身体具有神圣性，拍出身体的每一个部分也是神圣性的显现，没有丝毫的耻感或是不道德。

拉里·弗林："如果我们对某些人认为淫秽的东西竖起一堵墙，那么各种各样的墙就可能被竖起，到那时，我们就什么也看不到，什么也做不了了。因为，今天他们能抵制低俗，保不准明天就会抵制丑陋，抵制穷人，抵制矮子，抵制残障……"

拉里·弗林："如果宪法第一修正案保护像我这样的人，我相信它能保护所有人。因为我是最下贱最人渣的垃圾，当一个社会，愿意去

①金晓非编著：《禁之影》，中国工人出版社2006年版，第57—61页。

保护一个人渣，证明它能够保护大多数人的权益。"这是木桶原理的表达，一个桶能装多少水取决于它最短的那块木板。

拉里·弗林的辩护律师："尽管我丝毫不认同我当事人的价值观，也从不看他主办的色情刊物，但我尊重允许不同价值和道德共存的自由。"

拉里·弗林的辩护律师："我们国家备受珍视的观念之一，就是存在无拘束的公共辩论以及言论自由。现在我们面临的问题是，公众人物让自我免受精神伤害的权利不应该胜于美国公民表达自己看法的公众利益。需要区分争论的是法律还是品位，因为在对簿公堂中争论品位是没有用的。"

美国最高法院法官的裁判意见："第一修正案的中心思想是认识到思想自由的重要性，言论自由不仅是个体自由的一方面，本质上更是追寻真理以及维护社会活力的必要方式，在关于公共事务的讨论中，某些事情虽然动机不良，但依然受到第一修正案的保护。"

香港电影中那些"下流"的表达可能还在人们的接受范围之内，但是更为"下流"的表达则一定会形成对公众的冒犯，那么我们如何确定表达的边界？

"下流"的意义

王蒙1993年曾写过一篇短文《逃避崇高》，一个重要的内容就是描述王朔的作品及其风格。20世纪80-90年代，逃避崇高似乎成为一个极为重要的口号，甚至被看作思想挣脱枷锁的象征。王朔的名言"过去作家中有许多流氓，现在的流氓则有许多是作家"（大意）广为流传。他的

  看得见的正义：影视中的法治文化

另一句名言"青春好像一条河，流着流着成了浑汤子"，头半句似乎有点文雅，后半句却毫不客气地揶揄了"青春常在""青春万岁"的浪漫与自恋。他的小说的题目《玩的就是心跳》《千万别把我当人》《过把瘾就死》《顽主》《我是你爸爸》以及电视剧题目《爱你没商量》在正统的作家们的眼里实在像是小流氓小痞子的语言，与文学的崇高性实在不搭界。他的第一人称的主人公与其朋友、哥们儿经常说谎，常有婚外的性关系，而且常常牵连到一些犯罪或准犯罪案件中，受到警察、派出所、街道治安管理组织直到单位领导的怀疑或审察，并且满嘴俚语、粗话、小流氓的"行话"直到脏话。他们什么话——假话、反话、刺话、荤话、野话、牛皮话、熊包话直到下流话和"为艺术而艺术"的语言游戏的话——都说。① 如此可见，"下流"表达的盛行也不完全是消极的，在我们的历史中也有积极的意义。

　　《红楼梦》第二十八回中记述了呆霸王薛蟠得了好物，请宝玉吃酒，在桌上宝玉行一酒令："如今要说悲、愁、喜、乐四字，却要说出女儿来，还要注明这四字原故。说完了，饮门杯。酒面要唱一个新鲜时样曲子；酒底要席上生风一样东西，或古诗、旧对、《四书》《五经》成语。"宝玉说道："女儿悲，青春已大守空闺。女儿愁，悔教夫婿觅封侯。女儿喜，对镜晨妆颜色美。女儿乐，秋千架上春衫薄。"薛蟠的酒令则是："女儿悲，嫁了个男人是乌龟。女儿愁，绣房撺出个大马猴。女儿喜，洞房花烛朝慵起。女儿乐，一根毡奓往里戳。"宝玉和薛蟠的酒令相互对照，自是突出。1987版的电视剧《红楼梦》中有意省去了呆霸王的第四句，自有其道理，电视剧的世界怎么能出现如此恶俗的话语，然而，现实的世界则既是宝玉的世界，也是薛蟠的世界，多重世

----

①王蒙：《躲避崇高》，《读书》1993年第1期。

界一起才组成了一个更加真实的世界。《红楼梦》小说可能给我们呈现了一个更为真实的世界，而电视剧则以"高尚之名"删除了那些所谓粗鄙的内容，然而，这种删除是否就是好的呢？《脂砚斋评石头记》对这一段有一句评语："此段与《金瓶梅》内西门庆、应伯爵在李桂姐家饮酒一回对看，未知谁家生动活泼？"《红楼梦》和《金瓶梅》之间的关系自是需要更多的研究，不过，有了《金瓶梅》，《红楼梦》才更显精彩。放在这里，有了薛蟠的"下流"表达，宝玉的文艺范儿才得以更好地展现。

或许，"下流"更有利于我们认识真实的自己和世界。相较于那些"两面人"，那些表面上满口仁义道德，实际上卑鄙龌龊的人，真实得无以复加，彻底"下流"的人可能更值得尊敬。一个自由的社会也需要承受极端自由对人们的冒犯，如享有充分的言论自由可能必然会受到言论自由的冒犯。这让人想起胡适的提醒，"容忍比自由更重要"，我们也需要对那些"下流"的表达给予更高程度的容忍，因为这本身也是自由权利和责任的内在构成部分。

看得见的正义：影视中的法治文化

30

《审死官》中的戏谑正义

　　宋世杰的故事自20世纪以来多次被改编为影视作品，1948年曾有改编自粤剧《审死官》的粤语片，其后香港无线电视又改编成电视剧《状王宋世杰》，最为人熟识的应该算是1992年周星驰和梅兰芳主演的电影《审死官》。据考证，《审死官》中讼师宋世杰的原型为宋士杰，明成化信阳州（今信阳市）人，并非电影中留着大辫子的清朝人。其幼年家境贫寒，虽读过书，却未入仕。正德年间，曾干过代书的营生。嘉靖初，在南汝光道衙门当过刑房书吏，他生性耿直，不善阿谀奉承，平素行侠好义，时常代人书写状纸，不收分文，为民申冤鸣屈。后因"办事傲上"和"包揽词讼"等罪名，被革掉刑房书吏的差事。此后，宋士杰便在信阳州外小街开设饭店。宋士杰的出名可能与相应戏剧作品的流行有关，如在京剧《四进士》最早的版本中，宋士杰是配角。后来在京剧《宋士杰》中，宋士杰成为主角。文学创作事实上也是对社会需求的某种回应，人们希望出现宋世杰这号人物来为老百姓争取正义，宋世杰也就成为一位家喻户晓的人物。因此，对宋世杰故事的解读就具有了重要的文化意义。《审死官》中的宋世杰形象别具一格，值得细细审视。

无厘头逻辑

周星驰的电影以无厘头著名，无中心，无目的，无道理，无秩序，无逻辑，倒是契合很多后现代的思维方式。在现代性狂飙突进的时候，周星驰的后现代风格自成一体，真可谓"尽皆过火，尽是癫狂"。颠颠倒倒，倒倒颠颠，或者就本无所谓颠倒。正话反说，反话正说，或者压根就无所谓正反。虽是如此，但无厘头本身似乎蕴含了一种逻辑。

水师提督的儿子宾少爷上街遛狗，这只花旗国的狗咬住屠夫的一大块猪肉不放，并撕咬了屠夫，屠夫只好对它棍棒相加，打跑了狗。宾少爷家的狗咬了人不赔偿，反倒要屠夫赔偿狗跑了的损失，连购买、饲养等成本共赔三百两银子，并找经过的知县主持公道。屠夫说这够他们全家吃十年。这时，宋状师出场，要家仆阿福咬了宾少爷一口，宾少爷打跑了阿福，宋世杰要宾少爷赔一千两银子，按照之前的逻辑，也是合情合理，知县也无话说只能支持。宋世杰用类比推理的方式放大了宾少爷的荒诞逻辑，让他自食其果。用别人已经承认的道理反驳对方，以彼之道还施彼身，这似乎是无厘头逻辑背后的重要逻辑，和苏格拉底的辩证法也有相似之处。不过有些很有道理，有些则是毫无道理可言。

> 知县何大人：杨秀珍原籍山西，是什么原因要来广东告状？
> 宋世杰：大人原籍湖南，来广东做官，又作何解释？

这个类比就显得毫无道理，杨秀珍异地告状不符合管辖规定，在当地告状有法律上的种种便利，如证据更易于收集，调查更容易开展等等，总之更有利于节约司法成本和实现司法公正；何大人异地为官则涉

 看得见的正义：影视中的法治文化

及中国古代任职回避的规定，是为了避免官员腐败，尽管这一手段和目的之间常常并不匹配，但具有制度上的正当性。

何大人：你说她丈夫被她大哥大嫂害死了，还冤枉她，有什么凭据没有？

宋世杰：没有！

何大人：没凭没据就是诬告！

宋世杰：慢着，敢问大人，我是公的还是母的？

何大人：你当然是公的啦！

宋世杰：有没有证据？

何大人：公就是……你老婆都娶了，儿子也生了，你这不是公的是什么？这是常理！

宋世杰：她的大伯和大嫂死了个弟弟，弟媳妇又离家出走，如果不是做贼心虚，干吗不闻不问？请问大人，这是不是常理？

这个类比在现代也是毫无道理的，常理并不能作为起诉的证据，即使何知县已经承认常理具有一定的证明力。不过何大人最终只能受理了这个案件，兴师动众去山西将杨秀珍的大哥大嫂姚田氏夫妇押回来受审。

戏谑的审判过程

《审死官》中有三段直接展现了衙门庭审的过程，除了前述立案的过程，后面还经过两次审理，一次是广东知县何大人主持的首次审理，另一次是八府巡按主持的再审。

山西布政使用五千两白银疏通了广东知县后，第一次审理的逻辑就立马改变了，不是杨秀珍状告大哥大嫂姚田氏夫妇谋害了自己的丈夫以夺其财产，而是姚田氏夫妇告杨秀珍不守妇道、谋杀亲夫，以及诬告姚田氏夫妇。这意味着审判的过程可以按照何大人的意志自由切换，宋世杰提交的状纸变得毫无意义。审理没有丝毫的程序正义可言，还没等杨秀珍开口，何大人就对杨秀珍横加指责，毫不掩饰自己和姚田氏夫妇的"默契"。第一次审判也变成了没有当事人的审判，只有宋世杰夫妇却没有杨秀珍，宋世杰没有拿出山西布政使和知县何大人通信的关键证据，而最终被判败诉，处理的是宋世杰而不是杨秀珍，这是电影的有意设置还是编剧的失误不得而知，但肯定更能衬托审判的戏谑效果。宋世杰被关的监牢里甚至像菜市场一样热闹，可以随意进出，可以到监狱喝酒，可以恣意杀害囚犯……

审判的戏谑性一个重要的体现就是可以恣意设置的"大清律例"和审判规则。首先，八府巡按审判庭的组成毫无规则可言，八府巡按和山西布政使、山西知县、广东知县一起组成审判庭没有丝毫的根据，广东知县旁听这个案件还可以说是因为其原来已经审理过此案，他旁听更有利于查明案情，布政使则并没有按察审判之责，何况是山西布政使，没有丝毫的理由要加入审判，山西知县从来没有接触过这个案件，也调来审理这个案件完全没有依据。其次，电影中描述了一条重要的"大清律例"规定是"有功名不用刑"，这个有一定的现实依据，如自古有"刑不上大夫"之说，有功名者在公堂上可以不跪，不能轻易动刑，但电影中功名是可以随意革去的，学士大人基于宋世杰的封笔又自行撤销的行为破坏了地方牌楼的风水，就革去了宋世杰的秀才功名。如果说这里戏谑的成分还比较微弱，那八府巡按再次审理时设置的"大清律例"则比较恐怖了，如"偷看公文要挖去双眼"，"诬告他人，侮辱朝廷命官要

看得见的正义：影视中的法治文化

割去舌头", 这些都和现实的大清律例没有关系了。此外, 公堂之上可以借换尿布拖延时间, 公堂之上可以恣意秀恩爱, 知县的家属可以恣意闯入公堂……这不是威武严肃的公堂, 没有什么规则可言, 而是戏谑的秀场, 整个审判就是一场荒诞剧。

这些审判似乎描绘了荒诞审判的"纯粹类型", 但是在老百姓看来, 当时现实的审判却又何尝不是分有了这个"纯粹类型"的各个荒诞因素呢?

戏谑正义的普遍性正义基础

马克思说理论只要彻底就能说服人, 放在这里同样适用, 影视只要彻底就能感染人。电影中对清朝官员腐败、昏庸和无能的批判是比较彻底的。"官官相卫, 官字两个口, 只许州官放屁, 不许百姓拉屎……"电影中充满了对"官"的无情批判, 电影的戏谑正义背后首先是老百姓普遍分享的对官员的批判正义。

宋世杰和知县何大人的一段对话可以很好地诠释这一点:

> 宋世杰: 如果有人硬是要冤枉好人, 请问大人, 那他该当
> 何罪?
> 何大人: 那要看被冤枉的那个人他是个什么人。
> 宋世杰: 斯文人, 跟大人德性差不多。
> 何大人: 是吗? 那重者要告他诽谤, 就算最轻也要告他有
> 辱斯文。
> 宋世杰: 要是由您来判, 那会判什么罪?

何大人：那要看他是有心还是无意？

宋世杰：就当他是无意！

何大人：无意也要判他赔偿几十两银子。

宋世杰：大人刚说我能言善道，颠倒黑白，现在既然受理了这个案子，就证明我讲的是事实，那你不就是侮辱斯文吗？快点拿钱。

何大人只好乖乖叫师爷拿钱！

何大人的无能略见一斑，跑步钻进宋世杰的话语陷阱之中，没有丝毫的防备。何大人拿官府的钱弥补自己犯下的过错，丝毫没有公私的界限，衙门就是何大人的，这或许也代表了清代官场的某些现实，公款私用比较普遍。在另外的情节中，何大人的贪婪也暴露无遗，表面上光明正大、两袖清风，不拿山西布政使的五千两银子，实则是自己的老婆配合收钱，这种小伎俩在现代的贪污分子那里，估计也有所展现。电影中对官的称谓也具有讽刺意味，如山西知县和广东知县，山西和广东都哪里只有一个知县，这是说两省的知县都差不多，都是这样的无能昏庸贪婪。然而，从《明公书判清明集》《巴县档案》《紫阳档案》《淡新档案》等很多历史判例文书来看，事实上很多传统儒家官员的审判能力是很强的，而且具有很高的德性，电影中的批判并不一定符合史实，但《审死官》的重要意义就在于这种戏谑，对现实官场黑暗的彻底的调侃。即使是对主持公道的八府巡按，电影中也没有多少正面的描绘，这或许也是电影高明和彻底的地方。"他是官，所以贱，但贱得很正直。他从来不收黑钱，弄得老婆离家出走，从此寄情工作，一年之内连升四级，现已贵为八府巡按。"这种对清官的总结也是多少有些酸楚的表达。宋世杰最后赢了官司，看着蹲着讲话的四位官员（其中也包括八府巡按），也不忘讽刺一句："这是官呢！"

电影的戏剧性建构一个重要的方面就是宋世杰夫妇一文一武的配置，戏谑正义也是经由英雄实现的正义。黑格尔说和平的时代是没有英雄的时代，在黑暗时期就越发需要英雄，但这种英雄正义只能是特殊和个别的正义。杨秀珍若不是遇到宋世杰夫妇，恐怕永远也没有可能获得正义。宋夫人武功高强、疾恶如仇、敢于担当，充满了侠义心肠，主动要封笔的丈夫重新出山代理这个案件，并收留了无家可归的杨秀珍母子。还有被杨秀珍二哥诱骗加入这个案件的杨青也是英雄盖世，最终完成了向八府巡按拦轿告状的关键一环。

戏谑正义的背后最符合普通人情感的恐怕是因果福报的正义了。讼师在传统中国文化中从来没有什么好形象，教唆词讼更是官府严厉打击的对象，因此宋世杰夫妇一开始是膝下无子，几个子女都夭折了，原因就是这位讼师"不干好事"，因此要封笔以传香火。在宋世杰挺身而出为杨秀珍争得正义之后，宋世杰一家也就儿孙满堂了。可见，戏谑正义不仅仅具有戏谑的方面，也具有普遍性正义的基础，这或许也是人们好不爽快的观影体验产生的重要原因。

文学领域，卡夫卡的《审判》是戏谑正义的杰出代表；电影领域，《审死官》算是一个典型。美国历史上（1989）发生过得克萨斯州诉约翰逊案，约翰逊焚烧国旗惹上官司，法官判决焚烧国旗也是言论自由，星条旗保护焚烧它的人。可见，对言论自由的保护一定会触及言论的边界。同样，对正义的保护也会触及正义的边界，正义也保护调侃它（正义）的人，戏谑的正义正是这样的边界，只有在这些文学和影视作品中这种戏谑的正义才会如此极端和彻底，或许也正是因为如此它们才更加动人，戏谑中的嬉笑怒骂才最是酣畅淋漓。

31

《目无王法》中的彻底批判

邵氏出品，必属佳片，相较于《七十二家房客》（1963）、《梁山伯与祝英台》（1964）、《独臂刀》（1967）、《流星蝴蝶剑》（1976）、《三十六房》（1978）、《变脸》（1995）等一大批优秀的作品，1981年的电影《目无王法》尽管并不十分出名，但确是邵氏电影中的佳作。其借助三个初出茅庐的捕快的视角，展现了古代司法、执法环境的黑暗。差役在传统司法中是一个十分关键的角色，捕快作为差役的一种起着承上启下的作用。清代刘衡（1825–1827任四川巴县知县）曾形容差役的角色："天下无不爱民之官，然爱民之政往往不能下逮者，良由蠹役内外勾连，从中扞格，而爱民者或至于厉民。夫律设衙役以供差遣，原不能尽除不用。惟若辈概系匪徒，不顾急公，只图作弊，不可以理喻，不可以情动，不可以德化，不可以恩结，所畏者法而已矣。"[①]一方面差役不可不用，另一方面在官员的印象里所有的差役又都是一心只想中饱私囊的恶棍。《目无王法》以捕快这个角色为核心，成为一部难得的窥探古代司法、执法状况的作品。

---

①[清]刘衡：《庸吏庸言》，清同治七年（1868）楚北崇文书局刊本，第16页。

看得见的正义：影视中的法治文化

除暴安良、维护法纪的理想型正义

何中衡、秦英豪及罗正乃是三个初出茅庐的捕快，由县衙之捕快训练班出来后，秉除暴安良、维护法纪之信念，尽力扑灭罪行，县中赌馆妓院，均遭他们扫荡。他们也有自己的策略，他们的嫡系上司捕头恣意受贿，包庇罪犯，处处给他们穿小鞋，多有设计陷害，他们则是兄弟齐心，其利断金，一同进退，共同抵御贪腐，在捕快的行当中维护着自己的原则和初心。

他们的策略也收到了一定的效果，至少偷番薯的小贼在他们的善意之下吃了一顿好饭，抢劫钱庄的大盗是他们抓的，街头也恢复了一定秩序。然而在毫无正义的制度下，效果也极为有限。偷番薯的小贼被捕头抓来做了数个未破案件的替死鬼，街头的赌博依然兴盛，妓院的生意依然兴隆……对他们自己而言，努力也并没有收到好的回报。在一次抓捕江洋大盗孙龙的过程中，捕头要何中衡三兄弟冲锋在前，却在抓捕的关键时候不给予支援，最终导致秦英豪被孙龙杀害。在普遍贪赃枉法的大环境下，他们的兄弟策略显得极为脆弱，他们的坚守似乎也没有多大意义，秦英豪因公殉职，徒增了孤儿寡母，抓住的孙龙通过重金贿赂知县，抗拒抓捕的过程竟然被定性为自卫杀人，只是被判处了三个月监禁。在街坊邻居的口中，"好女不当娼，好男不当差"，差役在老百姓眼中是被鄙视的对象。尽管如此，何中衡依然坚持自己，无畏生死，以自己的方式坚持做一名好捕快。罗正则有所妥协，至少在表面上顺从体制，内心则依然笃定信念。

影视版罗刹国中目无王法的具体表现

《目无王法》中并没有具体的朝代指向，是以一个虚拟的古代世界为背景，电影中所展现的活脱脱一个影视版罗刹国。《聊斋》中罗刹国里美丑颠倒，越丑越是担任高官要职，掌管朝政；越是美，越被看成妖怪。"所重，不在文章，而在形貌。"因此，越是不怕丑化自己的面目，就越是能得到重用，越是能取得高官厚禄。《目无王法》中所描绘的这个县城，越是同黑暗同流合污，越能得到重用，从县太爷到捕头、捕快，一干人等都是"官字两个口"，颠倒黑白，贪赃枉法，无恶不作。

捕头包娼庇赌，诬陷好人，私放囚犯，连刚抓住的抢劫钱庄的劫匪也私自释放，美其名曰放长线钓大鱼，实则是将抢劫的钱财大部分据为己有。牢狱成了独立小王国，牢头贿赂公差、勒索囚犯、虐待囚犯、滥用私刑，大肆收受贿赂，在牢头的地面，他的拳头就成了王法。知县判案从来没有审讯过程，不用人证物证，收了钱想怎么判就怎么判。没有王法的规制，更没有伦理纲常的约束，这个影视罗刹国朝无法无天的方向野蛮生长。

尽管颠倒黑白是罗刹国的平常事，但是这个影视罗刹国的有些方面还是会挑战人们的认知底线。官府衙门沦为"官家土匪窝"，甚至比土匪更加土匪。为了陷害何中衡，拔掉眼中钉，知县和捕头将罗正的家人绑架，要罗正陷害何中衡。捕头伪造何中衡和江洋大盗的暗通书信，罗正将信交与何中衡，信中内容为江洋大盗和何中衡密谋盗窃官府库银，先付一百两金子作为酬谢。何中衡来不及反应，即被一众捕快缉捕，就这样被判入狱三十年。何中衡的妻子听闻清正廉明的钦差大臣巡访县

看得见的正义：影视中的法治文化

城，打算拦路告状，捕头就指使匪帮杀害了她。钦差要来县城的消息也吓坏了知县和捕头，牢里关着的多是蒙冤下狱的人，要拦路告状的又岂止何中衡的妻子一人。知县和捕头竟然下令进行了一场牢狱里的屠杀，将蒙受冤狱的一干人等通通杀害，让他们死无对证。

自然状态下的拳头正义

没有官府的制度正义，何中衡就用自己的拳头正义来填补。秦英豪殉职后，何中衡变得越发强硬起来。对于违法之徒，抓捕过程中何中衡就对他们一顿暴打，嫌犯通常是被打得肢体残废而难以再犯。既然后置司法过程难以将之绳之以法，那就惩罚前置，以暴制暴，以恶制恶。这也彻底挡了捕头们的财路，为何中衡引来了杀身之祸。

在贪赃枉法的社会里，公理又怎么斗得过强权？在强权的淫威之下，普通人不再愿意为公理挺身而出，看见不公之事彻底沦为看客。《目无王法》中劫匪毫无顾忌地在钱庄抢劫，匪徒在光天化日之下强奸民女，赌场可以开在人群密集的大街上，匪帮可以在何中衡家中恣意杀害他的妻子……这些违法犯罪行为尽管主要是官员贪赃枉法的行为所致，但普通人彻底沦为沉默的大多数也是重要原因。强权之下，人们的希望也就寄托于朝廷上层即更高更大的权力，钦差大人就成了他们最后的希望。

罗正暗自帮助已然下狱的何中衡，买通狱卒亲自探视何中衡，为何中衡准备了防身的匕首，在废弃的关帝庙中备下了何中衡坚守拳头正义所需的一切。何中衡逃过了牢头设计的大盗孙龙对他的仇杀而顺利越狱，又穿上罗正准备的捕快公服，拿起大刀向知县和捕头们大开杀戒。

全无王法的背景之下，电影也设置了英雄的正义，捕头死在何中衡的刀下，然而在电影中一个县城的捕快似乎有几百号人，何中衡哪里杀得过来，遂挟持了知县退入关帝庙。相持之下，钦差大人拍马赶到，他大义凛然，言辞正派，对知县一顿训斥，称自己已然核实了知县贪赃枉法的证据，何中衡以为冤屈似乎就要得以昭雪而放松了警惕，钦差大人走近何中衡和知县，假意拔刀欲将知县就地正法，哪知刀口突然转向捅进了何中衡的胸膛。原来钦差大人也早已被知县和捕头买通，何中衡通过官府伸张正义的希望也完全破灭。在一旁的罗正见状也陷入彻底的绝望，快刀斩杀钦差和知县，但被差役们乱箭射杀，电影也就此终结。

《目无王法》中的批判好不痛快，极为彻底，通过三个年轻捕快对古代朝廷体制运行从充满希望到彻底绝望的过程，进而对我国古代司法和执法的黑暗方面进行了无情的揭露和批判。坚守正义的三兄弟先后英勇就义，尽管贪赃枉法的官僚和胡作非为的江洋大盗也被三人刺杀，然而观影后我们心中丝毫没有正义得到伸张的感觉。可以设想，那些后来的官员依然会延续前任的风格，那些后来的捕快也很少有人会坚守何中衡三兄弟所坚守的理想正义或拳头正义，三兄弟的死不会带来多少改变。这些电影感受或许也是《目无王法》独特的魅力，激发我们更为深刻的思考。《目无王法》中的故事放在现代来看也并不过时，它以小人物的视角表达着普通人坚守正义的现实困难，但坚守之人至少可以光明磊落、顶天立地地过完一生，也警醒着我们每一个人都要担当起自己的责任。

看得见的正义：影视中的法治文化

32

香港法律影视的复兴之路

法律电影是香港电影丰富类型中耀眼的一类，有众多非常优秀的影片，如《踏血寻梅》（2015）、《审死官》（1992）、《三狼奇案》（1989）等都是各具风格的法律类电影。法治也是诸多犯罪类电影最为重要的背景，如《寒战》中的台词——"这不是法治是人治"的批驳，成为香港推崇法治重要的价值宣示。香港TVB的律政剧更是陪伴几代人成长的法政影视大餐，如《法证先锋》（2006）、《洗冤录》（1999）、《刑事侦缉档案》（1995-1999）、《鉴证实录》（1997）、《状王宋世杰》（1997）、《陀枪师姐》（1998）、《第三类法庭》（1994）、《壹号皇庭》（1992）等都是其中的杰出代表。然而，在众多观众喊出"港片已死，港剧已死"，大陆的同类影视迅速成长①等的背景下，香港的律政影视逐渐式微。然而，新近的几部律政大片似乎发出了香港律政影视复兴的强音，尽管也有《一级指控》（2021）这样不太成功的尝试，但《正义回廊》（2022）、《毒舌律师》（2023）两部律政电影都收获了广泛好评，以下仅从法律的角度进行一些评析。

---

① 如《心迷宫》（2014）、《烈日灼心》（2015）、《爆裂无声》（2017）等。

既缺乏法律性也少悬疑：观《一级指控》

一部法律电影首先需要经受专业性的检验，这是从法律看电影的第一步，电影尽管是艺术，相关内容也需要"合法"。《一级指控》有一定的专业性，如方中信饰演的雷有辉大状一开始与何大状围绕郭嘉仪案的对话就具有很强的专业性启发："你觉得除了认罪协商之外，还有更好的提议吗？我们是辩护律师，不是福尔摩斯，究竟谁杀死郭嘉仪根本就不是重点，也不用我们去管。整个案件的重点就是我们怎样才能给当事人最大的利益。"律师就是律师，只能以律师的方式维护当事人的利益，这是律师职业伦理的重要宣告。香港属于英美法系，事务律师和出庭律师的区分在电影中也有清晰的展现。律师会见当事人的相关规则、律师特权的保障、律师的利益冲突、律师惩戒等等都是重要内容，可见电影在法律方面应该是经过严格的考究。

然而电影也存在一些法律硬伤。电影中高级警督赵国辉被富商郭世荣收买反转后，雷大状向法庭提供了一段电话录音，记录了曾志威杀人后向赵国辉求救的铁证，这在法律上是证据突袭，控方竟然没有提出任何反对，也没有就证据的合法性提出质证；第二次庭审中控方唯一提出的反对是辩方做出引导性猜测，但是控方在第一次庭审中指控李逸峰强奸杀人，也是引导性猜测，而辩方没有反对，控辩双方在对方陈述时都显得过于沉寂。电影中的两次庭审都没有展现英美法系法庭该有的控辩双方的针锋相对和法律敏感性，这样的大状怎么能算是优秀的律师和检察官。

影片也早早就没有了悬念，在第30分钟时，死者郭嘉仪的助理Cat用曾志威和郭嘉仪亲密照向他勒索时，就没有悬念了，真相就是正在竞选议员的曾志威杀死情人郭嘉仪并嫁祸给李逸峰，电影成了以曾志威为代表的权力集团和以李逸峰为代表的"穷二代"之间的对抗，中间掺和了富商郭世荣（郭嘉仪的父亲）为女寻仇而最终帮助了雷大状。

电影剩下的就是一些价值宣言，如"法律对于你来说是生意，但对于我来说是信仰"。雷大状要让女儿在一个是非分明的世界中长大，即使需要自己做出牺牲也要维护公理和正义。这自是没有什么问题，很多观众也在为这种价值宣言叫好，但电影也存在一个难解的悖论：通过非法方式实现的法律正义是否符合正义？雷大状多年前对法律过于执着而打输了官司，多年后如果仅仅是以损害法律的方式获得正义（如为了让家属迅速会见当事人，竟然采取伤害当事人身体的方式让其住院，再让家属伪装成自己的助理在医院进行会见；采取伪造凶案现场的方式说服郭世荣相信是曾志威杀死了他的女儿；尝试"收买"检察官等），那又谈何法律信仰，谈什么是非分明的世界。

瑕不掩瑜的律政爽片：观《毒舌律师》

《毒舌律师》成为2023年最为火爆的香港电影，一举拿下了香港票房冠军，成为香港影史上第一部票房超一亿港币的电影。影片主要讲述了一宗国际名模涉嫌虐待女儿的冤案，竟成了法律界、权贵与名媛之间的角力场，社会金字塔顶层的钟氏家族用尽权力与资源去自保，以林凉水为代表的律师们和当事人在重重困难下伸张正义。

电影首先值得称道的地方就是具有精致的法律考究。影片中辩方的律师使出歪招，事先让当事人咨询相关经验丰富的律师以制造各种利益冲突，导致律政司无法聘请这些高手，这确是现实中一些律师的手法，从而增强了影片的专业性。在庭审时争论的问题也是专业性问题，如偷听偷录的证据是否具有可采性，电影中林凉水律师雇用了私家侦探采用高倍摄影机和录音机录到了钟念华向自己的母亲和律师坦承杀人的事实，林凉水大律师高明的地方就是进行了完全的证据突袭，如果跟法官提及要播放来路不明的新证据，那一定会被法官拒绝，这个证据根本不会被陪审团知道，林大律师直接自带设备，在庭审时播放了录音，即使后来证据不被采信，也要在法庭上对陪审团形成先入为主的决定性影响。这似乎只能是电影中才能出现的情节，现实中法庭哪会允许律师如此罔顾庭审秩序。另外如证据相关性的争论、保安陈球临终遗言的证明力的争论也是庭审的重要亮点。保安陈球留下遗书承认污蔑过被告曾洁儿："我很后悔，当天法庭冤枉曾洁儿，我撒了谎害了她。"控方金远山律师则指出这句话需要做出更为精确的解释：这句话可以指陈球什么都看不到；可以指陈球真的看到有人这么做，但是那个不是被告；可以指陈球看到被告做了一些事情但不是他在庭上所说的被告做的事；更可以指陈球看到一个不是被告的人做了一些不是他在庭上所讲的事。这篇遗书要证明什么需要进行进一步的论证，仅凭这篇遗书不足以推翻原审认定的事实，控方金远山律师的反驳确实很有力。总之，曾洁儿虐女案的庭审更加符合英美法系庭审的一般情况，尤其是辩方林凉水律师和控方金远山律师彼此激烈、专业又符合逻辑的法庭论辩，是久违了的律政片情节。

然而，电影在法律方面同样存在一些可争议的地方，比如在忠诚于委托方的规则之下，控方律师能不能像影片中一样配合对方律师暗示一些证据的存在（比如矿泉水瓶子根本不在本案证据清单中而控方不去否认），甚至直接问一些误导性的问题？（证人对其太太收买另一位证人陈球是否知情？）在钟京颐作证时，林凉水大律师同样存在严重的引导

看得见的正义：影视中的法治文化

性猜测，两个水瓶出现在案发现场，林律师基于这个猜测，是钟京颐在他女儿失血过多后给她喝了大量的水，而这很可能会导致其女儿有生命危险，钟京颐的行为涉嫌谋杀自己的亲生女儿。尽管曾洁儿曾看见钟京颐在现场往垃圾桶丢了两个水瓶，但这也并不意味着钟京颐喂女儿喝了水，水瓶并不是直接证据。不过此时的金远山律师并没有以引导性问题而提出反对，在关键时候，导演似乎为了迎合观众、保障电影的流畅性而牺牲掉专业性。

庭审中林凉水律师最后陈词：

> 今天这里，everything is wrong。法庭本应是一个最公平公正的地方，但今天有些权贵仗着自己有财有势，行为卑劣，视法律如无物，大爷似的坐在这个地方，我想跟她说，对不起啊，公义一样坐在这里。各位，我们做刑事大律师，成天见惯了污糟邋遢、最黑暗最厌恶的事，但是我们仍然戴着假发，长袍大袖地每天站在这里坚持！唯一值得我们这样做的，只有一个理由，就是希望这个世界能公道一点，而不是被一些有钱人花几个臭钱把我们当猴子一样耍。以前大家都说，法律面前人人平等，今时今日，人人都改口了，法律面前三六九等，我就要看看今天谁高人一等！

这样富有激情的慷慨陈词，同样是迎合普通观众的期待，最后剧情需要一个情感宣泄，但并不一定符合法律，如最后陈词阶段法官断然不会允许律师长篇大论去陈述自己的私人感受。

电影的悬念也保持到了最后一刻，尽管曾洁儿是被冤枉的，这早就没有什么悬念，但在钟京颐作证时林律师爆出的他和钟念华一起谋杀了曾洁儿的女儿，则有了反转，把故事推向了高潮。这也是远比《一级指控》优越的地方。

事实上尽管《一级指控》和《毒舌律师》的口碑有天壤之别，但两部电影却有很多相似的地方。如当事人之间都贫富悬殊，故事中的大状都是要挽回以前的不太成功的代理经历，都是以损坏法律的方式获得最后的结果正义。

用电影去理解杀人狂魔：观《正义回廊》

《正义回廊》的主题更为严肃，改编自2013年轰动一时的"大角咀弑亲凶杀案"，首被告周凯亮在大角咀海兴大厦一处单元房内杀死父母，后联同次被告谢臻麒肢解尸体，两人同以谋杀罪名被起诉。结果陪审团以8∶1的大比数裁定周凯亮罪名成立，判处终身监禁；谢臻麒谋杀罪名不成立，但以阻止合法埋葬尸体罪判处一年，因判决前已被拘留两年覆盖刑期，故当庭释放。到底罪犯为什么会做出如此行为？判决的过程不仅是一个评价的过程，也是一个理解的过程。《正义回廊》的核心内容即是要去理解张显宗为什么杀害并肢解了自己的父母。不仅是经由法律的理解，基于不同的主体，电影设置了多种理解角度和方式，即通过不同职业、不同身份、不同社会背景的主体，展现对同一件事的理解过程和理解方式。这也是电影基本的结构，尽管不同理解的展现过程被导演打乱，只是拼凑出一个完整的事实，但也拼凑出一个完整的张显宗形象。

第一种就是采访的视角，其实也是张显宗的自我宣告。张显宗向记者坦露，小时候和青春期的经历导致他有点变态，他没有开心的感受，没

  看得见的正义：影视中的法治文化

有同理心。小时候他喜欢打篮球，但父母逼他学弹琴，致使他对父母怀恨在心。在澳洲读书被一群黑人围殴，打得失禁，从此留下心理阴影……张显宗是一个比较自恋、表现欲极强的人，杀了人之后，张显宗也很享受成为舆论的中心。

张显宗的辩护律师表面上是一个玩世不恭的人，但实际上非常认真地履行了对张显宗的辩护职责。律师很鄙视张显宗，认为他太介意别人的看法，很要面子，很自大，因此他给张显宗的重要建议就是闭上他的嘴，不要进行自辩……张显宗一开始决定不自辩，后来决定自辩，最后又决定不自辩，这种反复的过程就是张显宗性格的真实写照，他内心中非常想通过自辩表现自己，极度渴望认同，但又担心在公众面前出丑而犹豫不决。

专家证人：辩方精神病学医生A——张显宗患有分裂情感性精神障碍和强迫症，他觉得自己如果不是生在这个年代，可能可以做到希特勒做到的事。辩方精神病学医生B——有精神分裂症才有可能对自己的父母下手，张显宗人格中管理道德的部分失效了，控制不了自己，导致杀人行为。控方精神病院医生C——被告将自己的失败归咎于他的父母，杀死了父母就可以解决问题，他在杀父母的过程中极为平静和自满，是精心策划杀人，不属于精神疾病。控方精神病院医生D——被告智商高，缺乏同理性，或者说是冷血，他只是具有人格障碍，属于极度自恋和极度自大的类型，但不能归为精神分裂或躁郁这类严重精神问题。通过两组对立的专家证人意见，能反映张显宗的部分性格特质。

唐文奇在电影中是案件的共犯，电影吸引人的地方就是成功把电影主题由一开始的张显宗为什么杀人，转到到底唐文奇和张显宗谁是案件的主谋，谁需要承担更大的责任，从而有了网友形容的"冷静与狂热、天才与白痴对比中显现的戏剧张力"，使得电影有了更大的悬念。事实上通过唐文奇也是理解张显宗很好的视角。张显宗和唐文奇具有很大的相似性，两人因为一场面试成为很好的朋友，同是社会的边缘人和失意者。和唐文奇在一起，也能满足张显宗的控制欲。张显宗向唐文奇坦承自己想要在三十岁之前自杀，尽管法庭认定张显宗是主谋，但张显宗的杀人意图很可能是来源于唐文奇，唐文奇更可能有那些疯狂的想法……

警察眼中的张显宗令人恐怖又令人好奇，对唐文奇警察采取了变相刑讯的方式，因为他拒不认罪，但张显宗主动投案，而且对警察有问必答，非常清晰，警察更愿意相信张显宗的说法。警察："犯罪之后什么感觉？"张显宗："没什么感觉，我的腿受伤了，我只想快点止血，只想他们两个快点消失。"警察："你自己知道为什么活着吗？"张显宗："我知道不想被别人看不起。"警察与张显宗的对话也非常明显地反映了张的性格特点。

有网友说这部电影是港版《十二怒汉》+《罗生门》，也有网友说是《踏雪无痕》+《十二怒汉》，其中都有《十二怒汉》，电影中确实展现了更加现实和丰富的评审团，每一位陪审员都具有典型的特点，陪审团的讨论过程也是窥探和理解张显宗为什么杀人的重要视角。陪审员A：世界上有4%的人是毫无良知的，这种人有反社会人格，他不会觉得自己做错事，即使做错事也是别人逼迫他的，比如希特勒。陪审员B：你想想如果一出世就给人控制着，做这个不行，做那个也不行，是很难不反抗的……

电影中理解张显宗的路径还有他的哥哥和表姐，同是一个家庭的成员也就会有更多的比较。表姐是张显宗信任的对象，因此他最先向表姐坦白是自己杀了父母。他也自信比表姐更聪明，可以对表姐进行部分控制。张显宗对哥哥的情感比较复杂，在社会上哥哥远比他成功，他对哥哥充满了仇恨，也有一些畏惧，他不自信比哥哥更聪明，他甚至有杀掉哥哥的打算，但因哥哥表现出的一些关照又选择了放弃。电影在哥哥

看得见的正义：影视中的法治文化

最后探视张显宗时有一个总结性的提问："你觉得自己一点都没有做错？"张显宗并没有什么悔意，但他很想向自己的哥哥倾诉："你说得对，总是卡在那两步过不去……"但当哥哥放下电话不理他，他却表现出少有的激动，他需要被倾听，当他的故事落幕，他不是主角，他也彻底疯狂了。

此外，在对法律的理解上，《正义回廊》相对于前两部电影有了较大的提升。电影以逆伦奇案包装，片中出现了不少法律金句，如"疑点利益归于被告""冤狱比放过一个有罪的人更不公义"等，都彰显了法治精神与程序正义的重要性。电影中的专业性也是通向更深层次反思的阶梯，很专业又不局限于专业性，从而保障了电影的内在深度。

电影的导演何爵天在采访中说："在这个故事当中，从律师、犯人到证人，基本上每个人很努力地在'表演'，法庭就好像一个'舞台'，要把故事说得'动听'，谁能让九个不能发言的陪审团成员信服，那谁就是赢家。"生活就是一场表演，尤其是唐文奇的姐姐在法庭上的表演极为震撼，把陪审团感动得稀里哗啦。这也使得电影具有更多的反思方向和内在张力。

电影采取的叙事手法也极为大胆，电影的主要场景其实并没有局限在法庭内，反而会跟随不同视角的讲述切换时空，甚至出现幻想和现实相结合、角色打破第四面墙的场景，引导观众来思考。最典型的是后半部分出现的大排档那场戏，犯人、律师、陪审团成员，真真假假，不同角色在同一时空中拉扯，一边讨论一边将信息重组。

这些都使得电影在诸多方面甚至超越前述的《毒舌律师》，尽管电影也存在叙事分散、主题过多、浅尝辄止、人物庞杂、结尾拖沓等缺陷，但立足香港本土、自由创造和独立思考的《正义回廊》必将在香港电影史上书写重要的一笔。

电影中法律文化的
冲突与疗愈

33

文明的共性是构建现代法治的基础——观《刮痧》

《刮痧》是2001年上映的影片，由梁家辉、蒋雯丽、朱旭等主演，讲述了一个以展示文化差异为主线的故事。尽管影片被很多人指责故事情节太过煽情，有些情节冗余，甚至电影的主角许大同就不是一个典型的中国人，但对法律人来说，《刮痧》讲述了一个十分典型的故事，因此需要在法学院一再提及和讨论。

故事情节大致是这样的：电脑游戏设计师许大同（梁家辉饰）与妻子简宁（蒋雯丽饰）在美国奋斗了8年，事业有成。一次意外却令美好的家庭变得愁云惨雾：5岁的儿子生病了，老父亲（朱旭饰）用传统的中国民间疗法刮痧帮孙子治病。大同夫妻继而被控告虐待儿童，一个又一个物证人证令夫妻俩百口莫辩，西医根本无法理解这种中国传统疗法。因为这件事，父子与夫妻都不得已地分开了。

东西文化差异的展现

电影的情节本身就比较直白地展现了东西方文化之间的差异，刮痧即这一差异最为典型的展现，不过在此另外可以举几个小的例子：

电影一开始，大同的儿子丹尼斯打了他老板约翰·昆兰的儿子，大同于是就当着约翰的面打了丹尼斯。在后来大同和约翰争议时，大同告诉约翰，打儿子是要给老板面子。约翰则说："给我面子？好不可理喻的中国逻辑！"中国人行事需要讲究面子，对内对外有明显的区分，所以请律师的时候也更愿意请一个熟人律师，而不管其主攻方向是版权法还是亲属法。美国人则更显得界限分明，管教自己的儿子是自己的事，需要分清楚事情本身的对错。

丹尼斯说："打小孩的爸爸不是好爸爸。"爷爷则回应："打是亲骂是爱，不打不骂不成材。"打和骂至少是当时中国人意识中教育孩子的一种重要手段。而这引出了另一重要的差别，美国的儿童保护法律把自己的触角延伸到了家庭内部，对于虐待儿童、把孩子单独留在家里等，法律有一整套的机制进行干预。而中国人在家庭内部管教儿女则拥有更多的自主性。当然，如今中国的相关法律也发生了改变，即使在家里虐待孩子也是被法律禁止的。这种改变与《刮痧》等影视作品对于国外法律的呈现不无关系。

许大同送父亲返回中国，父亲强调"赶早不赶晚"，结果到机场离起飞还有两个小时。这事实上反映的是农业文明和工业文明的一个重要区别。农业文明只是在特定的一段时期才会很忙，很多时候是农闲，一天并不需要处理多个事务，所以是"赶早不赶晚"。工业文明中对时间一般有严格的要求，甚至需要精确到一分一秒。这种时间结构的差异曾经是中西的重要差异。

不同文明的内在共性

我们常常讨论文明是否可通约，上述差异似乎展现了文明的不可通约性，同样一件事在不同文化中有完全不同的涵义。甚至当我们用"权利""国家"等来翻译外文的时候，就已经加入了我们的元素。然而，我们也不能否认，文明具有可通约的一面。我们同样可以从电影中找到这样的片段：

丹尼斯的爷爷为了帮助儿子走出困境，主动去拜访了约翰·昆兰。爷爷在中国还算一个知识分子，在美国则变成了"哑巴"——语言不通，但这并没有妨碍爷爷和约翰之间的沟通。他拿起了笔，嘴上说着中文，画着爷孙父子的像，让约翰明白了给丹尼斯刮痧的并不是大同而是自己。想象一下，最早不同文明之间的沟通也应该是这样开始的吧。

在机场，大同出于愤怒甚至提出要带着儿子逃离美国，此时父亲说了一段语重心长的话："你真有出息呀，你想逃跑吗？你想放弃这场官司，装作什么事情都没有发生过？你这么回去，还是一个在美国虐待了孩子跑回中国的逃犯！生活就是这样的，什么事情都有可能发生，你躲是躲不开的！"在遇到困难的时候，逃避并不能解决问题，不管是中国人还是西方人都会用自己的方式去正面解决困难，这种人在自我生成过程中的责任担当似乎并没有中西之别。而正面应对问题，积极解决问题，正是用法律处理各种问题的重要基础。

约翰在故事情节的推进方面发挥着重要的作用，他专门找了一家华人的刮痧店，亲自体验了一回刮痧，搞清楚了为什么刮痧不能算虐待，并在圣诞夜连夜找到儿童福利院的工作人员去向法官说明。我们可以从文明交融的视角放大这个情节所具有的意义。一个能够延续下去的文明一定是一个善意的文明。这个善意的文明一定有自我反思能力。

法治奠基于文明的可通约性

我们发现，正是这些文明可通约的地方，才是我们交流和融合的基础，也是我们构建现代法治的基础。在电影中，中西在爱的方式上尽管会有差别，但这种爱本身是可通约的。看待中国猴子（孙悟空）的方式可以不一样，但对《西游记》的爱不释手是可通约的。越是民族的越是世界的。彼此尊重和信任，以及由此展现的对人类尊严的捍卫是可以通约的。而这些，都是法律的重要价值基础。在我们的时代，文明之间的冲突和差异一再被讨论和强调，而这些文明的共性或可通约性更加值得我们重视和挖掘。所以，尽管美的方式并不一样，是"各美其美"，但一定会逐渐实现"美人之美，美美与共，天下大同"，尽管这个过程一定会充满荆棘和困难。

看得见的正义：影视中的法治文化

34

文明的冲突与疗愈——基于《撞车》的思考

2001年"9·11"事件之后，世界不同区域之间的冲突有加剧之势，冲突本身、冲突产生的原因、冲突的和解和疗愈也就成为人们思考的重要问题。2004年的电影《撞车》已经暗示了本片的"9·11"背景，尽管有人指责影片的故事情节编得太圆润而不够有力，但作为对文明冲突的非常经典的"书写"，冲突和疗愈的描述都非常精彩和富有启发性。该片也获得第78届奥斯卡金像奖最佳影片和最佳原创剧本奖。它为理解今日世界之大变局、探索不同文明之间冲突的原因和疗愈之道提供了重要路径，也为我们寻求动态的和解提供了重要启发。

文明冲突的广阔视野

亨廷顿在《文明的冲突和世界秩序的重建》中把各种冲突归结为不同文明之间的冲突。他认为，冷战后的世界，冲突的根源不再是意识形态，而是文化方面的差异。亨廷顿作为反思西方文明普世主义的重要思考者，他的思想对于破解西方中心主义的思维方式、重新理解西方和不同的文明形态等都极具启发。事实上最重要的可能也是这一点，亨廷顿为我们提供了一个重要的文明比较的视野，让我们思考在多极和多文明

世界如何重新认识自己。^①

文明的冲突和疗愈是《撞车》基本的主题，亨廷顿的思考对于这部电影而言具有直接的适用性。或许电影翻译成"冲撞"更加合适，所谓Crash何止是撞车，也是文明的冲撞。冲突之所以激烈，似乎在于人们都基于恶意来进行揣测。

在故事的最开始，枪支店的白人店主对着前来买枪的被他误认为阿拉伯裔的伊朗裔父女说："嘿，本·拉登！别在我这儿计划你们的'圣战'！""我无知？难道是你们解放了我的国家我却开着波音747撞进你们的小棚屋把你们的朋友烧成灰？"枪支店的店主以恶意来揣度这对父女。检察官的妻子恶意地揣度两个黑人，看到两个黑人男孩迎面走来，她立刻挽住了自己丈夫的手臂。两个黑人男孩则敏感于检察官妻子的细微变化，果决地采取了抢夺检察官夫妇豪车的行动。检察官的妻子还对他们的换锁匠喋喋不休，直言锁匠像是黑帮，文着黑帮文身。锁匠不止被检察官妻子恶意揣度，还被超市店主误会，误认为其并没有把锁修好，而事实上是门的问题。这些构成了一个"互害型社会"，人们似乎随时警惕着各种恶意，充满恐惧地活着，过于敏感也易于受到伤害，人和人之间不再有起码的信任。人们如同惊弓之鸟一般，似乎回返英国思想家霍布斯所说的自然状态——一切人对一切人的战争状态。

某些微小的冲突也被无限放大，本来可能只是差异而不是冲突，只是生活方式、思维方式、行为方式等不一样……而西方人有意坚持前述亨廷顿所指出的普世主义，以一种异样的眼光来看待其他文明。文明叙事的主流与边缘、先进与落后、文明与野蛮等等随之而来。在亨廷顿看来，这是一种西方人自己给自己编织的陷阱。

①[美]塞缪尔·亨廷顿：《文明的冲突与世界秩序的重建》（修订版），周琪等译，新华出版社2010年版，第4—5页。

  看得见的正义：影视中的法治文化

文明的冲突如何和解

文明比较的宏大叙事要化作冲突与和解的细节才最是动人，这也代表着从《撞车》的角度来思考这个问题所具有的天然优势，因为《撞车》中充满了细节，观众们都惊叹导演和编剧可以把如此复杂的故事讲得如此圆润。电影中各色人物之间的和解极为不同，如患难见真情式的和解——检察官妻子简（Jean）与墨西哥佣人的和解；基于理解的和解——警长格拉罕姆（Graham）与女友的和解，女友充分理解了警长作为一位老年痴呆母亲的儿子的难处；自我和解——盗车青年安东尼（Anthony）机缘巧合释放了泰国偷渡者而实现的自我和解；等等。

电影中最为美丽和神圣的和解方式应该算是伊朗裔父女、锁匠丹尼尔（Daniel）和女儿之间的和解吧。伊朗裔店主法哈德（Farhad）的小超市被盗了，被砸得乱七八糟，满目狼藉，店主也陷入深深的绝望之中。而且保险公司认为是因为店主没有把门修好，所以无法给付赔偿。到底是什么原因造成了这种情况？店主自然联想到了丹尼尔。丹尼尔修锁时就和法哈德有过一番争吵，而且法哈德并没有付修理费，丹尼尔愤而离去，留下揉碎了的修理单据。法哈德靠单据找到了锁匠，拿着刚买的枪要向丹尼尔讨回公道。丹尼尔和小女儿之间有一个美丽的童话，女儿因为害怕枪声躲到了床底下，锁匠说自己儿时曾遇到一位天使，天使给了他一件刀枪不入的隐形斗篷。他给自己的女儿穿上了隐形斗篷，女儿对此深信不疑。然而，在丹尼尔的家门外，法哈德用枪指着刚下班的丹尼尔，要讨回损失。丹尼尔的女儿在灿烂的光线下飞奔向自己的父亲，在法哈德开枪射杀丹尼尔的一刻，他的女儿纵身一跃，挡在了枪口面前，枪声响起的那一刻，这个世界仿佛都静止了。神迹出现了，锁匠的女儿并没有事，而导演这场神迹的上帝正是店主的女儿，因为担心店主冲动行事，女儿选择买了空包弹。只有宗教和神话的背景才能够缔结如此美丽的和解，而父女之间的爱则是这种和解的真正基础。

卡梅隆（Cameron）重新站起来，成为一个大写的人促成了卡梅隆夫妇的和解。黑人编导卡梅隆是一位成功人士，刚拿到一个重量级奖项，参加完宴会，开着豪车的同时与妻子克里斯汀（Christine）一起放纵"骄傲"的欲望。这位导演的车和检察官丢失的豪车属于同一型号，而且警察莱安（John Ryan）也察觉到卡梅隆的恣意行为，莱安要卡梅隆靠边停车接受检查。另一位白人警察汉森已然发现这辆车的牌照和被盗车辆不一样，而且驾驶员的年龄也迥异。但莱安坚持要检查，并当着卡梅隆的面对克里斯汀进行了性骚扰。卡梅隆唯唯诺诺，迫于两位警察的威逼并没有采取反抗的行为，这也可以看出美国种族冲突的严重程度，而且由来已久，他一反抗可真就有性命之忧。卡梅隆夫妇也从此心生嫌隙，难以愈合，妻子嘲笑他懦弱无能，卡梅隆自己也开始看不起自己。巧合的是，第二天卡梅隆遇到了偷车的黑人青年安东尼。安东尼拿着枪指着卡梅隆要劫车，并麻利地坐上了副驾，枪口之下的卡梅隆这时没有选择屈服，而是把安东尼训斥了一番。正在这时，警察再次出现，愤怒而坚定的卡梅隆主动下车和警察激烈地交涉，冲突一触即发，而警察之一正是昨天的汉森，汉森知道卡梅隆不可能偷车，有意帮助化解冲突，最终卡梅隆以自己的方式接受了汉森的帮助。卡梅隆把安东尼载到另一个路口让其下车，并站在道德至高点上对安东尼说："我为你的行为感到羞耻。"安东尼似乎接受了这种训斥，因为卡梅隆和警察交涉时毫无畏惧并"救了"自己，所以在内心中对同为黑人的卡梅隆多了几分敬佩，这或许也是安东尼释放泰国偷渡者的原因。卡梅隆夫妇和解的关键在于卡梅隆本人，因为他的妻子已经原谅了他，而经此一波，他也原谅了自己，

看得见的正义：影视中的法治文化

对自己的妻子说出"我爱你"的同时，也实现了自我和解。

警察莱安和克里斯汀的和解可以称为"一念三千"式的和解。佛家讲"一念三千"，善恶一念之间，用在莱安身上再合适不过了。好人有坏的一面，恶人有好的一面，人性充满了复杂性。在莱安看来，种族歧视、自己对克里斯汀的性骚扰并不是什么根本的罪恶，他内心没有丝毫的负担，而警察的职责在他看来则是大是大非，一点不容含糊。克里斯汀因为尚没有实现和自己丈夫的和解，三心二意开车而出了车祸，车辆翻倒，周边起火，油箱漏油，情况非常危急，而且她的双腿被卡住了。能够赶往现场救援的警察正是莱安，当他爬进车中救人时，克里斯汀一眼就认出了他并推开了他，此时火也蔓延至车上，其他赶到的警察把莱安拉出，但莱安果决地第二次爬进了车中，强行把克里斯汀拉了出来。在灾难面前，没有那么多冲突，只有对生命本身的尊重，莱安成了英雄，在克里斯汀被救出不能自已之时，他们拥抱在一起，同样实现了真正的和解。

人们似乎忘记了，爱比恨更有力量，宽恕更伟大，忘记了可以用合作的方式去创造性地实现和解。《撞车》导演保罗·哈吉斯（Paul Haggis）试图唤醒人类文明美好的一面，推动民众去分享爱心，从怯弱中走出，正面应对生命的困难。文明的冲突不应该具有根本性，或者说文明的冲突只是表面现象，而文明的共性才是底色。

处于文明冲突的过程之中

电影中很多冲突都得到了和解，但也有没有和解的。借用网友的表达，片首的很多"坏人"，结尾都洗白成了"好人"，而唯一的"好人"，却沦为杀人凶手。这里讲的就是年轻警察汉森。

汉森似乎以为世界会以他希望的方式运转，因此积极谋求某种改变，不愿意和"行为不端"的莱安搭档，积极地向自己的上司反映情况……这也导致意想不到的冲突升级。尽管汉森也曾在避免卡梅隆与警察冲突升级中发挥着关键的作用，试图建构一个更加美好的世界，很明显是一个绝不"躺平"的有为青年，然而，正是这样的青年被现实当头棒喝。与安东尼一起的另一位黑人青年没有偷到车，又不愿意坐公交车，在黑夜中依然流离颠沛，"幸好"拦车时遇见了汉森。汉森是个好人，让他上车，但汉森也有一个警察的警觉，大晚上还一个人逗留街头，交流中又发现黑人青年明显在说谎，这强化了汉森的警觉。事实上，尽管汉森没有对黑人的种族歧视，但是坐在他副驾驶位置上的是个黑人，也隐约唤起了他的不安。当黑人青年要从裤兜里掏出一个和汉森车内摆设一样的物件时，汉森的警觉立马升级，并朝黑人青年开了枪，之后汉森立马发现这是一个误会，但已经无法挽回！汉森再也无法实现和黑人青年的和解，但需要思考的是，汉森又如何实现和自己的和解？电影中，汉森不是投案自首，而是选择破坏现场，烧毁汽车，这样的汉森未来又会做出什么举动？

对此，导演事实上有自己的解决方式和理解方式。电影的结尾，一位黑人妇女开车又撞上了一位白人的车，又开始了无休无止的争吵。这一情节充满隐喻。撞车之后，剧中人物对着观众喃喃地说："这是触摸的感觉。走在任何实实在在的城市，你明白么，实实在在的城市，你都会和别人擦肩而过，会有人和你撞个满怀。在洛杉矶，没人会碰到你。我们永远把自己藏在玻璃和钢铁之后。我想我们都太怀念接触的感觉了，才互相撞在一起来体会。"导演以一种新的方式理解冲撞，冲撞本身是我们生活和交往的方式，对冲撞也不必过于绝望，冲撞也远不会终

　　　　　　　　　　看得见的正义：影视中的法治文化

止，而会持续下去，冲撞和解决冲撞是人类的基本存在方式，我们还需要在这样一个冲撞的世界生存。

然而，也有人评价："展示社会现实逼真而深刻，解决现实矛盾则苍白而幼稚。"①尽管《撞车》的导演也有用电影去思考、用电影去改变的雄心，但是不能指望用一部电影解决复杂的现实矛盾。生活实践中的和解只能交给具体的鲜活的人，把权利和责任还给人。

---

① 王苏生：《〈撞车〉：巧合与冲撞下的象征》，《电影评介》2006年第13期。

35

他们并没有根本的罪恶：观《巴别塔》

　　《圣经》中记载："当时全世界只有一种语言和一样的话。当人们由东方迁移的时候，在史纳尔地方找到一块平原，就在那里住下了。他们彼此说：'来，我们做砖，用火烧透。'他们遂拿砖当石，拿沥青代石灰。然后彼此说：'来，让我们建造一城一塔，塔顶摩天，好给我们做纪念，免得我们在全地面上分散了！'上主遂下来，要看看世人所造的城和塔。上主说：'看，他们都是一个民族，都说一样的语言。他们如今就开始做这事；以后他们所想做的，就没有不成功的了。来我们下去，混乱他们的语言，让他们彼此语言不通。'于是上主将他们分散到全地面，他们遂停止建造那城。为此人称那地为'巴贝耳'，因为上主在那里混乱了全地的语言，且从那里将他们分散到全地面。"这就是《圣经》中人类在大洪水之后建造巴别塔的故事。电影《通天塔》（Babel，2006）以此命名，讲述了四个国家、四个家庭，因为一支猎枪联结在一起的故事。一支来自日本的猎枪，被一个摩洛哥男孩拿着，打中了一位大巴车上来旅游的美国人，美国人家中的墨西哥保姆不得不将两个美国小孩带到墨西哥参加她儿子的婚礼。电影以不同语言世界的展示为基调，与《撞车》有很多相似的特点，同样蕴含了文明的内在比较、不同文明之间的冲突和疗愈等，并且给出了自己的思考。

  看得见的正义：影视中的法治文化

基于语言不通的冲撞和理解

电影中至少涉及英语、阿拉伯语、西班牙语、日语、柏柏尔语、法语、俄语、日本手语等八种语言。哲学家维特根斯坦曾言："想象一种语言，就是想象一种生活形式。"电影对不同语言的展示，也是对不同生活世界的展示。理查德和妻子苏珊因为婚姻危机，去摩洛哥旅行，苏珊在旅行车里遭遇枪击，为了医治苏珊，一车美国游客不得不在摩洛哥的小村滞留。因为语言不通，满身鲜血的理查德向路过车辆求助时，被司机拒绝；因为语言不通，苏珊在被当地人照顾时充满了恐惧；因为沟通不畅，导游只是找来了兽医为苏珊医治；因为沟通不畅，车内的其他美国游客害怕发生其他的危险，而把理查德夫妇留在了这个摩洛哥沙漠的小村庄之中……

在一国内部本不应该存在沟通的问题，编剧则天才般设置了另一种语言障碍。聋哑少女千惠子孤寂地生活在无声的世界中，母亲的自杀使她和父亲的沟通越发困难，由于自己的残疾，她得不到异性的关注，性格越发叛逆。千惠子虽然能够读懂唇语，但只有说话者放慢语速才有可能，这使得她和这个世界的正常交流也障碍重重。在异性眼中，她是一个另类，甚至是怪物，她把所有的怨气发泄在父亲身上。

理查德夫妇滞留在摩洛哥，影响了家里的孩子们，墨西哥保姆为了参加儿子的婚礼，只能让她的侄子开车带着她和孩子们一起去。两个孩子在墨西哥西班牙语的世界里，一切都很陌生，墨西哥保姆成为他们唯一的依靠。美国边界"出去容易进来难"，这个唯一的依靠也可能并不可靠，从墨西哥过境回来的时候，他们遇到了麻烦，警方怀疑她绑架美国小孩，事情开始不受控制。

语言虽然不同，但交流绝非毫无可能。在摩洛哥的小村，导游家中的老太太能感同身受苏珊的痛苦，并用传统的办法为苏珊缓解剧痛；医生说需要止血，否则会失血过多而死，导游善意地翻译成"她不会有事"；苏珊的情况稍有稳定，理查德和导游因为同是几个孩子的父亲而加深了理解……在日本千惠子的家中，千惠子喜欢上了调查她母亲自杀案的警察，打电话让警察来到自己的家中，赤身裸体站在警察面前。这位警察也能理解这位聋哑女孩的困境，并没有立马离开，而是将自己的外套给她披上，耐心听千惠子讲述她的故事……在墨西哥的婚礼上，两个美国小孩玩得很开心，他们交了很多新朋友，见识了新事物，体会到墨西哥人的幸福和快乐……

他们并没有根本的罪恶

警方将此次美国游客遇袭事件上升为恐怖袭击，展开了国际性调查，事件朝着无限放大的方向发展。日本警方查到，不久之前千惠子的父亲在摩洛哥旅游，为了感谢一位当地导游哈桑的周到服务，将自己的猎枪送给了他。哈桑转手卖给一位当地牧民阿拉杜以射杀胡狼，并声称猎枪可以射到三公里外的目标。为了检验哈桑的话，牧民的两个儿子尤瑟夫兄弟在山上向山下公路上行驶的车辆开枪，哥哥没有打中，弟弟则是天生的射手，击中了大巴上的苏珊。这成为所有事件的导火索，摩洛哥笼罩在恐怖袭击的阴影之中，美摩两国为是否可以派救援直升机而吵得不可开交。摩洛哥警方追捕阿拉杜父子的过程中发生了枪战，弟弟开枪进行了还击，并击中了一个警察，哥哥身中数枪而生死未卜。

为了孩子们的安全，墨西哥保姆连夜将孩子们送回美国。在墨西哥的入美边境，保姆接受警察的盘查，她的侄子贝纳尔喝了很多酒，后排坐着两个美国小孩，引起了警察的怀疑。保姆只是负责照看孩子们，警察则要查看相关的书面文件，并对车辆详细检查，贝纳尔见情形不对选择开车冲出了边防。为了逃跑，贝纳尔要墨西哥保姆带着小孩下车，将他们留在美墨边境的荒漠之中。天亮后，为了找人救助两个小孩，保姆独自走出荒漠呼救，只是在找到边境警察要回去寻找两个小孩时，她自己也忘记了小孩的所在地。贝纳尔闯了边境，醉酒驾驶，面临控诉；墨西哥保姆则可能构成不作为的故意杀人等严重犯罪。

在被划归另类之后，叛逆的千惠子如此展示自己的不同——她在就医时吻了自己的牙医，并把牙医的手拉向自己的敏感部位，后被牙医大声训斥。千惠子和同伴一起酗酒和吸食毒品，一步步滑向深渊。但来到舞厅嘈杂的环境中，千惠子的世界却是如此安静，她讨厌这样的场景，立马走了出来，只能向自己喜爱的警察寻求安慰。

然而，试想一下，无论是尤瑟夫兄弟、墨西哥保姆还是千惠子，他们能有多大的罪恶？这次所谓的恐怖袭击是如此简单，只是尤瑟夫兄弟出于好奇射出的子弹引发的连锁反应。进而也可以提问，那些真正的恐怖袭击背后，那些被极端分子利用参与恐怖袭击的普通人又有多大的罪恶？

回归平常的文明疗愈

如果我们重温电影快结束时那些温暖的细节，那些电影中的善意依然令人感动。理查德夫妇因这次意外而解开误会，重新发现彼此深沉的爱意。救治苏珊的直升机来了，摩洛哥导游和理查德将苏珊搬上了直升机，理查德拿出一沓美元要给导游，导游拒绝了，导游帮助他同样是基于纯粹的善意。尤瑟夫弟弟砸烂了那把猎枪，举起手来投降，主动承认所有的罪过，只求警察快点救治他的哥哥。电影结尾处闪过的尤瑟夫兄弟在山顶上展开双臂拥抱大风的画面，确实很美。美墨边境，两个小孩找到了，墨西哥保姆只是被立即驱逐出境，但也得以和自己的儿子长久地拥抱在一起。叛逆的千惠子没有坠入深渊，而是和自己的父亲拥抱在一起，消除了隔阂……与《撞车》一样，《巴别塔》中的故事情节也被设计得如此巧妙，现实中的结局不一定这么圆满，但电影中的集中展示依然是如此动人，也并不是只有撕裂的结局才会引发人们的深入思考。

"9·11"事件之后，世人似乎都有点"草木皆兵"，这部电影事实上是一味解毒良药，也可以看成美国人自己做出的反思。电影中尽管新闻媒体依然在报道："这起袭击事件可能是由宗教激进主义者策动，发动攻击的祸首仍然不得而知，但确定的是摩洛哥官方和美国政府都在迅速地设法保障所有公民的安全。"但观众已然知晓真相，事件并不与恐怖袭击相关。人们紧绷的神经需要回归平常，怀揣持久的耐心、起码的尊重和基本的善意去理解对方，贫穷或富裕、落后或先进、原始或现代、野蛮或文明等二元叙事远不足以描述人类的历史进程。尽管人们依然在说不同的语言，但我们属于一个共同的类，这一点常常被遗忘。我们并不需要一座巴别塔来使得我们团结起来，共同的生活世界早已铸就了一个坚固的人类命运共同体。在共同体的基础之上，我们才可以更好地疗愈文明的伤痕。

附　录

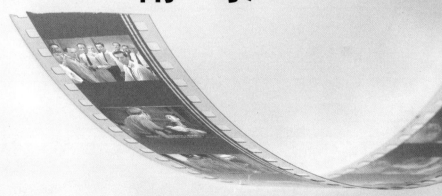

保禄的审判

保禄原名叫扫禄，约于公元2年生于小亚细亚基里基雅省首都塔尔索城（今位于土耳其南部）。父母为犹太人，属本雅明支派，生来即为罗马公民，自幼受过良好的教育，先在本城，后在耶路撒冷深造，对犹太教律和神学有极深的造诣。

传说中，扫禄原本基于对犹太教和祖传法律的热诚，竭力迫害基督教会，就在他去往大马士革的途中，上帝忽然在异光中向他显示，使原来基督徒的迫害者，刹那间变为了耶稣的门徒。扫禄归信后，一般改叫保禄以示区别。保禄是《新约》中最为重要的门徒之一，除去四部《福音书》，《新约》中大部分的篇幅都在介绍保禄的传教事迹、书信和宗教思想。《圣经》上记载，保禄归信之后，有三次重要的外出传教。第一次传教主要在塞浦路斯、土耳其西南部等地，包括在犹太人的会堂里宣讲耶稣的福音；第二次传教则在马其顿、希腊雅典等地传扬耶稣的福音；广义的第三次传教则让更多的罗马人和更多的外邦人接受了耶稣的福音。本文所说保禄的审判，即是发生在保禄第三次外出传教的过程中。

保禄在犹太人中间的传教活动彻底激怒了犹太人，在耶路撒冷的圣殿内，犹太人拿住了保禄，声称保禄把外邦人领进了圣殿，引起了全城震动，百姓一起跑来要杀死保禄。罗马人的千夫长见全耶路撒冷都乱了，立即带领士兵制止了这次动乱，拿住了保禄。保禄向千夫长请求用犹太人的身份和众人对话，把自己的身世、归信耶稣的过程等向众人真诚诉说，试图获得众人的谅解或说服众人归信耶稣，而事实证明保禄是徒劳的，众人的愤怒难以平息，扬言要除掉保禄。此时，千夫长只得将保禄带回营中。保禄见势就向千夫长表明了自己罗马人的身份，因为，依据罗马人的法律，一个罗马人没有被定罪是不能被鞭打的。这有点类似于现在的无罪推定和正当程序原则，经过审判才能被定罪，经过定罪才能被惩罚，想来罗马人对自己的公民是讲"法治"的。保禄坚持要以罗马人的方式进行审判，即以"法治"的方式进行审判。

犹太人则依然密谋杀死保禄，有四十多个犹太人发誓，不杀了保禄绝不吃喝。犹太人公议会通知千夫长，要抓来保禄以更为详细地查问他，这四十多人则埋伏着等待保禄。幸好这个密谋败露，保禄姊妹的儿子听到了这个诡计，便告诉了保禄，保禄则让他报告给千夫长。千夫长保护了保禄作为罗马人的公民权，连夜将其解送到罗马人的地盘（裴理斯总督处）接受审判，并通知犹太人的大祭司、长老、律师来控告保禄。至此，保禄的庭审就正式拉开大幕。

犹太人的律师指控说，保禄是个危险人物，他鼓动天下所有的犹太人作乱，又是宣扬纳匝肋教派（指耶稣一派）的魁首。他还企图亵渎圣殿，这对犹太人来说是不可饶恕的大罪。保禄则反驳，犹太人律师控告亵渎圣殿的事情并没有证据证明，而宣扬耶稣是基督自己良心无愧，站在公议会面前并没有什么不对。依据古罗马的法律，保禄并没有做过什么该被处死或该被监禁的事情，因此审判者裴理斯也并不认为保禄有罪，但是迫于犹太人的压力，有意拖延审判。

两年后裴斯托接替了裴理斯，犹太人的祭司长和首领又向裴斯托提出控诉，要求把保禄交给他们，但裴斯托同样主张应该经过他的审判，

  看得见的正义：影视中的法治文化

但为了讨好犹太人，裴斯托有意将保禄交给犹太人。这遭到了保禄的坚决抵制，他对裴斯托说："我站在凯撒的公堂前，我该在这里受审。我对犹太人并没有做过什么不对的事，就是你也知道得很清楚。假如我做了不对的事，我虽死不辞；但若这些人所控告我的，都是实无其事，那么谁也不能将我交与他们；我向凯撒上诉。"

保禄拿起了罗马法律赋予罗马公民的最后权利，即向凯撒上诉的权利。上诉凯撒意味着到罗马接受审判，可以彻底走出保禄目前的困局。在被解往罗马的过程中，保禄经历了诸多的风雨和坎坷，但凭借其对上帝的信心及卓越的智慧，他把这些困难都一一化解，最终得以抵达罗马并把这一旅程变为了传播耶稣的道的过程。在罗马保禄又被囚居（类似于现代的监视居住）了两年并最终得到释放。

在罗马的法律之下，保禄宣讲天主的国，宣扬耶稣基督的事迹，都非常自由，并没有被罗马官方禁止。在这期间，他接待了更多来拜访他的人，劝导众人信服耶稣。另外，每一次审判和辩护的过程，都是一个传教的过程。逐渐，保禄说服众多的罗马人和外邦人信仰了耶稣，把耶稣的道传遍了地中海，并最终通过罗马人"征服"了世界。此外，保禄在此期间还完成了众多的"保禄书信"，成为基督教宗教神学发展的里程碑。

保禄之所以能成为基督教中的圣保禄，重要原因之一即是保禄作为罗马公民，可以享受罗马人的"法治"。尽管当时的"法治"并不是十分完善，保禄也并没有得到十分公正的审判，但这也足以保住保禄的性命，让保禄可以在比较宽松的时空范围内进行传教。可以说，"法治"从某种程度上保障了保禄能成为伟大的圣保禄。从这个故事也可以看出，法治本身具有的深厚的文化底蕴。

法官判决过程中非理性因素的影响

由现实引发的思考

　　法学是一门研究实践理性的学问，司法判决是法治最为重要的环节之一。传统的观点认为，法官应该是理性、公正、毫无偏私的，在案件的审理过程中，法官应该摒弃个人的偏见，公正无私地认定事实，做出判决。然而事实是这样的吗？现实中，公众的情感和法官的个人情感也作用于判决。

　　美国大法官卡多佐认为，在司法过程中，有一些因素藏在人的意识深层，发挥着作用。偏好与偏见，本能、情感习惯和信念等都影响着判决。美国大法官布莱克指出，法官的工作年限和心情对办案有影响。我国的很多学者也赞成此观点，即理性之外的因素在某种程度上影响着判决。那么，到底存在哪些非理性因素？非理性因素在多大程度和范围内影响着案件审理的过程？

看得见的正义：影视中的法治文化

现实主义法学派的启迪

美国现实主义法学派，是当代法学理论界值得注目的法学学派之一。该学派由卡尔·尼可森·卢埃林、杰罗姆·弗兰克等现实主义法学家完成理论体系建构，提出了一套全新的法学思维范式：从关注"书本上的法"转向关注"现实中的法"；从关注法律规则的作用转向关注法官的司法活动。

现实主义法学派认为，法律的确定性是一种神话。面对纷繁复杂的人生和变化不定的社会关系，法律永远是不确定的，为此，必须打破这个神话，转而关注现实中的法，关注司法过程。现实主义法学派为人所熟知的观点是，法官在审理案件的时候所接受的各种各样的信息和所遇到的事情，如社会舆论对此案的看法、来法庭的路上发生了堵车等因素都会影响法官的判决，判决也受到法官个性的影响，所谓法官的个性指的是法官的经历、素质、性情、偏见和习惯；法官对于当事人、律师、证人的各种特点的反应也占有很重要的地位，他们的性别、肤色、相貌、职业、口音、姿态、服饰等都会影响法官对事实的认定；法官的情绪，甚至早餐的味道都可能影响法官对当事人和证人证据的信赖程度。美国法学家卢埃林举了这么一个例子——对一个患有消化不良的法官来说，一顿令人不满意的早餐就可能在做出判决的时候起决定性的作用。

美国现实主义法学家弗兰克对1914年至1916年纽约市治安法院几千个轻微刑事案件的处理结果进行研究后得出结论，治安法官在处理同类案件时的差别达到了惊人的程度。在一个法官手中，受审人员只有1/5的获释机会。而在另一个治安法官那里，会有1/2的获释机会。

在中国，情况或许不像卢埃林说的那样极端，但这些影像法官判决的因素也是存在的，至少表现在以下三方面：（1）性别，法官性别的影响主要表现在对待某类犯罪上。有调查结果显示，这点在涉及性犯罪的问题时表现得较为突出。（2）性格，通常认为性格是对人、对事的态度和行为方式中所表现出来的心理特征。心理学认为，人很多性格是在孩提时代养成的。那么，分别在农村、小城镇、中等城市、大城市等不同地方长大的法官，对某些特定案件会有不同的看法也是必然的。（3）工作年限，工作年限至少决定了法官的审判经验，而审判经验直接影响判决。

法官非理性因素控制是个伪命题吗

　　法官的性别、年龄、工作年限、特殊职业经历、个人偏好等很多因素都会对判决产生影响。这些影响可能是积极的，也可能是消极的。工作年限越长，经验越丰富，对现实的体验越深刻，越可能处理好一个案件。个人的偏好则可能影响案件的公正。

　　有学者提出，要对法官的非理性因素进行引导。具体而言，要注重法官的人文教育、人格修养、知识积累；要提高法官的责任感，将法官的情感控制在适度的范围内，完善判决说理机制，完善错案追究制度等。这些都是有益的建议，但是，对于性别、性格、价值观、个人偏好等因素，我们还需要做更为具体的分析。性别是一种先天性的因素，是一种无法避免的因素。性格、价值观、个人偏好等的养成，是一个长期的过程。这些因素甚至和一个时代的心理潜质直接相关。

　　在判决过程中，事实的认定，法律规范的适用，都不是一个纯粹理性的过程，非理性的因素以不容易被人发现的方式影响着判决。美国著名大法官霍姆斯提出，法律只是对法官即将做出的判决的一种预测。欧洲法社会学创始人之一埃利希主张一种"活法观","活法"不同于国家制定的法，而是社会组织的内在秩序。在制定法之外，还存在风俗习惯、商业惯例、组织章程等等同样约束法官的"活法"。在外观上，事实与规范之间的往返流转可能是司法判决的核心。但是，如果还原司法判决过程中法官个人做出决定的心理过程，法官可能是先基于自己的学识、经验、个人偏好等做出一个大致的判断，再为这个判断寻找理由。案件事实、法律规定或许只是法官做出判决的影响因素之一，在霍姆斯所称的判决过程中，法官的性别、性格、年龄、工作年限、婚姻家庭状况、个人的偏见等因素都在伺机影响着法官的判断。

职业伦理视角下的"舜窃负而逃"

　　孟子的思想实验——"舜窃负而逃"在思想界引发了持久的反思和讨论，从职业伦理的视角或许能发现一些新的解释。

　　《孟子·尽心上》中提到，桃应问曰："舜为天子，皋陶为士，瞽瞍杀人，则如之何？"孟子曰："执之而已矣。""然则舜不禁与？"曰："夫舜恶得而禁之？夫有所受之也。""然则舜如之何？"曰："舜视弃天下犹弃敝屣也。窃负而逃，遵海滨而处，终身欣然，乐而忘天下。"桃应问道："舜做天子，皋陶做法官，假如瞽瞍杀了人，那怎么办？"孟子答道："把他逮捕起来罢了。""那么，舜不阻止吗？"答道："舜怎么能阻止呢？他去逮捕是有根据的。""那么，舜怎么办呢？"答道："舜把抛弃天子之位看成抛弃破鞋一样。偷偷地背负了父亲而逃走，沿着海边住下来，一辈子快乐得很，把曾经做过天子的事情忘记掉。"（杨伯峻《孟子译注》）

职业伦理的萌芽及其延伸

　　这段话中有关职业伦理的有两句，"执之而已矣"与"夫有所受之也"。在孟子这里是有视角区分的，从皋陶的视角和从舜的视角，或者说依据皋陶作为司法者的职业伦理和舜作为天子和上级的职业伦理，皋陶和舜都"有所受"。对皋陶来说，瞽瞍杀人，遵从司法者的职业规范和伦理，抓起来就行了，并没有什么好争论的。如宋代著名的理学家朱熹就指出："言皋陶之心，知有法而已，不知有天子之父，皋陶之法，有所传受，非所敢私，虽天子之命亦不得而废之也。"（朱熹《孟子集注》）难题在舜该如何选择，孟子的高明处就在于对舜的选择做出了细致的区分，明确舜作为天子和作为人子的不同选择。"执之而已矣"表明作为皋陶上级的舜不能干预具体案件的处理。东汉末年赵岐对这段话作注："夫天下乃受之于尧，当为天理民，王法不曲，岂得禁之也！"他的解读是：舜为天子是从尧那里继承下来的，舜不能将天下视作自己一人的，舜只有义务为天下服务，王法对每个人都是一样的，所以舜没有权力去禁止。（赵岐《孟子章句》）可见，孟子还是比较尊重不同职业的，旗帜鲜明地反对干预法官办案。

　　尽管孟子的思想里有一些职业伦理的萌芽，但从现在的角度来看还不够立体。如舜对于履行职责的过程中所知道的相关信息，应该严格保密；舜作为皋陶的上级，对于下属正在审理的案件，不得公开发表评论；舜对于该案的审理过程应该严格回避。《法官职业道德基本准则》第十四条规定："尊重其他法官对审判职权的依法行使，除履行工作职责或者通过正当程序外，不过问、不干预、不评论其他法官正在审理的案件。"当然，这里不是要用现代思想苛责前人，而是力图找到前人思想的局限。孟子的思想实验较为注重从实质正义的角度论证，对程序正义的角度则较为忽视。孟子关注的是舜能禁还是不能禁皋陶抓人，而事实上可以用程序性的方式规避这一实质判断。

公共与私人的区分

孟子对舜的实质性选择进行了公共和私人的区分，这在职业伦理上也具有现代价值。"公"的方面是，舜应该支持皋陶履行职责。"私"的方面是，舜作为人子，应该窃负而逃。然而，这一"私"的选择是以舜抛弃了天下作为条件。如果舜还是天子和上级，是不能以天子或法官的身份"窃负而逃"的。另一方面，舜的选择体现了公私分明，不能因私废公，公具有优先性，但也不能完全"大公无私"或罔顾天子之私。这个思想实验隐秘地提示在"公"的基础上可以做出"有私"的选择，孟子给予了"私"适当的位置。尽管孟子的思想实验设定的信息还比较简单，如没有说明瞽瞍杀人是基于什么具体情况，是否"十恶不赦"等等，但也可以看出在孟子看来"亲属容隐"具有某种绝对性价值，孟子甚至已经把亲亲相隐推到一个新的层面，如可以采取一些积极措施避免近亲属受到处罚。

现代法律现实主义的理论表明，法官裁判的过程并不一定是纯粹遵循法律的过程，多种社会因素和法官的个人性因素都可能进入这一过程，从而影响判决的结果。此时，坦诚地承认和考虑法官的"有私性"，认可法官是作为人而非作为神在做出裁判，对于一个公正裁决的做出反而是极为有益的。更为现代的裁判理论——"于理于情、于公于私"的选择模式得到了普遍认可，公理和私情相互区分，公理优先，私情也需适当考虑。

家是否优先于国

舜窃负而逃所展现的价值排序引起了较多争议，如在孟子这里，家

看得见的正义：影视中的法治文化

是否优先于国？这里舜可以弃天下如弃破鞋，终身享受父子天伦之乐，家似乎处于更为优先的位置。孟子也曾说过："天下之本在于国，国之本在于家，家之本在于身。"在儒家的思想体系中，确实是从己身、从家庭的视角去理解国，相较于国，家占据基础性、根本性的位置，如此才有"修身齐家治国平天下"之说。然而，这可能并不意味着家优先于国，基础性并不一定意味着优先性。

舜身系天下，成为天子后舜就成为天下之舜而非私人之舜，舜的公共性会吸收其私人性，也就是古人常说的"天子之事无私事"，天子的婚丧嫁娶、衣食住行、身体状况、生活方式等等都会成为"公家"的关注点。孟子的假设可能也只具有思想实验的价值，在实践中可能完全行不通。从瞽瞍的视角出发，"父母之爱子，则为之计深远"，中国大多数的父母怎会因自己而毁了子女的前程？瞽瞍很可能会反对舜这样做。舜的臣子一定会搬出"以天下苍生为念"的理由，劝舜摒弃一己之私。舜如果真的做出窃负而逃的行为，也不可能成为中华民族的共同始祖之一。舜作为明君，如果自己的父亲杀人，也不可能罔顾舆论。舜窃负而逃在当时的历史条件下，基本不可能出现，那么孟子为什么还要做如此假设？

我们可以理解孟子为了强调家之基础性地位而对桃应之问设置的理想性出口，然而也应该看到孟子回答的逻辑，在职业分殊、公私有别的基础上才会有"窃负而逃"，孟子的回答具有层层推进的效应。此时我们可以推测出孟子在说最后一句话时的语气和身姿——语气释然、面带笑容、抬头仰望曰："终身欣然，乐而忘天下。"因此，理想可能并不重要，那些现实存在的职业伦理才更为重要。

法律文化的选择之维——读弗里德曼《选择的共和国》

人类一思考，上帝就发笑。

——题记

一、背景介绍

劳伦斯·弗里德曼是美国斯坦福大学的资深教授，曾任美国法律史学会和美国法与社会研究协会的主席，国际法社会学研究委员会主席。弗里德曼教授是法与社会学术运动的领袖之一，在美国法律史领域也有很高的造诣。劳伦斯·弗里德曼这个名字也为中国法学界所熟知，他的《美国法律史》《法律制度》等著作都被译介到中国，并产生广泛影响。

《选择的共和国——法律、权威和文化》是弗里德曼教授20世纪90年代出版的一部著作，全书试图站在美国的角度，对整个西方的现代法律文化做出整体性描述。弗里德曼极为擅长用历史的描述手法，他在书中为我们讲了一个从古到今变化着的法律文化故事。我们将对其核心概念"选择"做出分析，从"选择"概念出发展示其基本观点，并尝试对弗里德曼的基本观点做出简要评析，回归"选择"本身进行讨论。

看得见的正义：影视中的法治文化

二、关于"选择"的现代性故事

全书开始于一个小故事，1985年冬天，纽约市政府发布一项政令，命令把无家可归者、流浪者和被遗弃者全部集中起来带到城市的指定居所，让无家可归者冬天不再寒冷。但是，政府的好意却受到了无家可归者的抵制，他们认为这侵犯了他们的流浪权或露宿街头的权利。在很多外国人看来，美国人简直不可理解。然而，在弗里德曼看来，这却反映了美国的文化特征。他们的声音真实地体现了当代美国文化的核心特征，或至少是这种文化的一个缩影。首先，西方社会是一个权利为主的社会，社会被一种刚性的、无所不在的法律框架连接起来的，而法律最基本的功能就是赋予、界定和保护权利。而另一个核心特征则是，美国社会中的公民认为自己是自由的、独特的个体，每个人都可以选择自己的生活方式。至此，弗里德曼得出美国法律文化的两项最为核心的特征：法律包裹下的现代生活和一种激进的个人主义。尊重个人的选择是第二项特征的核心，而这与第一项特征之间有何关联？为什么只归结为这两个核心特征？

弗里德曼认为，现代社会应是一个开放社会，在这个社会中，法律机构、权力组织和政府机关的构造应有利于它们在某种程度上暴露于公共舆论和公众压力之下，而这使此类机构在某种程度上对这些压力做出实际的回应。这个社会应该有独立的司法系统，并且司法系统向普通民众开放，法律制度为全体公民所最终控制，也有周期性受竞选折磨和考验的立法机构。而另一个区分开放社会和封闭社会的重要标准是关于开放的普遍感受和增进开放印象的社会构成。选择或同意是与开放社会密切相关的现代性特征，在正当性构成要素中处于核心地位。开放政府应该是一个可以自由选择的政府，它的合法性来源于人们的自由选择。

关于现代社会还有很多理论家都有十分经典的描述，弗里德曼则强调了韦伯、梅因的理论。韦伯认为现代社会是由合理性（或理性）法律型权威代替了传统型权威和卡里斯马型权威的社会。梅因则认为人类社会的历史简单来看就是一个从身份到契约的过程。弗里德曼认为，这些关于现代社会的理论描述中有一些共同的图景：古人被锁在习俗的铁笼中，处于失去自由的囚徒状态。他们处于一定的家族、宗族和部落中，身份和等级牢牢地束缚着个人的一切。在古代，你的出身决定了你的一生，决定了你是一名贵族成员还是低贱的贫民，生活毫无选择性，一出生就可以看到未来是怎么样的。在现代社会中，人际关系比较松散，公民可以自己做出理性的选择，可以自愿扮演多重社会角色。契约社会意味着契约的双方是自由和平等的主体，更强调主体本身的选择，不同主体都可以选择自己的生活方式和行为方式。总结来看，人类社会的历史是或者应该是从无选择转向有选择的历史。

现代社会的自由选择强调的并不是群体的选择，而是个体的选择。关于现代社会的讨论因而也就转向了对个人主义的讨论。在弗里德曼看来，依据时代背景和个人选择范围的不同，个人主义的发展历史可以分为三个主要的阶段，第一个阶段是由身份主导的时代，社会能提供给的个人选择空间实在过于狭窄。它们是古希腊、古罗马、中世纪以及文字出现以前的时代，这并不是弗里德曼关注的重点，他所关心的是第二个阶段和第三个阶段。弗里德曼把19世纪的个人主义归为个人主义的第二个阶段，相较于前一阶段，此一阶段人类的自由和个人选择的范围大为扩张，但还是受到了相当多的限制。此时的个人选择和个人自由的范围大多限于政治和经济领域，如选举自由和市场自由。就私人生活领域而言，仍旧是虔诚的、勤勉的、守纪的、传统的。19世纪的个人主义意味着那些成熟而有能力做出正确选择以及能够控制自己邪恶欲望的人们自由公开选择。此时的个人主义反对的是独裁政府、君主专制，希望重新建构国家的合法性基础，丝毫没有必要去攻击那个时代的社会价值和行为模式。在经济方面则较为依赖市场这一看不见的手的调节，人们普遍认为只要经济上人们自由竞争，让每个个体去自由争取财富，就可以使整个社会受益。弗里德曼描述，此时文学作品中的个人的理想也能很好地反映这个时代的个人主义特征。这种个人理想包括坚定的信任、高度的自制、在所有事情上的克制和中道温和。他们沉溺于勤奋工作，克制个人癖好，信奉工作优于生活的价值观；他们也希望接受民主权威、法治和多数决定，因而凭借内心的坚信和习惯就能遵循正确的生活方式，无需强制力。20世纪的个人主义是第三阶段，此时的选择范围大为扩张，已经覆盖个人生活领域，不限于经济和政治领域，在性生活、婚姻家庭、宗教信仰、穿着等方面都可以进行选择。人们在一个丰富的菜单中选择自己的生活方式和行为模式。新的个人主义强调自我表现，致力于扩张自己，发展特殊素养和唯一性。

弗里德曼用很多生动的例子来描述从19世纪到20世纪个人主义的变化，其中之一就是人们关于性的态度。在19世纪，性欲旺盛常遭受特别的贬斥，医学上的研究成果警告公众纵欲对身体和精神的损害：自慰和过度性行为当然是不道德的，而且也将带来身体的毁坏、虚弱、不健康，甚至精神错乱和死亡；非自然的性行为会造成极大的损伤，甚至造成眼组织的退化；成千上万的人因为手淫而事业受挫；人类的文明依赖对原始的动物性冲动的压抑和精炼。20世纪的性观念则发生了变化，性压抑的强烈情绪已经烟消云散了，现代社会完全颠覆了以前的性观念。现在不是性欲带来了疾病和耽误工作，而是性压抑带来可怕的后果，人不能抑制自己的基本需求。从另一方面来看，性本身被纳入了选择的范围，20世纪争论最多的问题之一就是"性少数派"的权利。

　　弗里德曼也为这种个人主义的演变找到了很多理论依据，最契合这种历史演进观点的当然要属美国学者罗伯特·N.贝拉的观点。贝拉认为，个人主义是美国价值观的核心，他区分了功利型（utilitarian）个人主义和表现型（expressive）个人主义。功利型个人主义将生活看成个人将其利益最大化的努力；表现型个人主义则坚持每一个人都有唯一的感觉和直觉的核心，如果其意识到自己的个性就应该表现出来。表现型个人主义已成为美国占主导的个人主义模式，对大部分美国人来说，生活的意义是使自己成为自己，几乎就是自己创造自己。表现型个人主义正好契合现代社会选择范围无限扩张的趋势。[①]

　　至此，我们讨论的都是个人、自由和选择，那么，现代社会中的法律又有什么特点？法律和选择又有什么关系？选择是现代社会的主要标志，保护选择也自然而然成为现代法律文化的主要标志。在弗里德曼看来，现代美国社会的"诉讼爆炸"就是这种现代个人主义的反映。然而，规制和个人选择之间是否存在冲突？如美国的《谢尔曼反托拉斯法》（1890）对垄断企业的限制是否取消了一部分的选择？福利国家实施普遍的社会保障，进行社会救济，这些是否限制了选择？对穷人来说，选择的自由是否意味着不自由？弗里德曼的回答是：这些依据的依然是选择、自由的原理。福利国家本身构成了自由和选择的条件。选择只能以选择的名义加以限制，正如自由只能以自由的名义加以限制。在一个陌生人社会，众多的法律提供的种种规制或者说对选择的限制正好是对选择最好的保障。只有在有规制的前提下，人们的选择权才不至于过于空洞，而具有某种实质的可能性。

---

　　① ［美］贝拉等：《心灵的习性：美国人生活中的个人主义和公共责任》，翟宏彪等译，生活·读书·新知三联书店1991年版，第214页。

 　看得见的正义：影视中的法治文化

从这一理念出发，弗里德曼得出了其选择共和国的正义观或者选择的正义观。在他看来，选择是一种基本规范，占据首要地位，其他正义原则、法律观念都是从这个基本规范中推导出来的。第一，人们不应该由于他们无法真正控制的事件、特征和身份而遭受伤害。没有真正的选择，就没有真正应该被加诸其身的损失、不利和惩罚。第二，在人们能够或确实可以控制的情形下，法律应当允许、提供和授予一个充分的选择空间。第三，在可供选择的空间中，所有的选择都应该具有同等价值和同等资格。现代权威同样是一种选择的权威，权威要么实际是选择的，要么看起来好像是选择的。现代国家和现代权威结构之所以具有正当性，就在于它们有权促进、引导和实现个人的选择。弗里德曼用了很多细微的规范充实选择正义观的上述原则，如保护少数人的选择（保护残疾人上公交车的权利），保护第二次选择的机会（如破产制度、对初犯的宽大处理等），对强加于失败者的惩罚施加社会性的限制（如一个学生不会因为起诉学校受惩罚或被开除），保有权原则（重视长期关系的维持），等等。

至此，一个关于选择的现代性故事初步展示了其主要的内容和框架。弗里德曼侧重于历史的论证，展示了从无选择到有选择的历史过程，用较少的笔墨就为我们讲了一个宏大的故事。选择确实是现代社会一个关键性概念，弗里德曼为我们提供了一个重要的理论框架。但是，关于选择的理论也存在众多论证上的难题。从观点上来说，选择是否在现代社会中占有如此重要的地位，是否真的像弗里德曼所说占据一个"基本规范"的地位，这本身是值得质疑的。选择本身是自由的核心，弗里德曼的观点代表的是某种版本的自由主义观点。但是，选择为什么能取代自由，选择为什么能把平等（福利）纳为自己的前提条件？弗里德曼的观点本就很模糊。一般来看，自由本身就意味着平等，或者从自由就可以推导出平等的观念或原则，这并不是什么新观点，罗尔斯的理论就是这种观点的杰出代表。但是，选择是一个二级概念，它本身只是自由的一个向度，并不能代替自由这个一级概念。从论证上来说，已经有学者质疑，弗里德曼的论证过于简略和跳跃，他的选择的正义观和他的历史论证之间需要更多理论细节填充。在质疑中，一个很有意义的探讨可能是对其理论的正面反驳。即在现代社会，选择真的存在吗？选择是可能的吗？

三、单向度的选择

弗里德曼承认，他对现代社会持一种积极乐观的态度，然而，还有很多人对现代社会有一种阴郁的印象。依据法兰克福学派代表人物马尔库塞的描述，发达工业社会是一种新型的极权主义社会，是一个单向度的社会，这个社会的人是单向度的人，拥有单向度的思想，在这个社会，批判停顿了，没有反对派。简言之，否定性、批判性思维被操控，肯定性思维则获得了胜利。

具体而言，政治上逐渐走向封闭，原来对立的派别逐渐趋同，人们会发现，即使是施政纲领极为不同的派别，执政后的政策也大同小异，选谁都差不多。甚至各大党的政治纲领变得越来越难以区分，在伪善程度和陈腐气味方面也是如此。反对派已经融入了现行制度，和其他政党没有太多的差异。

经济上，批判面临被剥夺基础的状况。技术的进步创造出种种生活方式，这些生活方式似乎调和着反对统治制度的各种势力，并拒斥以摆脱劳役和统治、获得自由的历史前景之名义提出的所有抗议。社会似

看得见的正义：影视中的法治文化

乎有能力遏制社会变化（确立根本不同的制度、确立生产发展的新方向和人类生存的新方向的质变），这种遏制社会变化的能力或许是发达工业社会最为突出的"成就"。维持和改善现行制度成为凌驾于一切的利益，在当代最发达的地区把先前的敌手联合了起来。此时，已经没有了社会变革的明显动因和代理者，没有了理论和实践、思想和行动统一的基础。批判理论开始倒退，从参与历史实践的理论倒退到高度抽象的水平，从政治经济学批判转向哲学的批判，难以在现实中找到基础。[①]

　　理想的俗化、物质化现象十分严重。美丽心灵、高尚精神、崇高理想、自由完美等词汇变得毫无意义，只在宣传、商业、训练和消遣中才有些许的价值。大众传媒把艺术、政治、宗教、哲学同商业天衣无缝地结合在一起。受控制的俗化趋势削弱了对既定现实的反抗。马尔库塞举出古典派、浪漫文学同当代文学在性描写方面的差异进行说明：在歌德的《亲和力》、波德莱尔的《恶之花》、托尔斯泰的《安娜·卡列尼娜》等古典文学作品中，性欲一律是以高尚的、间接的、反省的形式出现的。而在现代的文学作品中，如《欲望号列车》《热铁皮屋顶上的猫》和《洛丽塔》等，对性欲的描绘更加生动，更富有挑逗性，更加放荡不羁，因此也是完全无害和毫无否定性的。

　　语言领域同样成为一个封闭的领域。社会宣传机构使用的语言是单向度的、同一的和一致的，它操控和塑造了单向度的交流空间。人们越来越倾向于使用抽象的概念，取消及物的、具体的意义。而概念是被标准化了的，这些名词以一种专横的方式统治着句子，句子则变成一个有待接受的陈述而拒绝对其被编纂的和断言的意义进行否定。马尔库塞认为，僵化的形象中的概念省略，自明而又沉闷的公式对发展的限制，语

----

①[美]赫伯特·马尔库塞：《单向度的人》，刘继译，上海译文出版社2008年版，第1—16页。

言矛盾的免除，物和其功能的同一等都表现了语言中的单向度精神。在概念和具体事实之间存在着紧张、差异和矛盾，而把概念当成思维手段使得语言具有无批判的顺从性。

现代在西方社会占统治地位的实证主义和分析哲学同样是一种单向度的思考方式和单向度的哲学。当代，哲学缩小到极其狭窄的范围之内，哲学家们自身就宣称哲学的节制，它不触及已确立的现实，憎恶超越。马尔库塞认为，这是人文社会科学知识分子的自卑。以现代语言哲学为例，现代语言分析哲学的两种倾向都贬低了哲学。逻辑语言学者们（如维也纳学派）受逻辑精确性观念以及经验描述的精确性观念的驱使，主张建立一种精确的、普遍的、科学的语言体系，试图清除容许思想和语言的模糊性甚至是矛盾性存在的地盘。然而澄清之后的世界就只是一个肯定性思考的对象，"不良思想"被排除了。另一种日常语言倾向，像后期的维特根斯坦断言的，是"让一切如故"，要摒弃一切理论，回到日常生活语言。而日常语言倾向同样限制了哲学的范围，因为日常语言是更容易受到一元化社会、单向度社会操控的对象。

总之，国家机器把其防务和扩张的经济、政治需要强加在劳动时间和自由时间上，强加在物质文化和精神文化上。新的控制形式把统治扩展到私人生活和公共生活的一切领域，从而使一切真正的对立一体化，使一切不同的抉择同化。

在单向度社会，人们的意识和思想被操控，人们的需求具有一定程度的虚假性，人们进行的选择同样是单向度的选择。

四、"监狱式社会"中的虚假选择

福柯说："我为什么愿意写这样一部历史呢？只是因为我对过去感兴趣吗？如果这意味着从现在的角度来写一部关于过去的历史，那不是我的兴趣所在。如果这意味着写一部关于现在的历史，那才是我的兴趣所在。"[①]福柯试图从一部监狱的历史出发写一部人类现在的历史。

惩罚从古到今经历了巨大的改变，对肉体的酷刑和肢解、在面部和臀部打上象征性烙印、示众和曝尸等消失了，将肉体作为刑罚对象也消失了。惩罚从一种制造无法忍受的感觉的技术转变为一种暂时剥夺权利的机制。同时，作为公共景观的刑罚消失，惩罚的仪式逐渐式微。从表面上看，残忍更少了，痛苦更少了，仁爱更多了，尊重更多了，人道也更多了。这在福柯看来，都得加上引号，这更"仁爱""尊重""人道"？肉体和鲜血退场了，代之以深入灵魂、思想、意志和欲求的惩罚。我们能说惩罚人的灵魂比惩罚人的肉体更"人道"？惩罚方式的现代转变同"人道""进步"等没有关系，代表的只是权力技术的改变。福柯精致地分析了刑罚方式改变所蕴含的权力技术的深刻变化。监狱成为这种新型权力技术的组合体。早期的监狱采取的规训技术包括，在一定的封闭空间内强化一定的纪律意识，对犯人进行隔离；劳动是强制的；用减刑和假释等制度作为规训犯人的激励机制；执行严格的作息时间表，严密的禁律和义务规定；不断检查、监督；用一整套"劝善""改恶"的方式（如古代中国监狱里使用让犯人读《弟子规》的方式）不断地重复；等等。这些规训的技术很快扩张了，在学校、兵营、

[①][法]米歇尔·福柯：《规训与惩罚》，刘北成、杨远婴译，生活·读书·新知三联书店2007年版，第33页。

医院和工厂的环境中，这些细致的规则、挑剔的检查、对生活和人身的吹毛求疵的监督等等技术，都被吸纳。在这些权力技术之下，在学校、教堂、兵营、医院、工厂等，日复一日地生产出驯服的个体。尽管现代社会没有采用严密的监狱模式，但是使用了某些"监狱方法"。这个大的"监狱网"遍及整个社会，"监狱群岛"则把这种技术从惩罚机构扩散到整个社会机体，现代社会也不过是一个"监狱式社会"。

在福柯看来，弗里德曼的观点只是一个未经"启蒙"的观点，受操控而不自知是可悲的，进步也是虚假的，从无选择到有选择，从选择范围极为狭小到极为扩张，从身份到契约，从非理性到理性化等等，这些简单线性的归纳，必须摒弃。

如果说法兰克福学派的激进哲人还是在说选择的单向度的话，那么福柯则走得更远，在一个现代"监狱式社会"，人们的选择具有彻头彻尾的虚假性。人们的选择真的存在吗？福柯回答：可能是，人们可能以为自己有选择，但实际上人的选择是受权力微观操控的。人们生活的每一个细节都受到话语、知识、权力的规训，连最细微的选择都是不存在的，它们像毛细血管一样控制着人们生活的方方面面。现代生活的安排，就像监狱内一样，像"巴黎少年犯监管所"的时间表一样，几点几分起床，几点几分吃饭，几点几分祈祷，几点几分劳动，几点几分学习，几点几分休息，完全被安排和操控，两者毫无区别。所谓的现代社会就是一个巨大的阴谋，人们被操控而不自知。人的主体性根本就不存在，取代主体性概念的是"政治肉体"。"政治肉体"没有灵魂，或者说灵魂完全被规训，它们只是作为武器、中继器、传达路径和支持手段为权力和知识关系服务，而那种权力和知识关系则通过把人的肉体变成认识对象来干预和征服。

五、选择如何可能？

前面的一段思想旅行给我们展示了一个选择的共和国，也给我们指出了对选择本身的种种质疑，那么，选择的共和国是否存在？选择又如何可能？

弗里德曼也对上面的质疑做出了回应，认为马尔库塞和福柯等人提出的"决定论"观点总体上并不符合日常生活中人们的所思所想，不符合人们的日常生活经验和生命体验。人们在生活中呈现出自由选择的状态，人们相信选择、同意、契约和自由意志，确信他们是用自己选择的方式在行为。从现实来看，契约自由优先于意识形态。市场上，人们想买什么就买什么，想卖什么就卖什么。在西方，选择在文化层面也没有替代品。绝大多数人都会排斥一个预先被决定的自我、出身和身份确立的自我以及固定而不能更改的自我。从社会功能来看，倡导选择更为有益也更积极，正统的社会科学很少提供像马尔库塞和福柯那样的对人类状态的阴郁印象。

可以看到，弗里德曼并没有从正面回应上述质疑。回到人的日常生活的论证当然具有一定的说服力，但是，日常生活中人们相信自己是有选择的、自由的，恰恰是马尔库塞和福柯批判的，这种确信是虚假的、被操控的。普遍的怀疑主义为什么要在日常生活中停下怀疑的脚步，这是值得质疑的。对现代社会的阴郁印象并不是否定阴郁印象本身的理由，阴郁印象和积极图像谁更有说服力必须看两者基于什么样的理由。弗里德曼并没有回应权力的"微观物理学"为什么没有影响人的选择或影响到什么程度。真理问题不能诉诸民主，判断人们是否有选择不能诉诸大多数人的确信。这些都使得弗里德曼的回应变得软弱无力。

弗里德曼擅长历史的论证，为我们讲述了从无选择到有选择的现代性故事。但是，仅有历史的论证是不够的，必须对选择进行哲学式的思考，必须对选择进行追根溯源。我们可以提出一系列关于选择的问题：选择是什么？在什么意义上选择存在？一项选择意味着什么？选择有无范围？谁的选择？选择什么？动物有无选择？上帝有无选择？怎样对选择进行分类？选择的社会基础是什么？选择同人的自由、主体性之间是什么关系？只有对这些做出回答，才是一个关于选择的完满的故事，才可以更好地回应福柯等人的批判。

　　弗里德曼对选择的理解似乎并没有抓住本质。福柯批判的"没有选择"，归根到底是在说，人的主体性是不存在的。选择是什么？选择意味着什么？从本质上来说，理解选择就是理解人的自由意志，理解选择就是理解人的主体性，理解选择就是理解人本身，是人本身为选择提供了可能性和必要性。过去有选择，现在有选择，将来还会有选择。选择是人的主体性的一个重要的组成部分。例如赶路的人遇到一个岔路口，有三条道路，三条道路都可以选择，人们不知道走哪条道路能更快到达目的地，只能根据有限理性去推断，这里就存在一个选择。那么，选择的条件又是什么？我们很难说对上帝来说存在选择，上帝是全知全能全善的，上帝不需要选择，他能看到选择之后的所有结果，或者可以让每一个选择结果都差不多，因此也就无所谓选择。除人之外的动物的选择是单一尺度的选择，马克思说："动物只是按照它所属的那个种的尺度和需要来建造，而人却懂得按照任何一个种的尺度进行生产，并且懂得怎样处处都把内在的尺度运用到对象上去；因此，人也按照美的规律来建造。"动物只有生存尺度上的选择，而人有多种尺度上的选择。一般意义上讲选择即指人的选择，另外，选择还具有有意识性、有目的性；选择具有不可逆性；选择必须有可选项，或者可以选择也可以放弃；选择结果具有有限预见性；选择意味着选择人承担选择的后果；等等。

　　　看得见的正义：影视中的法治文化

选择本身就和人的主体性密不可分。这样，马尔库塞和福柯的批判就变得似是而非了。否定选择就是否定人本身，否定选择就是否定人类的历史，否定选择也是否定此刻正在进行的社会生活实践。

社会关系内在的机制极为复杂，像福柯所说的话语、知识、权力等微观作用机制肯定是其一，然而不一定就是决定性的机制。尽管"善"是十分脆弱的，但是忽视积极的、向上的机制同样是片面的，美德有时同样发挥着重要的作用。人的内心具有不安定性，不会安于现状，总是试图超越和改变。

知识、话语、权力规训机制本身也不只是一种向度，而是蕴含着多种向度。知识不仅仅是权力，也是智慧和美德。现代工业社会真的像马尔库塞所描绘的那样，是一个一体化、同一化、单向度的极权式社会？当然不是，正相反，一个价值多元、生活方式多样的社会正在成形。政治、经济、社会、语言等方面"批判性向度"的消失并不符合事实。以哲学为例，在马尔库塞（1898—1979）的时代，我们也不能说，实证主义哲学就是一统天下，人文主义、存在哲学、解释学等也相伴而生，何以思想就成为单向度的了？

马尔库塞和福柯在批判现代社会时，本身有一个对理想的人的假设，在他们眼中，人可以做更多的事情，理想的人应该像他们一样看破现代社会的丑恶伎俩，真正做出自己的选择。批判旧社会是为了创造一个新社会，批判本身往往带有强烈的改变世界的情怀，批判现代社会是为了让现代社会变成一个更加美好的世界。马尔库塞和福柯对世界的阴郁描述的背后，藏着的反倒是一个积极的图景。而问题恰恰在于此，他们对人提出了过高的要求，因而忘记了，人只能是人，每一个个体所能做的并不多。美国人类学家克利福德·格尔茨认为文化是指由历史传递的，体现在象征符号中的意义模式（patterns of meaning），它是有各种象征性形式表达的概念系统，人们借助这些系统来交流、维持并发展有关生活的知识以及对待生活的态度。他所主张的文化概念实质上是符号学的概念。马克斯·韦伯提出，人是一种悬在由他自己所编织的意义之网中的动物，所谓文化就是这样一些由人自己编织的意义之网。[①]马克思在《关于费尔巴哈的提纲》中说，人的本质是一切社会关系的总和。因而，人只是在自己给自己编织的意义之网或社会关系中找到自己的位置。在意义之网或社会关系之中，只存在有限选择的可能性。

退一步说，在操控下的选择也是一种选择，人只是在被决定、被操控的情况下做出有限的选择，在阴郁、悲观的世界中选择过一种积极的生活。人的选择一般面临着大环境和小环境，大环境一般指经济、政治、文化、社会等宏观背景，指社会整体环境；小环境则指个体所处的工作、生活、学习等小圈子，指具体环境。很少有人的选择能够对大环境产生影响，更多情况下，人的选择只是对小环境产生影响。然而，大环境是什么样的小环境就是什么样的吗？当然不是，即使是在大环境被操控的情况下，小环境也给了人一定的选择空间。即使是在阴郁的、悲观的大环境下，也可能存在美好的小环境。个体的选择使得小环境具有不同的面向。消极、遁世、萎靡的选择会使自己的小环境变成一个糟糕的世界，积极、乐观、进取的选择则会使得小环境变成一个更好的世界。

总之，从理解选择就是理解人的角度，可以看出选择是可能的。融入了对选择的哲学思考才能更好地回应马尔库塞等人的批判，才是一个关于选择的完满的故事。

---

①[美]克利福德·格尔茨：《文化的解释》，韩莉译，译林出版社1999年版，第5页。

看得见的正义：影视中的法治文化

从法律文化到法治文化

　　党的十八届四中全会通过的《中共中央关于全面推进依法治国若干重大问题的决定》明确提出要建设社会主义法治文化。随着全面推进依法治国进程的不断深入，社会主义法治文化建设也将不断加强。然而，为什么会由当初的"法律文化热"走向如今的"法治文化热"？法治文化为什么会成为一个独立于法律文化的概念？

　　20世纪80年代中期，在中国法学研究领域兴起了一种重要的研究类型——法律文化研究。诸多学者关注过这一主题，如梁治平、刘作翔、舒国滢、张中秋等，甚至有学者把法律文化研究作为一种独立的研究范式。①某种程度上，在中国30多年来一直存在着某种法律文化研究的热潮。同法律文化的研究相比，法治文化研究的兴起更晚，不过其正日益成为一个重要的研究热点。从下图可以看出，法治文化研究文章的数量近年来正超越法律文化研究文章的数量。尽管仅从数量上看问题会有很多局限，但却足以反映法治文化的研究正在成为某种"显学"。

---

　　①强世功：《迈向立法者的法理学——法律移植背景下对当代法理学的反思》，《中国社会科学》2005年第1期。

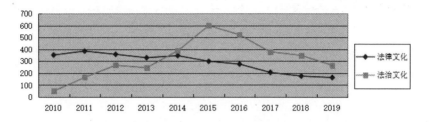

2010—2019年法律文化和法治文化主题文章数量对比图（依据CNKI文献统计）

一、从法律文化到法治文化的历史根源

20世纪80年代，在改革开放大潮的推动下，新观念不断涌现，给我国社会生活的各个方面都带来了蓬勃生机，反过来推动了改革开放。同时，这些观念却受到根深蒂固的僵化观念和消极的社会心理的抵制。传统所拥有的历史惯性远远超出人们的想象，要继续深入推进改革开放和各项现代化建设事业，文化的反思和变革势在必行。在这样的社会历史条件下，"文化热"悄然兴起并产生广泛影响。各种文化问题座谈会、研讨会先后召开，文化专栏、文化论丛、文化丛书相继出现，专门研究文化的机构也陆续建立。

"文化热"也感染了法学界。中国作为一个现代法治的后发国家，政府推动型的法治建设并没有深厚文化土壤的支持。从理论上来说，法律文化研究可以看成理论界反思中国法学发展的过程，一批学者不满意把法学研究完全意识形态化，试图走出"政治法学"的困境。随着国际学术交流的加强，美国、苏联、日本等国家的法律文化理论传入中国，也为中国法律文化研究的发展提供了众多的理论资源。在理论、实践因

看得见的正义：影视中的法治文化

素的多重作用下，法律文化的研究不断持续和深入。

从理论上说，法治文化的提出更晚。1979年李步云等人撰写的《论以法治国》，被公认为是我国最早明确提出必须实行法治，并从历史背景、理论依据、观念变革、制度保障四个方面对实行"以法治国"做出系统论证的"法治第一腔"。随后，对法治概念的阐述、对西方法治理论的译介、对中国法治现状的反思等被越来越多的学者关注和讨论。1999年3月15日，第九届全国人民代表大会第二次会议通过了《中华人民共和国宪法》第13条修正案，在《宪法》第5条增加一款，明确规定："中华人民共和国实行依法治国，建设社会主义法治国家。"自此，法治有了根本的依据。随着怎么实现法治，怎么建设社会主义法治国家等问题的提出，怎么培育社会主义的法治文化，怎么为法治建设提供坚实的文化基础的问题也呼之欲出。进入21世纪以来，在全球化的浪潮推动之下，整个世界的联系变得日益紧密，竞争也日趋激烈。一方面，受到西方经济危机的影响，中国的经济在持续高速增长之后，有逐渐放缓的趋势，随着经济增长的放缓，一些深刻的社会问题开始凸显出来。怎样为经济发展和政治体制改革提供一个良好的环境？怎样在一个社会结构急剧变化的社会中给人们以安全感？法治被赋予了更多的期待。此时，作为一个描述性概念的法律文化概念已经难以满足实践的要求，中国的现实要求建构一种法治型法律文化，必须直接指向法治的价值目标，必须重新选择概念，法治文化即在这种理论和实践背景下生发出来。

从上面可以看出，从法律文化到法治文化，并不是单纯的文字游戏，而是具有深远的历史根源。

二、法律文化和法治文化侧重不同

然而，法律文化和法治文化概念之间有很多内在的一致性和天然的联系。首先，从历史的维度来看，两者具有类似的"前见"或"前理解"。无论是法律文化还是法治文化都需要从现代的"法律"概念出发，现代的法律具有普遍性、规范性、稳定性、内在的一致性等特点。法律文化由现实反观历史，为什么是西方提出现代法律的概念？为什么传统中国会走向一条完全不同的道路？由此，无论是对中国法律传统的同情式理解还是对中国法律传统的反思和批判，都有现代人思维方式的影子。其次，中国的法律文化研究和法治文化研究都以反思中国问题为出发点。还有，两者有类似的研究视角和方法。再次，两者都需要借助诸如法哲学、文化学、历史学或法史学、人类学等多种类型的理论资源。最后，从两者的研究目标来说，两者都以当代中国的法治事业为根本旨归。所以，如果从一个研究者的视角来看，并不需要严格区分法律文化和法治文化的领域，而只需强调以具体问题为中心进行的思考。

可以说，法律文化和法治文化的不同可能并不在于两者是完全不同的领域，而是在于研究者有不同的侧重点。法律文化和法治文化之间是一种交叉关系而非包含关系。

法律文化侧重理解，强调理解特定民族或文化传统的法律类型。法治文化侧重现实的建构和反思。法律文化侧重于描述，而法治文化具有鲜明的价值判断。法律文化侧重于历史，而法治文化则倾向于现实。正如徐爱国教授所指出的："法律文化是文化的一个组成部分，不同民族有不同的法律文化；法治文化则是法律文化的一个亚类，它强调法律文化中现代法治的成分。法律文化是历史的积淀，本身无优劣之分，法治

看得见的正义：影视中的法治文化

文化则是现代的产物，有其价值上的判断。文化与法律的关系，一个方面，文化决定了法律的民族特性，另外一个方面，法律也可以重构新的法律文化。法律文化是一种描述，法治文化是一种构建。在东方社会的语境下，从法律文化到法治文化的转化，意味着非法治的法律文化向法治的法律文化的转向。"①可见，从概念本身的展开来说，法律文化和法治文化有不同的侧重。

三、法律文化和法治文化的功能比较

美国社会学家塔尔科特·帕森斯，从功能分化的角度分析社会系统。帕森斯认为，任何行动系统都必须满足四个最基本的功能要求，即功能模式，这四个功能是：适应、目标达成、整合、潜在模式维持。这就是帕森斯有名的AGIL功能分析法。四项功能对应一定的社会系统，经济系统执行适应环境的功能，政治系统执行目标达成功能，社会系统执行整合功能，文化系统执行模式维护功能。②如果借鉴帕森斯的结构功能主义理论，法律文化和法治文化系统同样执行特定法律体系运行的模式维持功能。而如果做更为精致的考察，能够在一个现代法律系统的运行中承担模式维持功能的，只能是法治文化。法治文化和法律系统的其他构成部分如法律制度系统等是互动关系，在法律出现漏洞的时候，法治理念系统执行漏洞填补功能，在出现恶法时，法治理念则执行修复功能。正如《瑞士民法典》第一条规定的"本制定法统管属于本法任何一条法令的文字或精神之内的所有事务。在缺乏可适用的法条时，法官应

①徐爱国：《从法律文化到法治文化》，《人民法院报》2012年2月17日。
②[美]塔尔科特·帕森斯、尼尔·斯梅尔瑟：《经济与社会》，刘进等译，华夏出版社1989版，第48页。

依据习惯法，并且在缺乏习惯时依据若法官是立法者将会制定的规则来宣告判决。然而，法官应从得到学者的学说和法院的法理——学说和法理——验证并受到尊重的解决办法中汲取自己的启示。"可见，在一个理性化的现代社会，只有蕴含价值追求的法治文化概念才能更好地承担社会系统赋予文化系统的功能。

当然，法律文化和法治文化的区分本身并不是目的，而是为了帮助我们进一步了解法治文化本身，理解法治文化概念的提出为什么具有必要性和现实意义。法治文化并不是法律文化的重述，而是有自己的问题意识、客观现实背景、概念指向和现实社会功能。其是对法律文化研究的一种延展和拓深，进而弥补法律文化研究的缺陷和不足。党的十八届三中、四中全会以来，法治中国建设被提升到了前所未有的高度，法治文化研究的兴盛则是这一现实的典型反映。僵死的概念并不重要，概念的形式和内容相互结合所迸发的活力或解释力才更为重要。法治文化概念蕴含着活力和张力，发掘这种内在的活力和张力，则是当代学人的责任。

看得见的正义：影视中的法治文化

论当代中国的法治文化概念

中世纪神学大师奥古斯丁曾说："那末时间究竟是什么？没有人问我，我倒清楚，有人问我，我想说明，便茫然不解了。"[1]生活中一些理所当然的概念，当我们尝试去定义它们的时候常会遇到很多困难。概念常常是一个陷阱，在全球化的背景之下，尽管不同时间不同空间的人们经常使用相同的概念，但涵义往往会有诸多的差异。概念也常常是一种诱惑，搭建起一个概念平台意味着讨论的诸多便利，意味着更为有效和迅速的沟通。所以，人们也常常喜欢戴着镣铐跳舞，进行很多概念化的尝试，当代中国的法治文化概念也可以看作这样一种概念化的尝试。

法治文化概念在社会实践中已经被广泛使用，早在2011年，国家"六五"普法规划中，就对法治文化建设进行了专项部署；十七届六中全会提出深化文化体制改革，推动社会主义文化大发展大繁荣，法治文化的培育也是其题中之义。法治文化作为一个学术概念在学界也受到普遍关注和热烈讨论。[2]法治文化成为一个显概念并备受关注的标志性文件，是2021年印发的《关于加强社会主义法治文化建设的意见》。该意见明确提出社会主义法治文化是中国特色社会主义文化的重要组成部

---

[1]奥古斯丁：《忏悔录》，周士良译，商务印书馆1963年版，第242页。
[2]如王先勇：《论"制度"与"法治文化"的关系》，《理论与改革》1998年第1期；周友苏：《社会主义法治文化建设论》，《中华文化论坛》1998年第2期；眭鸿明：《论法治文化》，《法制现代化研究》2000年第6卷；李德顺：《法治文化论纲》，《中国政法大学学报》2007年第1期。这些文章都明确使用了"法治文化"的概念。

分，是建设社会主义文化强国的重要内容。

然而在学术界，尽管很多学者都使用法治文化的概念，但涵义却有天壤之别。这是由于人们对"法治"概念和"文化"概念有着不同的理解。法治是什么？文化何谓？法治和文化为什么能够结合？怎么结合？在什么层面可以结合？法治和文化的关系如何？为什么法治文化的研究有存在的意义？这一系列问题导向两个主要的方向，一个是怎么样理解法治文化概念本身，一个是对目前法治文化研究的类型化分析。以下将注重第二个问题的回答，而将第一个问题的回答融入第二个问题的回答。弄清楚是在什么层面讨论法治文化的概念，可能是我们进入法治文化研究的第一步。

当代中国的学者至少在三种意义上使用法治文化的概念。第一种是作为领域或对象的法治文化概念，分别以法治为对象和以文化为对象，对应"法治的文化化"和"文化的法治化"。第二种是作为方法的法治文化概念，即对法治展开文化分析，值得注意的是这种法治文化概念并不要求严格区分法治文化和法律文化的概念，因为两者同时强调文化解释的方法，或是以文化为方法对法治进行解读。第三种法治文化概念强调法治文化的整体意蕴，法治文化组合成一个统一的整体，具有超越法治概念和文化概念的新的意义。以下将详细讨论这三种法治文化概念。

一、作为领域（对象）的法治文化

作为一个领域的法治文化概念，首先是"法治的文化化"。法治和文化是两个不同的领域，其结合意味着形成一个新的研究领域。

法治是由法治理念、法律制度、法治行为、法律设施等组成的领

看得见的正义：影视中的法治文化

域。许多早年的文化研究者是把文化作为一定的领域来理解的。依据一位法国专门研究文化概念的学者的考证，文化作为专门的术语于19世纪中叶出现在人类学家的著述中。①他指的就是英国文化人类学家泰勒在1871年写的著作《原始文化》中对文化所下的定义："文化，或文明，就其广泛的民族学意义来说，是包括全部的知识、信仰、艺术、道德、法律、风俗以及作为社会成员的人所掌握和接受的任何其他的才能和习惯的复合体。"②在泰勒看来，原始文化就是原始人的知识信仰、艺术、道德、法律等组成的特定领域。英国人类学家马林诺夫斯基认为，文化包括物质条件、精神方面之文化、语言和社会组织，而随着研究的推进，他提出，社会制度是构成文化的真正要素。③

很多研究者都把法治文化概念当作领域来理解，表现为"法治的文化化"，即用文化的外延和特征来框定法治。例如刘斌教授认为，作为一个新兴的研究领域，首先应该从它本身的研究范畴切入，他认为法治文化的研究范畴主要包括法治理念文化、法律制度文化、法律组织文化、法治设施文化（物质）、法治行为文化、法律语言与文本文化六个方面。法治文化是法治社会呈现出来的一种文化状态和精神风貌。具体而言，法治文化是指融注在人们心底和行为方式中的法治意识、法治原则、法治精神及其价值追求，是一个法治国度的法律制度、法律组织、法律设施所具有的文化内涵，是人们在日常生活、工作中涉及法治的行为方式，是法律语言、法治文学艺术作品和法律文书中所反映的法治内涵及其精神。④又如李林教授认为，法治文化是一个国家中由法治价值、

---

①[法]维克多·埃尔：《文化概念》，康新文等译，上海人民出版社1988年版，第5页。
②[英]泰勒：《原始文化》，连树声译，上海文艺出版社2005年版，第1页。
③[英]马林诺夫斯基：《文化论》，费孝通等译，中国民间文艺出版社1987年版，第2—6、17页。
④刘斌：《中国当代法治文化研究范畴》，《中国政法大学学报》2007年第1期。

法治精神、法治理念、法治思想、法治理论、法治意识等精神文明成果，法律制度、法律规范、法治措施等制度文明成果，以及自觉执法守法用法等行为方式共同构成的一种文化现象和法治状态。它主要包括三个方面的内容：一是作为精神文明成果的法治文化，二是作为制度文明成果的法治文化，三是作为社会行为方式的法治文化。[1]这两种法治文化概念就是典型的作为领域的法治文化概念。

另一种作为领域的法治文化概念是"文化的法治化"（或法治化文化），这里作为领域的主要是文化的概念，这里的文化具有实体概念的性质，它意味着文化事业、文化部门。文化事业和文化部门主要包括文学、艺术、新闻、出版、广播、电影、电视、网络、图书馆、博物馆、文化馆等。法治文化就意味着这些文化事业或文化部门的法治化。[2]文化的发展需要纳入法治化的轨道，文化的繁荣也要求法治提供制度保障。这种领域化的路径意味着法治文化概念只是法治在文化领域或文化部门的展开，只是法治本身的某一个研究领域，跟我们现代一般意义上所谈论的法治文化概念大相径庭。[3]这种研究只是看到了法治和文化的文字组合，却没有考虑到法治文化研究的法学属性和整体协调性。

尽管法治文化概念本身有一定的价值追求，但是，作为领域或对象的法治文化研究路径却是描述性的。这种法治文化研究是一种基础却十分重要的工作，对于奠定一个学术讨论平台的概念框架基础，保留一定的学术传统，建立一个二级学科平台等，都具有十分重要的意义。然而，由于对"文化"概念本身尚未有超出外延式的理解和应用，所以此种法治文化研究也面临一些困难。

---

[1]李林：《中国语境下的文化和法治文化概念》，《中国党政干部论坛》，2012年第6期。
[2]文化法治的研究参见魏晓阳等：《日本文化法治》，社会科学文献出版社2016年版。
[3]早年的法治文化研究，如眭鸿明的《论法治文化》（《法制现代化研究》2000年第6卷），就明确把文化事业的法治化归为一种典型的法治文化研究。

首先，从学科和学说的关系层面来说，法治文化研究的平台化、范畴化本身并不是法治文化研究的进步，只是将"文化"概念原封不动地贴到法律上了。其次，作为领域的法治文化概念很难和作为领域的其他概念区分，和法治文化类似的概念有法律文化、法文化、法制文化、刑法文化、司法文化、立法文化、宪政文化等，这些概念都可以看成一定的领域，法治文化和这些概念之间都是"你中有我，我中有你"的关系。如果把法律文化同样看成一个描述性的概念，最广义的法律文化概念涉及与法律相关的全部法律现象。如此，法治文化可以看成是法律文化的一个组成部分，从学术传统上来说，法治文化研究可以看成是法律文化研究的一种开广和拓深。然而，从目前领域化法治文化概念的研究来看，并没有很好地解决"什么是开广之广""什么是拓深之深"的问题。还有，对于学术研究来说，领域化并不是目的本身。领域从来都是用来突破的，学术研究不能止步于自己的研究领域而老死不相往来。作为领域的法治文化概念蕴含着用学科化方式推进学说研究的努力，但时时处处应该小心谨慎。

二、作为方法的法治文化

　　作为方法的法治文化概念主要把文化作为一种解释和理解法治的方法，一般而言包括以法治为方法和以文化为方法。以法治作为方法，因与本文的主题不符而不予讨论。以文化为方法以解释和理解法律或法治为我国学者所广泛讨论，并影响广泛。如梁治平关于法律的文化解释方法，用法律去阐明文化，用文化去阐明法律；[①]舒国滢教授等对西方法治

---

①梁治平：《比较法与比较文化》，《读书》1985年第9期。

进行的文化社会学解读；①张中秋教授通过比较研究中西法律文化之间的差异；②等等。这些都可以看成是以文化作为方法对法律或法治的解读。法律文化和法治文化在内容指向上有差异，但作为方法的法律文化研究和法治文化研究之间存在可通约性，并不需要严格强调两者之间的区分。作为方法的法治文化研究是一个新兴的研究，在方法上远没有法律的文化解释方法成熟。两者都以解释和理解为最基本的目标，解释和理解法律也是法治实现的前提。因而，在此将主要以梁治平的法律文化解释方法作为分析的蓝本。

梁治平的法律文化论产生了较为广泛的影响，很多反思当代中国法理学的学者都把梁治平的法律文化论作为和"本土资源论""法律现代化"等并立的法学研究范式。③梁治平的法律文化研究也经历了由对象（内容）向方法的转变，20世纪80年代，梁治平的《法辩》和《寻求自然秩序中的和谐》，主要强调中西法律文化之间的比较。20世纪90年代初，梁治平的《法律的文化解释》一书从方法论上对之前的著述进行了反思和总结，通过在方法上引入文化人类学和哲学诠释学等理论资源，形成一个对法律进行文化解释的方法论体系。借此，梁治平最终完成了由一种作为著述内容的法律文化研究到作为一种学术进路和方法的法律文化研究的转变。④

1.梁治平先生的文化解释方法

正如梁治平在《寻求自然秩序中的和谐》一书开头所引用的圣经《创世纪》中巴别塔的故事所说的，人类欲建造通天塔，上帝使地上的人们说不

---

①舒国滢、程春明：《西方法治的文化社会学解释框架》，《政法论坛》2001年第4期。
②张中秋：《中西法律文化比较研究》，中国政法大学出版社2006年版。
③邓正来：《中国法学向何处去》，商务印书馆2006年版；强世功：《迈向立法者的法理学——法律移植背景下对当代法理学的反思》，《中国社会科学》2005年第1期。
④苏力：《法律文化类型学研究的一个辨析——〈法律的文化解释〉读后》，《批判与自恋》，法律出版社2004年版，第42页。

同的语言，人类也就放弃了建造通天塔的尝试。这个故事内涵丰富，蕴含了人类文化的多样性、语言和文化的关系等。文化解释方法开始于一些关于中西法律文化的最基本的观念，这些最基本的观念不曾发生根本的变化。梁治平在《寻求自然秩序中的和谐》导言中对这些观念做了概括性的总结：

> 法律，作为社会的有组织的暴力，或者某种专门的社会控制手段，原是所有文明共存的现象。然而，正好比文明本身可以划分为不同类型一样，从属于不同文明的法律也各不相同。不同的人群以不同的方式看待和解释世界，他们评价事物的标准不同，据以行动的准则，以及因此而形成的行为模式也不大相同。由这里，不但产生了特定的文化模式，也产生了各种不同的法的精神。[①]

20世纪末，西方的学术资源影响了一批随着改革开放成长起来的中国学者，从梁治平早期的研究来看，孟德斯鸠《论法的精神》对其产生了较大的影响。孟德斯鸠从法律和政体的性质和原则的关系，和国家的自然状态的关系，和气候的关系，和土地的质量、形势和面积的关系；和农、猎、牧等各种人民的生活方式的关系，和政制所能容忍的自由程度的关系，和居民的宗教、性癖、财产、人口、贸易、风俗、习惯的关系等，探讨法律的精神。[②]当然，孟德斯鸠探讨的是西方法律的精神，而梁治平所要做的是探索中国文化的"性格"，破译中国古代法的"精神密码"，结成中国文化的整体意义之网。

梁治平运用的基本方法是比较和辩异。这时候，他比较中国和西方

---

①梁治平：《寻求自然秩序中的和谐——中国传统法律文化研究》，上海人民出版社1991年版，第1页。
②[法]孟德斯鸠：《论法的精神》，张雁深译，商务印书馆1961年版。

论当代中国的法治文化概念

"法"概念的不同，提出拉丁语中的法是Jus和Lex，Jus有法、权利、正义、衡平和道德的涵义，Lex则指具体的规则；中国古代法无论是夏、商、西周三代的"刑"，春秋战国的"法"，还是秦汉以后的"律"，其核心都是刑，既无Jus和Lex的分层，更无权利、正义的意蕴。[①]中国的自然法观念和西方的自然法观念不同，西方的自然法是相对实在法而言的更为高级的法，在功能上较多扮演激进和革命的角色；中国的自然法精确地说应该是"法自然"，并不是一个更为高级的法，没有神圣的渊源，而是来自人伦，天道即人道，天人合一，表现为礼法，扮演更为保守的角色。[②]

从比较的层次来看，有具体规范比较、制度比较、功能比较、文化比较等层次，梁治平的比较侧重中国法的精神，一开始就选择在文化比较的层面来探讨。比较有趋同与趋异两个方向，如范忠信的《中西法文化的暗合与差异》[③]就从辩异和趋同两个方向进行论述，但辩异似乎在中西法律文化的比较领域占据着主流，梁治平即更强调辩异。

随着法律文化研究的推进，从法律文化研究中逐渐发展出一种文化解释的方法论体系。文化解释的方法论体系大致可以分为三个部分：一般的世界观、一般的方法论（具体的方法）、反思的方法。一般的世界观可以给文化类型学提供支持；一般的方法论则是在一般的世界观指导下对具体方法的选择和展开；诠释的方法在文化方法论体系中有特殊的地位，是一种中间的方法，在世界观和方法论中间，是反思世界观和方法论本身的方法或者说方法的方法。

----

①梁治平：《法辩》，《中国社会科学》1986年第4期。
②梁治平：《"法自然"与"自然法"》，《中国社会科学》1989年第2期。
③范忠信：《中西法文化的暗合与差异》，中国政法大学出版社2001年版。

　看得见的正义：影视中的法治文化

文化解释的方法论体系

一般的世界观	一般的方法论 （具体的方法）	反思的方法 （中间的方法）
索绪尔的结构主义语言学 卡西尔的文化哲学 萨丕尔的语言学 路丝·本尼迪克特的文化模式理论 梁漱溟的文化类型学说 格尔茨的地方性知识理论和深度描绘说……	以语言和概念为中心，从时间性、区域性、循环解释、符号互证、层次分析等角度建构文化的意义之网，以解释文化模式中起渗透和支配作用的观念、心态或普遍价值为基本的目标	伽达默尔的诠释学：随时准备对一般的世界观和方法论进行反思和调整，不断检视自己的立场和前提，不盲目搬用任何现成的概念

　　用文化解释的方法去研究中国传统法律文化，首先就牵涉到"前见""前理解"的问题。此处的前见是由索绪尔的结构主义语言学、卡西尔的文化哲学、萨丕尔的语言学、路丝·本尼迪克特的文化模式理论、梁漱溟的文化类型学说共同支撑的文化类型学说（当然，这个前见是经过梁治平反思过的前见，此处做简单化处理）。索绪尔提出，作为人类与外部世界交往的独特手段，语言构筑了人类现实世界的结构。美国人类学家萨丕尔认为，文化形态实际上由那种文化的语言决定。语言的结构和辞法似乎可以把东方和西方的思想导向不同的方向。这种世界观导向一种方法论上的选择：对文化的探秘，文献资料始终是流传物中最重要的一部分；作为语言和文化的联结物，概念和范畴体系处在核心位置。在《寻求自然秩序中的和谐》一书中，梁治平以家与国、刑法律、个人、阶级、礼法、自然法等概念为中心，诠释中国的传统法律文化，就是这种观念指导下的方法论选择。

　　卡西尔认为，人是符号的动物，必须从符号的角度理解人和理解历史。历史学要面对的不是一个物理的世界而是符号的世界，历史学家从各种符号中形成对人的历史的理解。梁治平对中国传统法律文化的探索不仅仅是以概念为中心，概念蕴含的是不同符号的互证，地上的或地下的，言辞的或行为的，文字的或物件的符号，都可以成为理解的符号。如梁治平在论述中国的家国一体观念时，就选取了国家的语言学解释、青铜器的形成过程、国家的组织实体、古代的道德伦理、城市的起源等角度来说明。①

在历史诠释学看来，视域是一个极为重要的概念，理解一种传统当然需要某种历史视域，但那并不是与我们的世界全然无关的另一个世界，理解其实总是这样一些被误认为是独自存在的视域的融合过程。真正的历史对象根本就不是对象，而是自己和他者的统一体，或一种关系，在这种关系中同时存在着历史的实在和历史理解的实在。视域是有限的，也是必要的。理解即是视域的融合过程，而真正的历史意识，意味着不断反思。只要还在理解的范围内，前见、视域、视域融合、主体因素进入理解过程、诠释学循环等似乎就成了理解过程中的一般规律。

梁治平的文化解释方法主要由文化模式的概念发展而来，而创立这一概念的是美国文化人类学家路丝·本尼迪克特。她将文化视为统一的整体，一种受某种模式支配并且通过社会整合作用形成的统一体。文化有其一般的构造，这种一般的构造具有明显的恒常性，只要它持续，就会制约变革的方向。每种文化构造又渗透着居于支配地位的观念。②

中国学者梁漱溟的学说同样可以视为文化类型学。他认为文化是一个民族生活的样法或活法。中国文化、西方文化、印度文化是三种不同的生活样法，中国文化是持中的，西方文化是向前的，印度文化则是向后的。③但是，文化模式理论企图用几个关键字就概括一个文化类型是否过于简单，或者说是否是可能的，对于一种高度复杂的文化形态来说，

---

①梁治平：《寻求自然秩序中的和谐——中国传统法律文化研究》，上海人民出版社1991年版，第1—26页。

②[美]路丝·本尼迪克特：《文化模式》，王炜等译，生活·读书·新知三联书店1988年版，第1—3页。

③梁漱溟：《东西文化及其哲学》，商务印书馆1997年版，第59—74页。

是否存在居于支配地位的某种观念、精神或价值体系。

每种文化都有极为丰富多彩的内容，按照格尔茨的说法，文化分析并不是对文化基本统相展开英勇的整体性进攻，或找出一种概括一切的诸模式之模式，从中推导出规模较小的统相，而是从中理出一些有含义的符号、符号群以及由符号群组成的更大符号群（这些传递知觉、情感、理解的媒介物），并对隐含在这些符号形成过程中的基本人类经验做出说明。①经过反思的文化模式概念必须在方法上考虑如下的因素：时间性、区域性以及不同层次的分析，必须放弃简单描绘，而进行深层的描绘。一个直接的结果是梁治平开始反思其早年的宏大解释，开始关心大传统下的小传统，《清代习惯法》就可以看成他对中国传统法律文化所做的不同层次的分析。

尽管如此，梁治平还是坚持认为，如果从一个"长时段"来看，在考虑上述因素的基础上，理解占统治地位的观念、心态、思维模式和普遍价值是可能的、必要的而且是有益的。理解文化的潜在性格，探索特定文化相对固定的整体构造是一件值得做的事情。从上面的简单分析中，我们可以发现梁治平法律的文化解释的基本进程。如下表：

研究方法	研究进度	代表性研究成果
文化类型学	最初的观念	
比较与辩异	开始的方法	《比较法与比较文化》（1985年论文） 《法辩》（1986年论文） 《"法自然"与"自然法"》（1989年论文）
文化哲学、哲学诠释学、人类学、历史学、语言学等	方法论系统	《寻求自然秩序中的和谐》（1991年著作） 《法律的文化解释》（1993年论文） 《清代习惯法》（1996年著作）

邓正来先生把梁治平的文化类型论归结为文化类型决定论（文化

---

① [美]克利福德·格尔茨：《文化的解释》，韩莉译，译林出版社1999年版，第479页。

类型对法律制度的决定）的评价或许有其误读之处。正如梁治平所说：
"当我尽可能祛除主观上的好恶，用客观公允的态度去研究中国古代法律与文化及其相互关系时，我对于传统的法律和文化，渐渐产生出一种新的理解，那即是人们所说的'同情的理解'。"[1]对梁治平来说，他试图站在一个中立的立场上去描述中国古代法律文化，他的目的在于理解，文化类型对他来说是描述性的而不是决定性的。法律制度本身是特定文化类型的符号之一，并不存在文化类型对法律制度的决定。理解只是起点，在这种认识的基础上，中国传统的文化类型构成我们理解、思考、判断中国目前所遇到问题的基础。

2.简要评论

尽管我们不能用一种理论立场反对另一种立场。但是，必须指出的是，文化解释方法过于强调人的语言、观念、价值、思维方式等组成的意义之网对法律制度的构成性和限制性作用，而对整体社会生活的物质性、生产力、经济基础等的决定作用强调得不够。[2]梁治平在《寻求自然秩序中的和谐》再版前言中提到，他的研究更多的是一种"事实研究"或者说是"描述性研究"。[3]在此基础上形成的对中国传统法律文化的"同情式"理解，对于一个社会结构急剧变化的当代中国可能是远远不够的，描述、解释、预测现实是理论研究的一般期待，法律文化研究也需要承担更多的现实功能。这也可能是梁治平后期更加关注中国社会现实问题，并且更多地使用法治这个概念的原因。从研究成果来看，他的研究经历了从传统法律文化研究到现实法治问题反思的转变，从法律文化研究到法治文化研究的转变。

---

①梁治平：《法辩：中国法的过去、现在与未来》，贵州人民出版社1992年版，第280页。
②苏力：《批判与自恋：读书与写作》，法律出版社2004年版，第49页。
③梁治平：《寻求自然秩序中的和谐》，商务印书馆2013年版，再版前言。

看得见的正义：影视中的法治文化

总体上看，梁治平的文化解释方法所利用的理论资源有皮亚杰的结构主义、索绪尔的结构主义语言学、萨丕尔的语言学、格尔茨的地方性知识理论和深描说、卡西尔的文化哲学、加达默尔的诠释学、梁漱溟的文化哲学、本尼迪克特的文化类型学等，但这些理论都冲淡了文化解释本身，使得文化解释中文化所独有的东西显得有些模糊，所剩下的只是一般性的方法或观念。那么，不同的方法是不是可融合的？如吉尔茨的深描说同梁漱溟、本尼迪克特等人的文化理论之间存在冲突。另外，不同方法的综合是不是一种新的方法？

　　另一方面，方法是否可以独立？一般理解，哲学是世界观和方法论的结合，有什么样的世界观就有什么样的方法论。从某种意义上讲，文化解释方法与特定的文化观念相一致，梁治平的讨论可以视为一种文化哲学的讨论。但是，同很多进化论的历史解释方式或用西方的概念、范畴和分析方法来肢解中国的历史，把中国的历史变成某一种或几种西方社会历史理论的脚注的研究比起来，他的研究是深刻的。梁治平的研究也比很多类似的法律文化研究更为严谨。梁治平的方法，也给理解法治文化概念以启迪。也就是说，如果从方法的角度理解法治文化，一个基本的问题是，在我们的时代理解法治的概念为什么是可能的？如果进行这样的转换，则梁治平的法律文化解释方法完全可以作为法治的文化解释方法。

　　梁治平还曾引用克利福德·格尔茨的文化概念，认为文化是指由历史传递的，体现在象征符号中的意义模式（patterns of meaning），它是由各种象征性形式表达的概念系统，人们借助这些系统来交流、维持并发展有关生活的知识以及对待生活的态度。文化概念实质上是一个符号学的概念。马克斯·韦伯提出，人是悬在由他自己所编织的意义之网中的动物，所谓文化就是这样一些由人自己编织的意义之网。

　　如果这种关于文化的理解是成立的，我们同样可以提问：在由工业化、城市化、科层化、世俗化、市民社会、政治国家等组成的现代社会之中，法治何为？在由民主、自由、平等、正义、人权等组成的现代文化的意义之网中，如何安顿法治的概念？法治处于意义之网的中心还是边缘？政治民主化、经济自由化、秩序法治化等现代制度的确立，是否可以谁先谁后？在当代中国，传统的意义之网和现代的意义之网相互冲突和融合在法治场域中将如何展现，或者将带给法律什么？

三、作为实践样态和生活方式的法治文化

法治文化是一个整体性概念，具有无论是法治还是文化都不曾有过的新的涵义。因为，把法律认识置于法律与文化之间，不仅为法学研究开辟了新天地，还使法学研究增添了新方法。[①]正如李德顺教授所指出的，法治文化不是一个部门性的二级文化概念，而是一个整体性的一级文化概念。法治国家和法治社会必须有自己的法治文化，法治本身就意味着一种特定的社会文化类型、文化体系，即以市场经济为基础、以法治为核心、以民主为实质的社会文化体系。[②]以下将主要以李德顺先生的法治文化理论作为分析的蓝本。

（一）李德顺先生的法治文化理论的方法论

尽管李德顺不曾就他的法治文化理论做过方法论上的总结，但其法治文化研究同样呈现出一定的方法论体系。[③]李德顺的方法从文化理论上来说，可以称为元文化方法；从观点来说，属于马克思主义的历史唯物主

---

① 李其瑞：《法律与文化：法学研究的双向视角》，《法律科学》2005年第3期。
② 李德顺：《法治文化论纲》，《中国政法大学学报》2007年第1期。
③ 这个方法论体系在其后期著作中有更清晰的展现。参见李德顺：《法治文化论》，黑龙江教育出版社2019年版。

看得见的正义：影视中的法治文化

义方法或实践唯物主义方法；从具体分析来看，贯彻的是主体性方法。

1.元文化方法

第一，从文化到法治文化。依据李德顺对文化的解读，文化的本质是"人化"和"化人"的统一。"文化"主要是个动词。从辞源来看，早在《周易》里，中国古人就有"观乎天文，以察时变；观乎人文，以化成天下"的说法。据此产生的"人文化成"应该是汉语言中"文化"一词最早的形态。英文、法文的"culture"一词，则是从拉丁文"cultura"演化来的，而拉丁文cultura含有耕种等含义。依据一些西方学者的考证，文化的本义为人类为使土地肥沃、种植树木和栽培植物所采取的耕耘和改良措施。①中西辞源显现了共同的内涵。文化就是"人化"和"化人"。"人化"是按人的方式改变、改造世界，使任何事物都带上人文的性质；"化人"是反过来，再用这些改造世界的成果来培养人、装备人、提高人，使人的发展更全面、更自由。"化人"是"人化"的一个环节和成果、层次和境界。②

当地球还未成为"地球村"，不同文化之间的交流、融合、冲突还较为少见的时候，特定时间特定地点的人们都还只能依据他们自己的方式去经验这个世界，这个经验的过程就是"文化"和"化人"的过程，这个经验产生了无限丰富和多样的生活方式或"活法"。正如梁漱溟先生所说的："文化就是吾人生活所依靠之一切……文化之本义，应在经济、政治，乃至一切无所不包。"③"所谓一家文化不过是一个民族生活的种种方面。"④文化归根到底是"人的生活样式"。美国文化人类学学者克鲁克洪也认为，所谓一种文化，它指的是某一个人类群体独特的生

①[法]维克多·埃尔：《文化概念》，康新文等译，上海人民出版社1988年版，第3页。
②李德顺：《什么是文化》，《光明日报》2012年3月26日第5版。
③梁漱溟：《中国文化要义》，上海人民出版社2005年版，第6页。
④梁漱溟：《东西文化及其哲学》，商务印书馆1999年版，第19页。

活方式，他们整套的"生活式样"，文化是历史上所创造的生存式样的系统。[①]

从广义的文化出发，可以推导出法治文化作为一种生活方式的观念。法治是人类创造的一种现代生活方式，法治和文化在生活方式层面实现了融合，法治文化是一种公共生活实践，是人们选择的一种生活方式，也是使人们行为规范化、秩序化的"活的法"。作为一种文化，作为一种"活的法"，法治文化的最终目标是人们日常生活的有序化。

第二，从文化的特性到法治文化的特性。可以说人本性和主体性、实践性和历史性是文化的主要特性。人本性和主体性是文化的根本特性。"人本性"是说，文化从根本上就是属人的，谈文化就意味着，在世界万物中，我们永远要以人为本，面向人，理解人，为了人。人本性的进一步现实表现是主体性。"主体性"是说，现实中不同的人群（民族、国家、阶层、行业等）有不同的文化，每一种文化都呈现其主体的生活样式，关系着主体的权利和责任。法治文化具有人本性和主体性，对法治文化的理解同样要以回答法与人的关系为核心，要明确法的权威来自何处，法是保障权利的还是设定义务的，法治下人与人之间、国家与公民之间是什么关系，我们为什么要立法、执法、守法。这些问题的答案都要从法治文化的人本性和现实主体性中寻找。康德说，法的形而上学是关于权利的科学。法的规范、原则、体系都围绕权利展开。权利产生权力，对私权利的保护与对公权力的限制是现代法治的核心。以权利为本即以人为本，权利只有落实为谁的权利才具有现实性和可操作性，谁的权利即权利的主体性。由此可见，人本性和主体性都是法治文化的根本特性。

---

①[美]克鲁克洪等：《文化与个人》，高佳等译，浙江人民出版社1986年版，第4、6页。

　　　　看得见的正义：影视中的法治文化

实践性和历史性是文化建设的根基。"实践性"是说，文化是由人"活"出来的，靠人"做"出来的，是劳动生产、社会生活实践之产物，不是单凭"想"和"说"就能造就的。任何文化体系的形成和改变，都以其主体的生存发展实践为根基，贵在心口如一、言行一致地坚守、探索和创造。"历史性"是说，一种文化的形成和演变，归根到底是其主体实践过程不断积累、升华的产物。社会发展史中的遗传和变异、继承和改造、经验和教训，多以"凝聚态"或"沉淀物"的形式保存于它的文化之中。法治文化具有实践性和历史性。法治文化的实践性与现实性息息相关，法治文化注重从社会现实中进行理论总结。正如李德顺对"小悦悦事件"、政府的公信力危机、老百姓的安全感危机等的解读，我们不是到了最缺德的时代，而是到了最缺法的时代。①法治文化应该成为当代中国人的选择，法治文化应该成为当代中国文化的整体走向。作为一种生活方式的法治文化，体现了"道不远人"，法治文化之道不能停留在抽象的理念和静态的制度层面，而应该成为人们日常生活实践的一部分，潜化为人们的内心操守和行为理由。当代中国法治文化之意蕴也必须放在历史的维度上才能理解。我国两千多年的政治文化传统，总体上属于一种人治主义，即人治文化，就连自称法家的缘法而治，其实质也是人治文化而已。法治文化则是一种现代文化、理性文化，是与现代生活方式一致的文化体系。理解法治文化必须理解这一深刻而重大的古今之变。中华人民共和国成立以来，我国经历了从无法无天到恢复法制，从法制再到法治的深刻变革。这些都是法治文化的历史特性。

第三，从文化的结构到法治文化的结构。李德顺认为，文化体系主

---

①李德顺：《怎样理解法治文化》，《中国政法大学学报》2012年第1期。

要由四个层面构成，法治文化的现实建构同样在这四个层面展开。

一是核心价值或基本理念层面，主要是指一个文化体系最终"为了谁、为了什么"的定位与导向。法治文化以法治为核心，一般认为，法治以正义为旨归。李德顺认为，可以区分出"以自由为核心"和"以平等为核心"两种正义模式，社会主义法治文化的核心价值应该是公平型正义。从基本理念层面来理解，法治是一种民主和科学的理性精神，从根本上来说，法是一种价值体系，反映人们所追求的利益和理想；法以硬性规范的形式对人们的行为做评价和约束，以维系社会的基本价值关系和价值准则。二是规则规范体系层面，即被人们认同和遵循的导向、分寸和界限，如道德规范、法律体系、经济和政治方面的政策措施等。三是社会（共同体）的组织制度和运行机制层面，即人们怎样组织起来，怎样分担生活的权利与责任，如何行使并监督权力。四是社会风俗、行为习惯、实践风格层面，即通过人们的共同行为表现出来的具体面貌。在这个层面上，法治文化意味着将法治的精神理念、组织结构、规则规范等转化为社会普遍的自觉行为。

对法治文化的理解、判断、推论等，都可以回溯到文化本身，从一种文化的元理论到一种法治文化的具体理论，即元文化方法。这和前面作为领域的法治文化概念和作为方法的法治文化概念不同，前面两种法治文化概念或是在特殊性的层面来讨论，或者是试图从特殊性上升到一般性的层面。而元文化方法是从一般性反观特殊性，是从一般、普遍、抽象的文化原理到特殊、相对具体的法治文化理论。

2.历史唯物主义方法

历史唯物主义是马克思主义的一种基本的世界观和方法论。马克思在1859年的《〈政治经济学批判〉序言》中对历史唯物主义理论做了最为经典的表述：

  看得见的正义：影视中的法治文化

人们在自己生活的社会生产中发生一定的、必然的、不以他们的意志为转移的关系，即同他们的物质生产力的一定发展阶段相适合的生产关系。这些生产关系的总和构成社会的经济结构，即有法律的和政治的上层建筑竖立其上并有一定的社会意识形态与之相适应的现实基础。物质生活的生产方式制约着整个社会生活、政治生活和精神生活的过程。不是人们的意识决定人们的存在，相反，是人们的社会存在决定人们的意识。社会的物质生产力发展到一定阶段，便同它们一直在其中运动的现存生产关系或财产关系（这只是生产关系的法律用语）发生矛盾。于是这些关系便由生产力的发展形式变成生产力的桎梏。那时社会革命的时代就到来了。随着经济基础的变更，全部庞大的上层建筑也或慢或快地发生变革。

　　李德顺对法治文化理论进行了系统的研究，他的法治文化理论彻底地坚持历史唯物主义的基本观点和方法，主要表现在如下几个方面。

　　首先，理解法治文化概念必须放在一个具体的社会结构之中。只有在一个具体的社会结构之中，才能找到提出法治文化概念的客观基础。这个社会结构由一定的时间和空间组成，在马克思这里，社会结构是社会存在和社会意识、经济基础和上层建筑、生产力和生产关系相互作用的复杂系统，牵一发而动全身。理解法律、法治、法治文化只能在社会结构中才能进行。法律是社会结构的关键一环，它同每个时代的生产方式、交往形式、生活模式、思维方式、情感取向、价值追求等处于广泛的联动之中。只有在社会结构中才能找到法治文化本身的根据，我们关于法治文化的认识、理解、判断才不至于过于主观，而是具有某种客观基础。把民主法治文化当作当代中国的一种基本文化样态，不是哪个人拍脑袋想出来的，而是具有人类历史的普遍必然性，也是当代中国人的主体性选择，是市场经济的基本要求，是政治体制改革的基本走向，是社会结构各要素之间相互作用的必然结果。

其次，在社会结构中理解法治文化还必须强调经济基础的决定作用。李德顺最终把法治文化定义为，以市场经济为基础、以法治为核心、以民主为实质的社会文化体系。[①]正如苏联法学家帕舒卡尼斯所主张的，法律的主观性原则（自由、平等、个性自由的形式原则）、以抽象逻辑形式表达的法律形式是真实的、具体的法律形式和真实的生产关系网络的产物，应该从交换关系中寻找法律形式的源头。不仅国家机器的一两项技术是以市场为基础，以商品和金钱为基础的经济范畴和法律形式之间也有着不可分解的内部联系。[②]决定作用并不表现为经济基础决定法治或法治文化的所有方面，而是说法治的理念和制度都可以在市场经济、生产关系、交换关系中找到源头和根据。

再者，人民群众是历史的创造者，人民群众是历史发展的真正动力。社会主义应该坚持和发扬人民民主，落实人民主体论。社会主义法治文化不能以统治者或少数人的利益和意志为转移，而应当以全体人民的共同利益和意志为转移。社会主义的根本原则，人民民主原则，理应成为我国法治精神、法治理念的直接基础。社会主义的核心价值是公平正义（平等型正义），社会主义法治文化同样应该坚持公平正义。这些都是坚持群众史观的具体表现。

---

①李德顺：《法治文化论纲》，《中国政法大学学报》2007年第1期。
②帕舒卡尼斯：《法的一般理论与马克思主义》，杨昂、张玲玉译，中国法制出版社2008年版，俄文第二版序。

3.价值论的主体性方法

李德顺的《价值论》最初的副标题为"一种主体性的研究"，价值的秘密要从主体性和主客体关系中寻找。价值是主客体关系的一种主体性描述，它代表着客体主体化的程度，即客体的存在、属性和合乎规律的变化与主体尺度相一致、相符合或相接近的程度。价值因主体而异，价值本身的特点同主体的特点相联系，价值的特性反映着主体性的内容。由于主体尺度的根本作用，使得现实的价值具有主体间的个体性和多元性，基于同一主体的多维性或全面性，基于同一主体方面的时效性或历史性等。这是价值现象最突出、最典型、最重要的特性。主体性是人在自己的对象性行为中的权利和责任，从价值的关系说来理解，价值要明确一定主客体关系，要明确是什么对于谁的何种价值。[①]价值论的主体性方法在最抽象的层面，就是要明确特定主体在其所处的对象性关系中的权利和责任。

将价值论的主体性方法运用到法治文化的理论中，需要回答的问题是：如何对法治文化进行主体性分析？法治文化所处的对象性关系是什么？法治文化本身的主体是谁？法治文化建构的是谁的权利和责任？法治文化的主体是一个主权国家或社会整体，建构法治文化的主体不应当只是某个部门，或是政府，而应是全体公民以及由公民组成的不同层次的主体。不能把法治部门化，不能把实现法治仅仅看成司法系统的职责，不能仅就法治谈法治，而应当上升到哲学和文化的高度，把法治文化看成当代中国文化的整体走向，把建设法治中国看成全体公民的权利和责任。

这三个方法拥有一些共同的指向。从元文化观来看，并不只有历

---

① 李德顺：《价值论》（第2版），中国人民大学出版社2007年版。

史是文化的，当代实践着的现实也是文化的，这一文化观是以现实看历史，以实践看文化。马克思的历史唯物主义有时也被称为实践的唯物主义，凡是把理论引向神秘主义的神秘东西，都能在实践中以及对这个实践的理解中得到合理的解决。价值论的主体性方法也不仅仅是一个理论的原则或方法，更是一个生活和实践中应该坚持的方法。这些都使得法治文化概念不仅仅是一个理论的静态的概念，而是有着深刻的现实关怀，是一个活生生的概念，是一个实践的、动态的、反思的概念。

（二）简要评论

李德顺先生超越作为领域的法治文化概念，具有清晰的问题面向，较好地回答了什么是开广之广和拓深之深的问题。一种文化一般意味着一个文化体系。从文化的高度看法治，应当把法治文化当作一种政治文明的形态。作为一个社会整体性的文化体系的法治文化概念，注重从人治和法治的关系，从古今之变、传统与现代的冲突、人治文化与法治文化的区分等角度认识法治文化；从民主和法治的关系出发，指出民主和法治实不可分，而是应该把走向民主法治的政治文明看成当代中国的文化归宿；强调要从生活方式的角度理解法治文化，即对当代中国人来说，法治是不是一种好的生活方式。

法治是一种现代的生活方式，可能并不是最好的生活方式，但至少也是"最不坏"的生活方式。依据马斯洛的需求层次说，法治所满足的正义、安全和秩序需求处于较低的层次（第二层次），而像社交的需要（友谊、爱情和隶属关系的需要）、尊重的需要（成就、名声、地位和晋升机会等）、自我实现的需要（真善美至高人生境界获得的需要）等都是更为上层的需要。作为一种公共生活方式，对一般人来说，法治并不能提供意义、幸福、财富等，而只是为每个人追求自己最喜欢的生活方式提供保障。总之，从生活方式的角度理解法治的讨论，拥有更为

看得见的正义：影视中的法治文化

广阔的视野，可以把国内法治文化的讨论引向更为宽广的领域，引向哲学，尤其是法哲学、政治哲学、文化哲学和价值哲学等领域。

然而，如果把法治文化仅仅视为一种启蒙性的研究可能是不够的，须把启蒙性研究和反思性研究结合起来。法治文化作为一个现实的、实践的、动态的概念，本身有强烈的反思和批判色彩，需要对法治文化的反思性和批判性进行更为深入的挖掘。法治是可欲求的、值得追求的，法治文化是一种现代文化，但还必须面对现代性的反思、现代性的困境等问题的考验。在亚里士多德的《政治学》里，法治就是作为一种理性之治，可以摒弃个人的情欲和偏好。而在启蒙理性被极度强调之后，理性对信仰、情感等的压制开始被广泛讨论。在法律领域，伯尔曼关于法律和宗教关系的研究一再被提及，伯尔曼说："在一个更实用的层面上，对道德的纯粹理智或纯粹哲学的分析所遇到的麻烦是，这种探究本身由于仅仅依靠理性而会阻碍它所倡导的德行的实现。理智获得了满足，但是对采取决定性的行动乃是必不可少的情感却被有意地置于一边。……正是靠了宗教的激情，信仰的一跃，我们才使法律的理想和原则具有普遍性。"①伯尔曼的真正洞见所在，就是看到了单独的理性的脆弱，而一种法治情感将在法律的实现过程中发挥重要作用。②

还有，我们又怎样面对法律人的狡黠？法律人当然地会强调法治，法治对于是法律人代表着赤裸裸的利益，法治极有可能沦为"法律人之治"，然而，对法治话语权的争夺还远不止于此，不同层次的人都试图对法律进行宰制。在具体的场域中，不仅有法律人的狡黠、统治阶级的操控、利益集团的高压、弱者也有"弱者的武器"，法治有多大的存在

①[美]伯尔曼：《法律与宗教》，梁治平译，中国政法大学出版社2003年版，第30页。
②关于公民对法治的态度和情感之于法治建设的积极意义，参见王金霞：《论法治情感》，载俞学明主编：《法治的哲学之维》，当代中国出版社2012年版。

空间？或者，在更为现实的层面，法治是否是可能的？

我们也不应该忘记马克思和恩格斯在《共产党宣言》中强调的："你们的观念本身是资产阶级的生产关系和所有制关系的产物，正像你们的法不过是奉为法律的你们这个阶级的意志一样，而这种意志的内容是由你们这个阶级的物质生活条件所决定的。"法律是有产阶级的法律，法律是有钱人的游戏，穷人没有正义。另一方面，法律又是政治的晚礼服，法官也只是披着法袍的政客，所有声称自己是为了公平正义的群体都是值得认真怀疑的。那么，法治何以在我们的时代成为一个"善治"？法治在什么意义上是有益的，在什么意义上又是有弊的？对法治需要进行更深刻的反思。法治不是某种现成的东西，西方的法治对中国而言并不是一个模板，只有经过反思和重构才会变成我们自己的东西。在法治文化的层面，作为一种现代的文明秩序或文明形态，法治文化要面对现代性的困境，需要做更多的思考和讨论。我们接受法治文化作为当代中国文化建设的重要支撑，但是，以法治为核心的法治文化也必须经过反思和重构，从文化的高度看法治不仅可以提升法治的品位，也是反思法治的重要视角和有效路径。

结语

随着改革开放的展开，法治事业的推进，法治文化也得到越来越多的关注。然而，尽管大家都使用"法治文化"这一概念，但却是在几种不同的意义上使用的。在此，我们试图对法治文化概念进行类型化研究，尝试在当代中国的法治文化研究中找出三种法治文化概念，它们分别是作为领域或对象的法治文化、作为方法的法治文化、强调法治文化

看得见的正义：影视中的法治文化

整体意蕴的法治文化。作为领域的法治文化更强调文化的外延，而后两种更强调文化的内涵。作为方法的法治文化更强调理解历史，作为整体的法治文化更强调理解、反思和批判。这三种法治文化概念并不是共时性的，后一种法治文化概念意味着对前一种法治文化概念的某种反思，呈现一定的演进性或历时性。应该说，三种法治文化概念并不足以代表当代中国法治文化研究的全貌，这里也并不希望回答前面提出的所有问题，但是，这种类型化的工作可能是走出法治文化概念陷阱的关键一步。①

综合来看，我们所理解的法治文化概念，正是一种强调整体性和实践的法治文化概念。法治文化是一种庄严的政治承诺，也是一种承担实践功能的现实选择。法治文化研究的兴起，同样与国家重大决策相联系，可以实现和中国特色社会主义核心价值体系之间的沟通和对接，这种意义上的法治文化概念也是一种实践的法治文化概念。因此，法治文化可以被定义为，建立在社会主义生活实践尤其是市场经济的基础上，以民主型法治及其运行为核心，以保障公民权利和社会公平正义为目的，以限制公权力为手段，国家、社会和公民个体等多元主体所普遍接受和选择的一种公共生活方式。

①王金霞：《论当代中国的法治文化概念》，《中国政法大学学报》2014年第1期。

法治文化的外在概念之辩

如果说前面对三种法治文化概念的区分是走出法治文化概念内在迷雾的尝试，那么，法治文化概念的确立还面临着与外在概念的普遍联系和细致区分。法治文化存于一个概念群之中，如法文化、法律文化、法制文化、法治文明、司法文化、司法文明、立法文化、宪法文化、宪政文化等，还有另一个层次的政治文化、政治文明、民主文化、经济文化、宗教文化等。

文明一词英文为"civilization"，其语源为拉丁语的"civilidas"，系国家的意思。日本著名思想家福泽谕吉认为："'文明'这个词，是表示人类交际活动逐渐改进的意思，它和野蛮无法的孤立完全相反，是形成一个国家体制的意思。"[①]文明不仅仅是人的身体安乐和衣食的富足，否则人与蝼蚁就没有区别了，文明更重要的是人的安乐和精神进步，即人类智德的进步。基于这样的认识，文明可以理解为一种与落后、愚昧相对的积极意义的概念，而文化则是一个描述性或事实性的概念。而且文明有狭义和广义两种理解，其中狭义的文明是人类衣食住行等物质生产活动的表现，而广义的文明则除了物质文明外，还包括人类砺智修德、达到高尚境界的活动。对此，李德顺也认为，严格说来，"文化"是相对于"自然、天然、本能"状态而言的，属于描述性、中性的概

---

①[日]福泽谕吉：《文明论概略》，北京编译社译，商务印书馆1960年版，第30页。

 看得见的正义：影视中的法治文化

念；"文明"是相对于"蒙昧、野蛮、落后"等状态而言的，是一个评价性、褒义的概念。也就是说，在当代中国的语境中，"文明"被用来表示文化中积极、有效、肯定性的成果和形态，它与"文化"之间是一种蕴涵关系。[①]因而，法文化、法律文化、法制文化、司法文化、立法文化等都是描述性的、中性的概念，而法治文明、政治文明、司法文明等则表示特定的人类文明成果，是积极的、褒义的概念。例如，司法文明是人类在司法实践中所积累的符合人道主义的、理性和科学的理念、制度和具体规范等，如刑诉中排除合理怀疑的证明标准、非法证据排除规则、犯罪嫌疑人的权利保护等理念或制度，这些都可以视为司法文明的内容。司法文化则是描述性的，司法的整个过程所表现的理念、制度、规范、实践等以及承载这些理念、制度等的载体都是司法文化的领地。这两种概念之间的区分是显而易见的。

法或法律，既是一种社会规范，也是一种文化现象，是人类长期生产生活秩序的规范表达和积淀。法文化作为一个描述性的概念，则包含与法有关的理念、制度、规范、实践等。这样，法律文化、法治文化、司法文化、司法文明、立法文化等，都可以划入法文化的范畴。法律则意味着立法、司法、执法、守法等的动态过程。

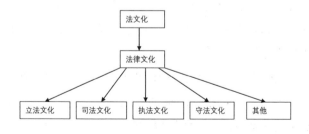

---

①李德顺：《什么是文化》，《光明日报》2012年3月26日第5版。

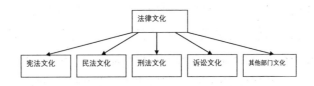

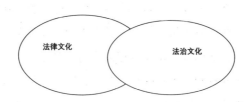

　　法律和文化两个词都是描述性概念，法治则是一个评价性概念，描述性的文化和评价性的法治组合成具有描述内容的评价性概念。类似的还有宪法文化和司法文化等。法律文化和法治文化之间是"剪不断，理还乱"的关系，理清它们两者之间的区别和联系，也成为理解法治文化的关键。

　　法治文化同政治文化、民主文化等概念之间同样存在密切联系。法治离不开民主，一定的法治总是以民主为其实质内容，建构当代的民主法治文化既要剔除传统政治文化中的人治因素，也要深入挖掘和积极汲取优秀传统政治文化的有益成果。

　　法治文化作为一种社会文化现象并不是孤立存在的，法治文化同样是存在于一定的历史文化传统和社会生活现实之中，处在一定社会结构之中，法治文化是和特定政治文化状况、经济发展水平、社会心理意识等相一致的。法治文化概念本身和其他概念处于联动之中。

　　　　　　　　　　看得见的正义：影视中的法治文化

（一）法律文化和法治文化

改革开放之后，国内最早阐述法律文化概念的是1985年孙国华先生的《法学基础理论讲义》。[①]在此之后，法律文化概念一直是为我国学者所广泛讨论的一个法学核心范畴。国内众多学者从自己的视角对法律文化进行了解读，形成了不同的法律文化概念。综合来看，主要可以归为如下几种：

作为整体的法律文化。法律现象即法律文化，法律从整体上就是文化必不可少的部分。文化是人类创造的物质文化和精神文化的总和，文化即人化。法律文化是人类文化的组成部分之一，它是社会上层建筑中法律思想、法律规范、法律设施、法律艺术等一系列法律实践及其成果的总和。它包括以往人类法律实践的结晶，又代表着现实法律的状态和发展程度。此种定义从文化的一般性，看法律文化的特殊性，从人类的整体文化中剥离出法律文化，认为法律文化与政治文化、道德文化、宗教文化等并列，并在由政治文化、宗教文化、道德文化、法律文化等组成的整体文化中认识和理解法律文化。

强调意识形态的法律文化。此处的意识形态，并不强调马克思意识形态概念的批判功能，而是作为一个一般的描述性概念。如刘作翔教授认为，法律文化是由社会的物质生活条件所决定的法律上层建筑的总称，即法律文化是法律意识形态以及与法律意识形态相适应的法律制度、组织、机构的总和。在此，法律文化由深层的法律文化和表层的法律文化构成。法律文化的深层结构，主要包括法律心理、法律意识和法律思想体系；而表层的法律文化是作为深层法律结构的法律意识形态的

---

①刘作翔：《法律文化理论》，商务印书馆1999年版，第58页。近期有学者指出，法律文化概念在20世纪30年代已经在日本学者牧野英一的影响之下得到使用。参见尤陈俊：《"法律文化"概念在中国（1930—1985）：一个知识考古学分析》，《江苏社会科学》2020年第3期。

外在表现形态，主要包括法律规范、法律制度、法律组织机构及法律设施。①

　　强调法律意识意义层面的法律文化。在此，法律文化是指不同主体对法律所具有的认知、态度、体验以及基于认知做出的评价和行为。如美国学者弗里德曼认为，任何一个法律体系都由三个部分组成：一是法律规则得以运作的架构，如政治体制和司法机构等；二是法律规则本身；三是法律价值和态度。法律文化分为外部法律文化和内部法律文化。公众对法律制度的了解、态度和行为模式，即外部法律文化。另一种特别重要的法律文化是法律专业人员的法律文化，即律师、法官和其他在法律制度的神奇圈子里工作者的价值观念、思想意识和原则，即内部法律文化。②如美国学者李·S.温伯格和朱迪思·W.温博格认为，法律文化这个概念包括人们对法律、法律机构的认知和态度，以及法律判决的制作者，诸如律师、法官和警察等的知识、价值观念和信仰。③中国学者张文显认为，法律文化应理解为法律现象的精神部分，即由社会的经济基础和政治结构决定的，在历史进程中积累下来并不断创新的有关法和法律生活，特别是权利和义务的群体性认知、评价、心态和行为模式的总汇。④可以看出，弗里德曼的法律文化概念产生了较为广泛的影响。

　　法律文化也可以作为一种解释方法，即以文化作为方法或视角去解释中国法律传统，进行中西法律文化的比较。每一个特定的文化传统都可能有独特的法律文化，基于具体的展现文化的符号可以探索法律文化所组成的整体意义世界。如梁治平关于法律的文化解释方法，用法律去

---

　　①刘作翔：《法律文化理论》，商务印书馆1999年版，第118页。
　　②弗里德曼：《法律制度——从社会科学视角观察》，中国政法大学出版社1994年版，第13—19、261—263页。
　　③[美]李·S.温伯格，朱迪思·W.温伯格：《论美国的法律文化》，潘汉典译，《法学译丛》1985年第1期。
　　④张文显：《法哲学范畴研究》，中国政法大学出版社2001年版，第231—240页。

阐明文化，用文化去阐明法律；^①张中秋教授用比较的方法研究中西法律文化之间的差异；^②等等^③。

前面三种法律文化是将法律文化作为对象，而后面一种是将法律文化作为方法。几种不同法律文化概念也代表着不同的法律文化研究路径。

法治文化更多是一个中国语境下的概念，在英语中难以找到词与之对应，相关的legal culture研究也与之差别很大。国内法治文化的研究是和法律文化的研究相伴的，两者具有亲缘关系。从下图的比较中可以看出，以法治文化为主题的研究文章在数量上逐渐超越了法律文化的研究文章。

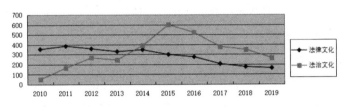

2010—2019年法律文化和法治文化主题文章数量对比图（依据CNKI文献统计）

在2014年，法治文化的研究文献数量正式超越了法律文化的研究文献，这与当代中国重大的政治实践相关。在2014年的十八届四中全会上，中共中央作出了《关于全面推进依法治国若干重大问题的决定》，法治中国被提到前所未有的高度，促使法治文化的研究成为一个重要的

---

①梁治平：《比较法与比较文化》，《读书》1985年第9期。
②张中秋：《中西法律文化比较研究》，中国政法大学出版社2006年版。
③如王建芹：《法治的理性——西方法文明的理性主义溯源》，中国政法大学出版社2018年版；王建芹：《法治的语境——西方法文明的内生机制与文化传承》，中国政法大学出版社2017年版；霍存福：《汉语言的法文化透视》，法律出版社2015年版；何伯生：《法律文化的数学解释》，商务印书馆2015年版；徐忠明：《明镜高悬：中国法律文化的多维观照》，广西师范大学出版社2014年版；林端：《儒家伦理与法律文化——社会学观点的探索》，中国政法大学出版社2002年版；等等。

理论生长点。

综合来看，法治文化并不是法律文化的重述，而是有自己的问题意识、客观现实背景、概念指向和现实社会功能。法治文化研究是对法律文化研究的一种开广和拓深。①

（二）政治文化和法治文化

如果放宽视域，法治文化概念还会同政治文化、民主文化、公民文化等概念相互联系。区分政治文化和法治文化并不困难。因而，需要更多地强调政治文化和法治文化之间的紧密联系。

1.政治文化

美国政治学者加布里埃尔·A.阿尔蒙德于1956年在其《比较政治体系》一文中，首次提出政治文化这一概念，认为政治文化是一定政治体系中的人们的特定政治行为模式，对个体而言则是政治行为与政治评价的主观倾向。显然，前者指制度形态的政治文化，后者指社会成员中每一个体的政治意识与政治心理倾向。政治文化相对于政治价值、政治态度、意识形态、民族特征、文化精神等，具有更为清晰的内涵。1978年，阿尔蒙德在《比较政治学》（第二版）中，把政治文化界定为一个民族在特定时期流行的一套政治态度、信仰和感情。这个政治文化是由本民族的历史和现代社会、经济、政治活动进程所形成。人们在过去的经历中形成的态度类型对未来的政治行为有着重要的强制作用，政治文化影响各个担任政治角色者的行为、他们的政治要求内容和法律的反应。②

而美国比较政治学的学者劳伦斯·迈耶则对政治文化的具体结构进

①法律文化和法治文化的比较分析参见前文"从法律文化到法治文化"。
②[美]加布里埃尔·A.阿尔蒙德等：《比较政治学》，曹沛霖等译，上海译文出版社1987年版，第29页。

行了分析，他认为，政治文化应该包括如下几个层面的内容：态度、信仰、感情、认知和价值。他对态度、信仰、感情三个层面进行了细致的划分。政治态度指对政治对象的心理定位，包括对事物应有情形的合乎惯例的看法，主要包括三种对权威的态度：平等型态度，即认为人们在承担政治角色和做出政治判断时的地位相对平等；服从型态度，即认为有些人很显然比其他人更具有统治的资格，其余人的职责就是毫不怀疑地服从；顺从型态度，即认为有些人更有资格占据领导地位，但这些人有义务根据公共利益来进行统治，并应对他们统治的后果负责。信仰包括意识形态、教条主义、实用主义三种。感情则分为两种，即热爱和疏远。热爱是一种归属于政治体系的感觉，感到这个体系的福利和成功中有自己的一份，以将这个体系视为我们的而不是他们的为特征。疏远则是一种与体系分离的感觉，以将体系视为他人的为特征。[①]这种政治文化的概念明显受到了阿尔蒙德的影响，只是对阿尔蒙德政治文化概念的具体化。

总体而言，阿尔蒙德以政治意识和政治心理为核心的政治文化概念产生了广泛的影响。

2.作为政治文化的法治文化

美国学者使用的法律文化概念在内容上基本接近政治文化概念。这种法律文化概念正是受到了阿尔蒙德的影响，即强调政治文化是一个民族在特定时期流行的一套政治态度、信仰和情感。这和强调法律意识的文化概念具有内在的相关性。然而，政治文化和法治文化之间的关联还远不止于此。

从历史传统来看，早期的文明形态中并不严格区分政治、文化、法

---

①[美]劳伦斯·迈耶等：《比较政治学》，罗飞等译，华夏出版社2001年版，第17页。

律、宗教等概念，它们是混合在一起的。此时，政治是一个更为关键的概念，法律和宗教等都依附于政治。在古希腊，政治是一门具有最高地位的学问，直接关系到城邦的幸福生活。亚里士多德的《政治学》里除了有政治学的内容，如什么是最好的政治体制，也有法学的内容。当时法学并不是一门独立的学问，而是依附于政体的相关讨论。①甚至到了现代政治哲学之父霍布斯那里，法学还是依附于政治学的。单独对法律做高度抽象和一般化的讨论，则出现于更为晚近的时期，这一努力主要肇始于边沁、奥斯丁企图把法律纳入科学化的分析实证研究活动。②因而，传统的政治文化在一定程度上是法治文化的大背景。如果要建设当代中国的法治文化，中国的政治文化传统是直接相关的文化底蕴和文化土壤。如家国一体的宗法等级体制、修身齐家治国平天下的儒家政治意识形态、官本位的政治意识形式等，都不仅仅是一种历史形态，在当代中国依然具有十分强大的现实影响力，这些都构成了当代法治文化建设的传统政治文化背景。

从内容上来说，民主是政治的核心内容，民主和法治之间有十分紧密的联系，民主法治的政治文明更是现代文明的核心组成部分。一方面，民主需要依赖法治才能制度化、程序化、规范化。法律不能经常变动，朝令夕改并不是法律的常态。法律的相对保守是法律的美德，正是法律的滞后调整给了实践一个冷却期，从而可以制约民主的狂躁。另一方面，法治必须以民主为核心。离开了民主的法治就会退化为人治，法治就有可能变为某一部分人的法治，而不是全体公民的法治。正如李德顺所指出的，在基本理论的层面，民主与法治不应该是两个彼此外在、

①亚里士多德：《政治学》，吴寿彭译，商务印书馆1965年版，卷三至卷六。
②一般认为19世纪的约翰·奥斯丁开启了法律人的法哲学讨论，即分析实证主义法学派。见[英]约翰·奥斯丁：《法理学的范围》，刘星译，中国法制出版社2002年版，第1页。

　　　　　　　看得见的正义：影视中的法治文化

各自独立的范畴,而应是表里一体的"内外关系":民主是一种"国体",是一种政治文明的实质;法治是它的"政体",是一种政治文明的形式。①离开民主谈法治,或是离开法治谈民主都具有极大的片面性。因而,法治文化建设必须同民主文化建设相互配合,民主法治不分家,民主文化建设和法治文化建设也面临着相同的问题,只有相互配合才能避免顾此失彼,才能应对共同的问题。

从现实来说,现代的政治文化也是法治文化建设的现实条件。政治在古希腊就意味着大家在走廊里就很多公共问题发表意见,政治概念本身意味着一定的公共性。公民需要具备一定的政治主体意识。公民的主体意识是指公民关于自己作为国家社会生活的主体的意识,主要包含权利意识、责任意识和公平意识。主体意识是主体的定位和自我意识,是价值观念的基本内容。一种价值观念一定得有它的主体,即它是谁的,最终为了谁,就是以谁的地位、立场、利益为根据,反映和代表谁的意志。②强烈的政治主体意识是政治制度有效运行,以及政治功能有效发挥、政治社会化顺利完成的基础之一。政治主体意识也是政治文化和公民文化的核心内容。培育当代中国人的公民意识,建设公民文化,同法治文化培育和建设相互促进、不可分离。也可以说,公民文化的建设和培育是法治文化建设和培育的现实条件。

---

①李德顺:《走向民主法治》,法律出版社2011年版,前言部分。
②李德顺:《价值论》(第二版),中国人民大学出版社2007年版,第211—215页。

后记

　　我还很小的时候，看过《达摩祖师》（1994）、《刘三姐》（1963）等电影，惊叹世界上竟然还有电影这种艺术形式，电影情节在幼时的心灵中留下深刻的印记。在高中和大学阶段，我逐渐接触到各种类型的电影，从此沉迷于电影的世界，一天可以看好几部电影，有时甚至通宵达旦，堪比印度电影《视觉》（2015）中的男主维杰，从来不错过任何一部好电影。

　　我在念博士时就有把所学法律专业和电影相互结合进行研究的想法，入职以来则一直想开一门法律与电影的选修课程。2019年在西北政法大学刑事法学院院长冯卫国教授，法理教研室李其瑞教授、邱昭继教授等的支持和建议下，成功开设了法律与艺术的选修课程。用艺术来命名课程具有更为广泛的探索空间，但是课程最核心的部分还是法律与电影。我也不断在《人民法院报》《法治周末》《人民法治》等报刊上发表法律与电影主题的小文章，有些还产生了广泛的影响，那时就有了写一本法律和电影的小册子的想法。法律和艺术选修课程也深受老师和学生喜爱，诸多老师和学生都基于兴趣加入课程建设中，这本小书也是对这门课程的一个阶段性总结。附录中还收入了我关于法治文化基础理论的研究性论文，为理解这些电影和文章提供重要的理论背景。

　　感谢我的博士生导师中国政法大学终身教授李德顺先生，他在我那些报刊文章发表之后，总是第一时间转发到同门群里并分享自己的阅读感受，对我来说是莫大的鼓励和指导，他的那些评论意见也部分吸收到本书的讨论之中，先生的价值理论也是本书的重要底色。

感谢中国政法大学人文学院文兵教授，他对电影同样有浓厚的兴趣，并且有雄厚的理论基础，经常向我推荐一些电影，给我提供了很多指导和帮助。感谢人文学院倪寿鹏教授，他曾在中国政法大学开设电影与哲学的课程，并把他的授课电影和思路分享给我，给我很多启发。

感谢澳门大学於兴中教授、西北政法大学王健教授、李其瑞教授、刘进田教授、冯卫国教授、邱昭继教授等的支持，使得法律和艺术课程的开设成为可能。感谢"图个乐读书会"的诸多成员如杨为乔、朱时敏、赵珊珊、张妤婕、宋希艳、蔡瑞雪、刘东霞、赵小静等老师的大力支持和鼓励，我们在读书会上曾一起激烈讨论《巴贝特之宴》（1987），很多老师都贡献了他们的智慧，各位老师的意见和建议都使我备受鼓舞、深受启发。

感谢我的同事邢继洪、宋海彬、张宏斌、何柏生、马治选、朱继萍、王国龙、董青梅、王霞、宋瑞兰、王海山、杨强、杨锦帆、杨静、王进、齐伟玲、吴亚可、陈建军、尹海新、李锟、李佳飞、王永恒等老师给我的工作和生活提供的指导和帮助。齐伟玲博士更是欣然校对了全书，为全书减少了诸多讹误，铭刻在心。同时，也感谢我的诸多老师、同门、同学、朋友提供的鼓励和帮助。另外，我的研究生徐一飞、冯瑞、王蕊、吴魁、董佳丽等也参与校对了书稿，法律与艺术课程的学生和我一起进行了很多有益探索，我也常常感叹学生们的创造力，在此一并致谢。

我曾就相关主题给《山西法制报》、北京律艺社的同仁们做过交流讲座，感谢翟红彦总编辑、顾燕玲律师等的邀请，为我整理相关思路提供了重要契机。感谢《中国政法大学学报》《人民法院报》《学习时报》《法治周末》《山西法制报》《人民法治》《朝阳法律评论》等为书中文章提供了发表平台，感谢张灵编辑、朱芸编辑、高领编辑、林淼编辑、林珊珊编辑、尹丽编辑、董月编辑等的辛苦付出。感谢我的同学牛颐媛博士的推荐，以及郭向南编辑的大力支持，使得本书可以这么快由山西人民出版社出版。

感谢我的家人，他们是我前进动力的不竭源泉。

另外，本书系我主持的陕西省教育厅项目"马克思主义法社会学基本问题研究"（课题编号23JP181）和西北政法大学教改项目"生成性教学法指导下法律社会学课程探索"（XJYB202208）的阶段性成果之一，蕴含着我对马克思主义法社会学的思考和教学创新的尝试，理解书中内容也需要具备一定的马克思主义理论背景。

"满纸荒唐言，一把辛酸泪"，但愿这些文字没有辜负我对电影的热爱，不当之处还请各位方家批评指正。"艺术家从不贫穷"，我也将在影视与生活中"久处约，长处乐"，进行更多的探索。